고문
진보
―――
연구

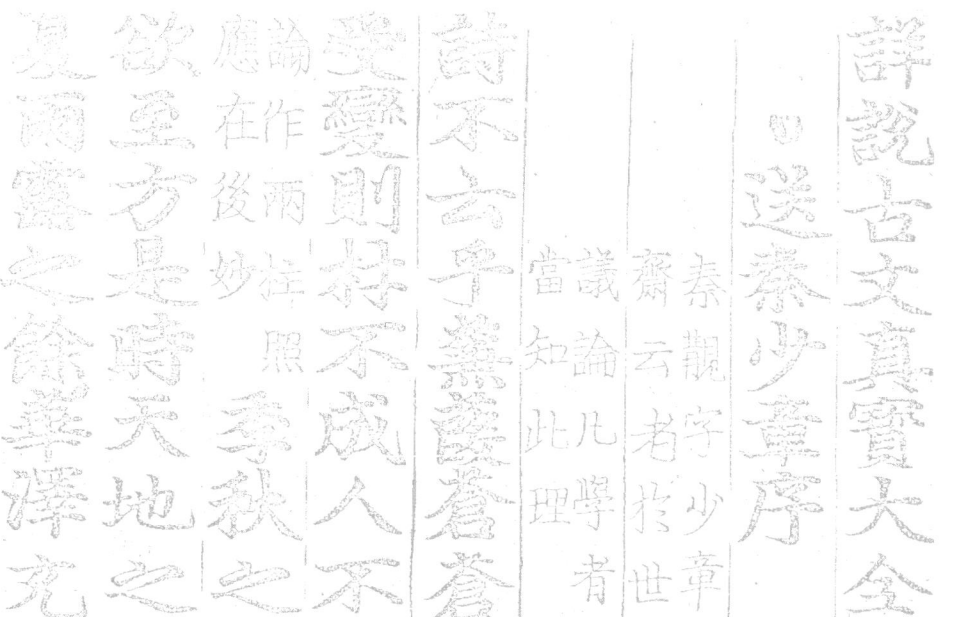

고문진보 연구
古文眞寶研究

정재철

문예원

서언

잘 알려져 있듯이 『고문진보』는 조선시대부터 현대에 이르기까지 한문을 익히는 사람들에게 가장 널리 읽힌 교재 중의 하나이다. 이 책은 처음 중국에서 간행된 이래 한국과 일본으로 전해져 여러 형태의 판본으로 복간되었다. 한국에서 가장 유행한 판본은 『상설고문진보대전詳說古文眞寶大全』이고, 일본에서 널리 읽힌 판본은 『제유전해고문진보諸儒箋解古文眞寶』이다. 이 책에서 필자는 그 수록 작품 수와 구성 체제가 크게 다른 두 종의 『고문진보』를 대상으로 편자와 판본, 작품과 내용, 주석과 문체 등을 살펴보았다.

중국에서 간행된 『제유전해고문진보』와 『상설고문진보대전』은 수록된 작품의 내용이나 배열 방식이 크게 다르다. 『제유전해고문진보』는 명대에 효종과 신종이 칙명을 내려 간행할 정도로 황제의 명교 사업에 중요한 몫을 담당하였다. 이와 달리 『상설고문진보대전』은 명대에 도문일치에 기초한 도학적 문학관을 지향했던 문인 학자들 사이에서 유통되었다. 그러나 만주족이 세운 청나라가 들어

서면서 명대에 통치이념을 공고하게 하거나 도학적 문학관을 구현하는데 기여했던 『고문진보』는 그 존재 이유를 상실하였다.

조선에서 『상설고문진보대전』이 유행한 이유는 주자학이 토착 개화한 것에서 단서를 찾을 수 있다. 이 책은 고도의 철학적 사유에 기초한 도학적 문학관이 주도면밀하게 적용되어 있어, 문이재도文以載道를 기치로 도문일치를 지향했던 조선시대의 문인 학자들이 문장을 익히는 교재로 삼기에 적합하였다. 따라서 조선의 문인 학자들은 도학적 사유를 토대로 형성된 심미의식에 기초해 『고문진보』에 수록된 작품과 주석을 면밀하게 검토하였고, 이 과정에서 이 책은 도문일치를 구현한 재도문학의 전형 모델로 자리하였다.

일본에서 유행한 『제유전해고문진보』는 주자학이 수입 변용된 것과 깊이 관련되어 있다. 오산五山의 선승들에 의해 수입된 주자학은 에도江戶 시대 중기에 이르러 유학에서 말하는 도의 관념에서 도덕적 요소가 배제되었다. 이로 인해 문학 또한 초기의 경색된 주자학적 문학관에서 벗어나 문학이 유학에서 독립되는 전기가 마련되었다. 이때부터 이 책은 중국시문의 기초교양서로 인식되어 저명한 문인들의 작품 속에 종종 패러디되었고, 시대의 요구에 맞추어 작품에 대한 해석이 다양하게 변용되어 오늘에 이르고 있다.

한국과 일본에서 모두 한자를 표기 수단으로 삼아 성립된 한문학은 그 전개 양상이 서로 다르다. 필자는 중국에서 간행된 수많은 시문선집 가운데 서로 다른 내용으로 구성된 두 종의 『고문진보』가 동아시아에서 다양하게 유통된 양상을 통해 전근대에 한자문화권에서 구현된 한문학의 존재 방식을 살펴보았다. 이와 같은 연구는 『고문진보』를 통해 한국과 일본에서 공유했던 한문학의 보편 문학적 성격과 함께, 각기 다른 학문적 풍토 아래 자생해온 한국과 일본 문학의 민족 문학적 성격을 규명했다는 점에서 의의가 있다.

2014년 8월 20일
단국대학교 죽전캠퍼스에서 필자 쓰다.

차례

서언 • 5

『제유전해고문진보』 연구 11

1. 편자 및 판본 _ 13
  1) 편자 및 편찬 시기 13
  2) 판본의 종류와 특징 19

2. 작품 및 내용 _ 25
  1) 『전집』의 작품 및 내용 25
  2) 『후집』의 작품 및 내용 40

3. 주석 및 문체 _ 47
  1) 『전집』의 주석 및 문체 47
  2) 『후집』의 주석 및 문체 55

4. 문학사적 의의 _ 70

『상설고문진보대전』 연구 73

1. 편자 및 판본 _ 75
  1) 편자 및 편찬 과정 75
  2) 판본의 종류와 특징 84
  3) 금속활자본의 교감 99

2. 작품 및 내용 _ 111

    1) 『전집』의 작품 및 내용 ········ 111
    2) 『후집』의 작품 및 내용 ········ 123

3. 주석 및 문체 _ 137

    1) 『전집』의 주석 및 교감 ········ 137
    2) 『후집』의 주석 및 문체 ········ 139

4. 문학사적 의의 _ 145

퇴계일문의 『고문진보』 수용 ················ 149

1. 퇴계의 『고문전집강해』 연구 _ 152

    1) 『전집』의 강해 목적 ········ 152
    2) 『고문전집강해』의 구성 ········ 158
    3) 『고문전집강해』의 내용 ········ 165

2. 이덕홍의 『고문후집질의』 연구 _ 177

    1) 『고문후집질의』의 구성 ········ 177
    2) 『고문후집질의』의 내용 ········ 185

3. 문학사적 의의 _ 201

동아시아 『고문진보』의 유통 ················ 205

1. 『고문진보』의 유통 양상 _ 207

    1) 중국 : 문학과 의리로 양분화 ········ 207
    2) 한국 : 재도문학의 전형 모델 ········ 211
    3) 일본 : 중국시문의 기초 교양 ········ 217

2. 문학사적 의의 _ 223

참고문헌 • 227
찾아보기 • 233

01 『제유전해고문진보』 연구

　조선전기에 문인으로 활동한 김종직金宗直(1431-1492)이 성종 3년 (1472)에 쓴 「고문진보발古文眞寶跋」의 내용에 따르면, 중국에서 간행되어 우리나라에서 최초로 『고문진보古文眞寶』를 간행한 사람은 야은埜隱 전록생田祿生(1318-1375)이다. 그는 고려 말기에 중국에 사신으로 가서 『고문진보』를 구입해 돌아와 공민왕 16년(1467)에 경상도도순문사慶尙道都巡問使로 재임하던 합포合浦(경상남도 마산)에서 이 책을 간행하였다.[1] 그 후에 관성管城(충청북도 옥천)에서도 『고문진보』가 간행되었는데, 이 판본은 전록생이 간행한 판본과 내용상의 증감이 있었다.[2] 이어 성종 23년(1492)에 옥천군수로 있던 이호李護가 충청

---

[1] 田祿生, 『埜隱逸稿』(『한국문집총간』 3책, 한국고전번역원, 1988) 권5, 「附錄・舊說附」, 413쪽. "先生嘗奉使入中國, 始購來古文眞寶, 手自刪增, 其鎭合浦時, 刊行于世."

[2] 金宗直, 「古文眞寶跋」, 『詳說古文眞寶大全後集』(갑인자중간본 국립중앙도서관 소장) 권10, 張28~29. "埜隱田先生, 首刊于合浦, 厥後繼刊于管城, 二本互有增減."

도관찰사인 강회중姜淮中의 명을 받아 『고문진보』를 간행하였는데, 이 책에는 보주補註가 달려 있어 내용을 이해하기 쉬웠고, 원문 또한 전록생이 간행한 판본과 차이가 있었다.³⁾

현재 서울대규장각에는 1492년에 이호가 간행한 것으로 추정되는 『선본대자제유전해고문진보善本大字諸儒箋解古文眞寶』가 소장되어 있다. 이 책은 지정 26년(1366)에 원대元代에 임정林楨이 중간한 『괴본대자제유전해고문진보魁本大字諸儒箋解古文眞寶』의 내용을 일부 첨삭해 간행한 것으로 추정된다. 임정은 서점에서 구한 구본에서 원문이 산략되어 있거나 주석이 명확하지 못한 것을 수정해 다시 간행하였는데,⁴⁾ 이 책은 일본 무로마치室町 시대에 오산五山의 선승들에 의해 일본으로 전해져 일본에서 널리 유행하였다.

본 연구에서는 중국에서 간행되어 일본에서 널리 읽힌 『제유전해고문진보』의 편자와 판본에 대해 알아보고, 이어 이 책에 수록 작품의 내용과 문체적 특징에 대해 살펴보기로 한다.

---

3) 姜淮仲,「善本大字諸儒箋解古文眞寶誌」,『壁隱逸稿』권4, 407쪽. "歲在己亥, 予承之觀察忠淸, 越明年, 公州敎授田藝出, 示此本, 有補註, 明釋瞭然於心目, 因囑沃川守李護監督重刊, 未數月而告畢. … 今以二本讎校, 則舊本頗有壁隱先生所刪所增, 故與今本, 中間微有小異耳."
4) 鄭本,「古文眞寶敍」,『魁本大字諸儒箋解古文眞寶前集』(UC Berkeley도서관 소장) 卷頭, 張2. "舊所刊行, 率多刪略, 註釋不明, 讀者憾焉. 有三山林以正先生者, 授徒之暇, 閱市而求書, 未善者正之, 繁者芟之, 略者詳之."

1. 편자 및 판본

1) 편자 및 편찬 시기

『고문진보』를 최초로 편찬한 사람은 누구인가? 그리고 이 책은 언제 편찬된 것일까? 이에 대해서는 지금까지 다양한 견해가 제시되었는데, 이를 규명하기 위하여 중국, 대만, 미국, 일본 등에서 간행된 자료를 제시하면 다음과 같다.

① 명 青藜齋, 「重刊古文眞寶跋」: "永易黃堅氏所集, 古文眞寶二十卷."[5]

② 명 于敏中, 『欽定天禄琳琅書目』: "黃堅, 古文真寶, 十卷, 一作四卷."[6]

③ 명 黃虞稷, 『千頃堂書目』: "一函四冊, 黃堅輯五卷."[7]

④ 청 傅維鱗, 『明書』: "古文眞寶前集十卷, 宋黃堅編."[8]

⑤ 대만 국립중앙도서관, 『善本書目』: "諸儒箋解古文眞寶前集十卷 後集十卷 四冊, 宋黃堅編, 明神宗增補, 明萬曆十一年, 司禮監刊本."[9]

⑤ 미국 의회도서관, 『善本書目』: "諸儒箋解古文眞寶前集二十卷 十二冊 二函, 明萬曆十一(1583), 司禮監刊本, 元黃

---

[5] 青藜齋, 「重刊古文眞寶跋」, 『諸儒箋解古文眞寶』(Princeton대도서관 소장), 卷頭.
[6] 于敏中 撰, 『欽定天禄琳琅書目』(『문연각사고전서』 675책) 권10, 張62.
[7] 黃虞稷 撰, 『千頃堂書目』(『문연각사고전서』 676책) 권31, 張10.
[8] 千惠鳳, 「古文眞寶大全에 대하여 - 趙炳舜氏 所藏本을 중심으로 - 」, 『역사학보』(역사학회, 1974) 67집, 103쪽 재인용.
[9] 千惠鳳, 위의 글, 104쪽 재인용.

堅輯."10)

⑥ 미국 Princeton대 동방도서관, 『善本書志』: "諸儒箋解古文眞寶二十卷 十二冊 二函, 元黃堅編, 明萬曆十一(1583), 司禮監刻本."11)

⑦ 일본 川瀬一馬, 『石井積翠軒文庫善本書目』: "魁本大字諸儒箋解古文眞寶後集二十卷, 慶長中刊, 古活字版, 元黃堅編."12)

⑧ 일본 大阪府立圖書館, 『漢籍目錄』: "古文眞寶 前集三卷 後集二卷 二冊, 元黃堅編, 明治三年(1870), 東都風月堂庄衛門等刊本."13)

위와 같이 여러 국가에서 간행된 8종의 자료에는 『제유전해고문진보』의 편자의 이름이 모두 황견黃堅으로 기록되어 있다. 따라서 이 책의 편자를 황견이라고 보는 데는 무리가 없을 것이다. 문제는 황견이 살았던 시대이다. 청대 부유린傅維鱗이 편찬한 『명서明書』와 대만 국립도서관에서 간행한 『선본서목善本書目』에는 황견이 송대宋代 인물로 소개되어 있다. 그러나 미국 의회도서관에서 간행한 『선본서목善本書目』과 Princeton대 동방도서관에서 간행한 『선본서지善本書志』, 일본의 천뢰일마川瀬一馬가 편찬한 『선본서목善本書目』과 대판부립도서관大阪府立圖書館에서 간행한 『한적목록漢籍目錄』 등에는 모두 황견이 원대 인물로 소개되어 있다.

---

10) 千惠鳳, 위의 글, 104쪽 재인용.
11) 鄭惠京, 「『古文眞寶』在東亞的傳播硏究」(北京大學 碩士學位論文, 2000), 7쪽 재인용.
12) 千惠鳳, 앞의 글(1974), 104쪽 재인용.
13) 千惠鳳, 앞의 글(1974), 104쪽 재인용.

위와 같이 송대와 원대로 양분되어 있는 황견의 생몰시기를 규명하는 것은 이 책이 편찬 시기는 물론 시문선집으로서의 가치를 확정하는 데에도 매우 중요하다. 황견의 생몰시기와 관련하여 주목을 끄는 자료로 미국 Princeton대 동방도서관에서 간행한 『선본서지』를 들 수 있다. 이 책에서는 노문초盧文弨의 『보요금원예문지補遼金元藝文志』와 전대흔錢大昕의 『보원사예문지補元史藝文志』 속에 원대에 생존했던 황견의 문집인 『둔세유음遯世遺音』이 함께 수록되어 있음을 밝히고, 이곳의 뒤에 붙인 주석에서 황견의 자는 자정子貞이고 풍성인豐城人으로 『제유전해고문진보』의 편자와 동일 인물[14]이라고 하였다. 이 책에서 말한 『둔세유음』 1권은 명대 황우직黃虞稷이 편찬한 『천경당서목千頃堂書目』에도 수록되어 있는데, 이 책에는 황견이 명나라 초기에 이부상서吏部尙書를 지낸 황종재黃宗載의 부친[15]이라고 하였다.

황종재는 원나라 지정至正 15년(1355)에 태어나 명나라 선덕宣德 9년(1434)에 세상을 떠난 인물로, 원나라가 멸망한 해인 홍무洪武 1년(1368) 이후에도 66년 동안 생존해 있었다. 이로 보아 황종재의 부친이자 『둔세유음』 1권을 지은 황견은 원나라 말기에서 명나라 초기에 활동한 인물일 것으로 추정된다. 이와 같이 『선본서지』의 내용을 근거로 『제유전해고문진보』의 편자 황견과 『둔세유음』 1권의 저자 황견을 동일인물로 파악할 경우, 『제유전해고문진보』의

---

14) Princeton대 동방도서관, 『善本書志』: "諸儒箋解古文眞寶二十卷. … 按盧文弨 『補遼金元藝文志』, 錢大昕 『補元史藝文志』, 幷載黃堅 『遯世遺音』 一卷. 注云: 字子貞, 豐城人, 當卽此書篇者."(鄭惠京, 「『古文眞寶』在東亞的傳播研究」, 7쪽 재인용)
15) 黃虞稷, 『千頃堂書目』 권29, 張42. "補. 元 黃堅, 『遯世遺音』 一卷; 字子貞, 豐城人. 明初吏部尙書, 黃宗載父."

편찬 시기는 송대가 아닌 원나라 말기에서 명나라 초기가 되어야 한다.

그러나 위와 같이 『둔세유음』의 저자 황견과 『제유전해고문진보』의 편자 황견을 동일 인물로 보는 데에는 다음과 같은 문제가 있다. 앞에서 황우직이 편찬한 『천경당서목』에는 『둔세유음』을 지은 황견이 풍성인豊城人이라고 하였다. 그러나 일본에서 명치明治 13년(1753)에 간행한 『괴본제유전해고문진보』에 수록된 「중간고문진보발」에는 원문 '영양永陽' 아래에 '서주부徐州府'에 속한다는 주가 달려 있고, 원문 '황견씨黃堅氏'의 아래에 '서주徐州 인봉인麟峯人'이라는 주가 달려 있다.16) 이로 보아 『둔세유음』의 저자 황견은 풍성豊城 출신이지만, 『고문진보』의 편자 황견은 서주徐州 인봉麟峯 출신임을 알 수 있다.

명대에 간행한 『명일통지明一統志』에는 풍성豊城이 지금의 강서성江西省의 남창부南昌府 남쪽 160리에 있는 남창부의 속현17)이라고 하였고, 청대淸代에 간행한 『대청일통지大淸一統志』에는 서주徐州가 지금의 강소성江蘇省에 속하며 옹정雍正 11년(1733)에 서주부徐州府로 승격한 것18)으로 되어 있다. 따라서 『둔세유음』의 저자 황견은 강서성 남창부 풍성현 출신이고, 『고문진보』의 편자 황견은 강소성 서주부 인봉현 출신으로, 두 사람은 서로 다른 시대에 다른 지역에서 활동한 동명이인同名異人으로 추정된다.

---

16) 靑藜齋, 「重刊古文眞寶跋」, 「魁本大字諸儒箋解古文眞寶前集」, 卷頭.
17) 李賢撰, 「明一統志」(『문연각사고전서』 471책) 권49, 張3. "南昌府; 豐城縣, 在府城南一百六十里."
18) 和珅撰, 「大淸一統志」(『문연각사고전서』 474책) 권69, 張2. "徐州府; 本朝屬江蘇省, 雍正十一年, 陞爲徐州府."

그러나 위와 같이 일본 명치 13년에 간행한 판본에 영양永陽이 서주부에 속하는 것으로 표기되어 있는 것은 재론의 여지가 있다. 명나라 때 편찬된 『명일통지』를 보면 영양은 본래 저주滁州였는데 당나라 천보天寶 원년(742)에 영양군永陽郡으로 고쳤다가, 건원建元 원년(758)에 다시 저주로 고친 것[19]으로 되어 있다. 이로 보아 위의 일본 판본에서 말한 서주부에서의 서주徐州는 영양永陽의 옛 지명인 저주滁州의 오기일 가능성을 배제하기 어렵다.

황견의 출신지로 알려진 영양은 한때 영주永州로 불리기도 하였는데, 그 예로 원나라 양사홍楊士弘이 편찬한 『당음唐音』에 실린 「숙영양기찬률사宿永陽寄璨律師」에서 '영양'의 아래에 '금서주부今永州府'라고 주를 단 것[20]을 들 수 있다. 청대에 간행된 『호광통지湖廣通志』를 보면 영주부永州府는 양대梁代와 수대隋代에 영양군永陽郡으로 불리다가 명나라 홍무洪武 초에 영주부永州府로 고친 것으로 되어 있다.[21] 그러나 영양은 송대 이후부터 현재까지 주로 저주의 별칭으로 사용된 것으로 추정되는데, 그 예로 송대에 왕우칭王禹偁이 「송엄판관유귀저주送嚴判官儒歸滁州」에서 판관을 지낸 엄유嚴儒가 귀향한 저주를 왕우칭이 영양永陽이라고 표현한 것[22]을 들 수 있다. 이로 보아 청려재가 「중간고문진보발」에서 말한 영양은 현재의 안휘성安徽省 저주滁州를 가리키는 것이고, 이에 따르면 『고문진보』의 편자 황견

---

19) 和珅撰, 『大淸一統志』(『문연각사고전서』 474책) 권9, 張2. "滁州, 天寶元年, 改永陽郡, 乾元元年, 復曰滁州."
20) 楊士弘撰 張震註, 『唐音』(『문연각사고전서』 1368책) 권6, 「宿永陽寄璨律師」, 張14.
21) 邁柱撰, 『湖廣通志』(『문연각사고전서』 531책) 권4, 張20. "永州府; 梁置永陽郡. … 隋平陳, … 又改永陽郡. … 明洪武初, 改為永州府."
22) 王禹偁, 『小畜集』(『문연각사고전서』 1086책) 권11, 「送嚴判官儒歸滁州」, 張6. "永陽謫宦鬢成華, 唯有賓從最可誇."

은 지금의 안휘성 저주 출신인 것으로 추정된다.

『고문진보』의 편자 황견이 활동한 시기를 추정하는 방법으로 『고문진보』에 수록된 작품의 창작년도를 확인해보는 것이 있다. 일본의 길파언작吉波彦作은 「고문진보후집해제古文眞寶後集解題」에서 이 책의 『전집』에 사방득謝枋得 시 「창포가菖蒲歌」가 채록된 것을 예로 들어 황견을 사방득 이후의 사람이라고 하였다.[23] 이 외에도 명나라 홍치弘治 15년에 간행한 『제유전해고문진보』에는 한유의 작품 「원도原道」를 비롯한 여러 곳에 사방득이 편찬한 『문장궤범文章軌範』의 주석이 그대로 인용되어 있다. 사방득은 원나라 지원至元 26년(1288)에 원나라 병사들이 그를 민중閩中에서 연경燕京으로 압송하자, 음식을 끊고 세상을 떠난 인물이다. 이로 보아 『고문진보』는 사방득이 사망한 1288년 이후에 편찬된 것으로 추정된다.

이 밖에 임정林楨이 편찬한 판본에는 원나라 지정 26년(1366)에 정본鄭本이 쓴 「고문진보서古文眞寶敍」가 실려 있다.[24] 그리고 앞서 살폈듯이 고려 말에 전록생田祿生이 중국에 사신으로 가서 『고문진보』를 구입해 돌아와 직접 증산增刪하여 합포合浦에서 간행하였는데, 전록생은 원나라 지정 15년(1366)에 하남왕河南王 곽확첩목아廓擴帖木兒의 초청에 의해 봉사奉使하였고, 이듬 해 1367년에 경상도도순문사慶尙道都巡問使로 합포에 출진出鎭하였다.[25] 따라서 『고문진보』의 편찬 시기는 정본이 이 책에 서문을 쓰고 전록생이 이 책을 구입한 1366년 이전이 되어야 한다. 이와 같은 정황으로 미루어 『고문진

---

23) 吉波彦作, 『古文眞寶後集詳解』(日本 大同館, 1982), 卷頭.
24) 鄭本, 「古文眞寶敍」, 『魁本大字諸儒箋解古文眞寶』(국립중앙도서관 소장), 卷頭.
25) 田祿生, 『壄隱逸稿』 권6, 「壄隱先生歷官略」, 416쪽. "十五年丙午, 三月庚子, 又爲密直提學, 聘于河南王廓擴帖木兒. … 十六年丁未, 七月壬辰, 爲慶尙道都巡問使, 出鎭合浦."

보』는 1288년에서 1366년 사이에 편찬된 것으로 추정된다.

2) 판본의 종류와 특징

(1) 괴본과 선본

앞서 살폈듯이 원대에 황견이 편찬한 『제유전해고문진보』를 개정한 판본으로는 임정이 원나라 지정 26년(1366)에 간행한 『괴본대자제유전해고문진보』와 세종 2년(1420)에 충청도 관찰사 강회중의 명을 받아 옥천군수 이호가 다시 간행한 『선본대자제유전해고문진보』가 있다. 본 연구에서는 원나라에서 임정이 간행한 판본을 괴본魁本이라고 부르고, 조선에서 이호가 간행한 판본을 선본善本이라고 부르기로 한다.

〈사진 1〉은 국립중앙도서관에서 소장하고 있는 목판본[26]으로 일본 관영 원년(1624)에 간행한 괴본이다. 괴본은 일본의 서지학자 임망林望이 수집한 책만 해도 180여종에 이를 정도로 많은 판본이 간행되었다.[27] 이 책은 현재 국립중앙도서관에 일본 관영寬永 원년(1624)과 연보延寶 6년(1680)에 목판으로 간행된 판본을 비롯해 국내 대학도서관에 여러 형태의 목판본이 소장되어 있다. 또한, 괴본은 미국 UC Berkeley도서관과 중국 북경대학도서관 등 여러 대학도서관에 산재해 있다.

---

26) 국립중앙도서관 소장, 『魁本大字諸儒箋解古文眞寶』(괴본) 10권 2책(문서번호 : 古古5-70-나12).
27) 일본에서 간행된 『魁本大字諸儒箋解古文眞寶』의 연구에 관한 논문으로는 林望 선생이 쓴 「古文眞宝なる顔つき—西學と芭蕉の基礎敎養」(『現代 27호』 11月, 1933, 講談社)이 주목된다. 선생은 이 글에서 자신이 수집한 180여종의 魁本을 대상으로 하여 작품과 주석의 내용을 간명하게 밝혔다.

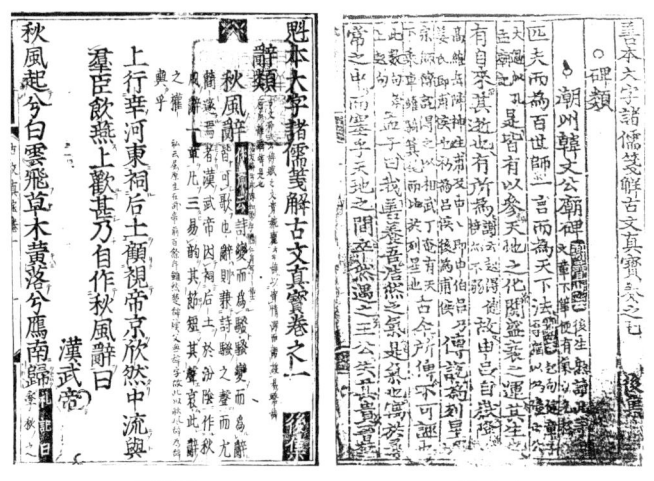

魁本大字諸儒箋解古文眞寶卷之一

辭類

秋風辭

上行幸河東祠后土顧視帝京欣然中流與

羣臣飲燕上歡甚乃自作秋風辭曰

漢武帝

秋風起兮白雲飛草木黃落兮鴈南歸

〈사진 1〉
괴본 『후집』(국립중앙도서관)

善本大字諸儒箋解古文眞寶卷之七

○碑類

潮州韓文公廟碑

匹夫而爲百世師一言而爲天下法是皆有以參天地之化關盛衰之運其生也

有自來其逝也有所爲故申呂自嶽降傅說爲列星古今所傳不可誣也

孟子曰我善養吾浩然之氣是氣也寓於尋

常之中而塞乎天地之間卒然遇之王公失其貴

〈사진 2〉
선본 『후집』(서울대규장각)

〈사진 2〉는 현재 서울대규장각에서 소장하고 있는 목판본[28]으로 세종 2년(1420) 이호가 간행한 선본이다. 필자가 확인한 바에 의하면 선본은 현재 성암고서박물관에 『전집』 1~9권과 『후집』 5~10권이 소장되어 있고, 서울대규장각에 『후집』 1~10권과 동국대도서관에 『후집』 6~10권이 소장되어 있다.[29] 필자가 입수한 괴본과 선본을 중심으로 서지 사항을 간략하게 제시하면 다음과 같다.

---

28) 서울대규장각 소장, 『善本大字諸儒箋解古文眞寶』(선본) 零本 1책(문서번호 : 想白古 895.18Se64).

29) 성암고서박물관에 소장본은 한국고전적종합목록시스템의 상세정보에 세종 2년(1420)에 옥천에서 간행한 판본으로 표기되어 있으나, 필자는 아직 원본을 확인하지 못하였다.

〈표 1〉 괴본과 선본의 서지 비교

	괴본	선본
저작 사항	『魁本大字諸儒箋解古文眞寶』 10卷 2冊	『善本大字諸儒箋解古文眞寶』 1冊(零本)
소장 장소	국립중앙도서관	서울대규장각
판본 형태	목판본	목판본
간행 년도	1624년	1420년(추정)
조판 형식	四周雙邊, 半郭 31.1×20.8㎝, 有界, 9行 18字, 註雙行, 上下內向黑魚尾, 版心題: 古文眞寶卷O	四周雙邊, 半郭 18.7×12.8㎝, 有界, 10行 21字, 註雙行, 上下內向黑魚尾, 版心題; 미상
특기 사항		권1 전반부 「秋風辭」・「漁父辭」・「歸去來辭」 결락됨. 권1「阿房宮賦」・「前赤壁賦」, 권2 「獲麟解」・「北山移文」, 권7 「潮州韓文公廟碑」, 권8 「過秦論」 일부 결락됨. 후반부에 「連昌宮辭」・「南海神廟碑」・「平淮西碑」 추기됨.

    일본과 조선에서 목판본으로 간행한 괴본과 선본은 모두 사주쌍변四周雙邊에 주쌍행註雙行으로 조판되어 있다. 반곽半郭은 괴본이 31.1×20.8㎝이고 선본은 18.7×12.8㎝이다. 어미魚尾는 두 판본 모두 상하내향흑어미上下內向黑魚尾로 되어 있다. 판심제版心題는 괴본이 '고문진보 권古文眞寶卷O'으로 되어 있으나, 선본은 마모가 심해 확인하기 어렵다.

    선본은 권1의 전반부에 수록된 「추풍사秋風辭」, 「어부사漁父辭」, 「귀거래사歸去來辭」 등 3편이 모두 결락되어 있고, 권1의 「아방궁부阿房宮賦」와 「전적벽부前赤壁賦」, 권2의 「획린해獲麟解」와 「북산이문北山移文」, 권7의 「조주한문공묘비潮州韓文公廟碑」, 권8의 「과진론過秦論」 등의 일부 내용이 결락되어 있다. 선본은 훼손 상태가 매우 심하여 글자를 알아볼 수 없는 것이 많다. 특히 선본은 책의 말미에 괴본에는 없는 「연창궁사連昌宮辭」, 「남해신묘비南海神廟碑」, 「평회서비平淮西碑」 등 3편이 추가되어 있어, 이 책의 간행 시기를 추정해 볼 수 있다.[30]

(2) 홍치본과 만력본

명나라 때에 황견이 편찬한 『제유전해고문진보』를 중간한 것은 모두 세 차례이다. 먼저 청려재靑藜齋가 홍치弘治 15년(1502)에 옛 판본은 간행한 것이 오래되어 인몰된 것이 많은 것을 보고, 우연히 선본善本을 얻어 순시하는 여가에 약간의 점교點校를 더하여 중간하였다.[31] 이 글에서는 이 판본을 홍치본弘治本이라고 부르기로 한다. 다음 효종孝宗은 『고문진보』의 글들을 틈틈이 살펴보며 마음에 와 닿는 것을 느끼고, 직접 이 책에 발문을 써서 다시 간행하도록 명하였다.[32] 마지막으로 신종神宗은 만력萬曆 11년(1583)에 옛 판본은 오래되어 글씨가 잘 보이지 않는다고 하고, 옛 판본에 수록된 312편에 35편을 더하여 다시 간행하도록 명하였다.[33] 이 글에서는 이 판본을

---

30) 김윤수 선생은 善本에 추가되어 있는 3편이 세종 32년에 조선에 전해진 『상설고문진보대전』에 수록되어 있는 것을 예로 들어, 서울대규장각에 소장된 善本은 세종 2년에 姜淮仲이 간행한 판본이 아니라고 하였다(김윤수,「『詳說古文眞寶大全』과『批點古文』」,『중국어문학』(영남어문학회, 1988) 제15집, 190쪽). 그러나 서울대규장각과 동국대도서관에 소장된 善本에는 새로 추가된 3편에서「南海神廟碑」와「平淮西碑」는 본문과 같이 1행으로 주석이 달려 있다. 이러한 방식은 본문과 달리 雙行으로 주석이 달려 있는 『상설고문진보대전』과 다르고, 본문과 같이 1행으로 주석이 달려 있는 『崇古文訣』과 같다. 또한, 한국고전적종합목록시스템에 의하면 성암고서박물관에서 소장하고 있는 선본은 四周雙邊에 10行 21字로 형태상 서울대규장각과 동국대도서관에 소장된 판본과 같은 것으로 되어 있다. 이로 보아 현전하는 3종의 선본은 모두 세종 2년에 간행된 것이고, 원나라에서 善本을 간행할 때에 이미 위의 3편이 수록되어 있던 것으로 추정된다.
31) 靑藜齋,「重刊古文眞寶跋」,「魁本大字諸儒箋解古文眞寶前集」, 卷頭, "梓行已久, 近日書肆中所傳者, 率多渾蝕, 讀者患之. 予偶得善本, 撫巡之暇, 略加點校, 因命工重刊, 以便後學."
32) 孝宗,「御制古文眞寶後跋」,「諸儒箋解古文眞寶」(중국 산동도서관 소장, 만력본), 卷頭. "古文眞寶一書, 朕旣命工梓之成矣. 時覽觀焉, 皆犁然有當於心, 因申數語末簡."

만력본萬曆本이라고 부르기로 한다.

현재 청려재가 명나라 홍치 15년에 간행한 홍치본을 소장하고 있는 곳은 중국 사회과학원도서관과 한국 국립중앙도서관이다. 이 두 판본은 조판 형식과 글자 형태가 서로 같은 것으로 보아 동일한 판본으로 추정된다. 〈사진 3〉은 국립중앙도서관에서 소장하고 있는 목판본[34]으로, 이곳에는 『후집』 권6~10이 남아있다.[35]

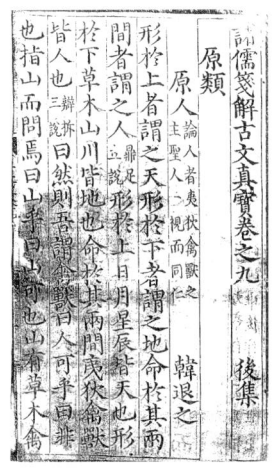 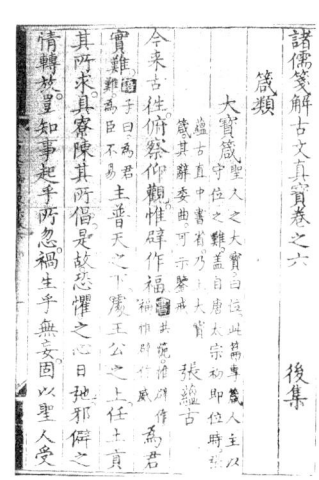

〈사진 3〉 홍치본 『후집』　　　　〈사진 4〉 만력본 『후집』
(국립중앙도서관)　　　　　　(Princeton대도서관)

---

33) 神宗, 「御制重刻古文眞寶前序」, 『諸儒箋解古文眞寶』(중국 북경대학도서관 소장, 만력본), 卷頭. "舊本凡三百十有二篇, 今益以三十五篇, 刻久漫漶, 因重授梓, 以觀覽焉."(정혜경, 「『古文眞寶』在東亞的傳播硏究」 재인용)
34) 국립중앙도서관 소장, 『諸儒箋解古文眞寶後集』(홍치본) 零本 1책(문서번호 古3745-182).
35) 필자는 鄭惠京이 앞의 논문에서 밝힌 사회과학원 소장 홍치본을 여러 경로를 통해 수소문하였으나 아직 그 존재를 확인하지 못하였다. 본 연구에서 홍치본과 관련된 사항은 주로 국립중앙도서관에 소장된 판본을 중심으로 논하고, 필요한 경우 정혜경의 논문 부록에 제시된 내용을 참고하였다.

현재 신종이 만력 11년에 중간한 만력본은 북경대학도서관을 포함한 아홉 곳의 도서관에 소장되어 있는 것으로 학계에 보고되었다.[36] 이 밖에 미국 Princeton대도서관과 미국 의회도서관, 그리고 일본의 서지학자 임망이 소장하고 있는 것으로 알려져 있다.[37] 〈사진 4〉는 미국 Princeton대도서관에서 소장하고 있는 목판본[38]으로, 이곳에는 권두에 청려재가 쓴 「중간고문진보발」이 수록되어 있다.

필자가 입수한 국립중앙도서관 소장 홍치본과 Princeton대도서관 소장 만력본의 서지 사항을 간략하게 표로 제시하면 다음과 같다.

〈표 2〉 홍치본과 만력본의 서지 비교

	홍치본	만력본
저작 사항	『諸儒箋解古文眞寶』 後集 六卷~十卷	『諸儒箋解古文眞寶』 二十卷 十二冊
소장 장소	국립중앙도서관	Princeton대도서관
판본 형태	목판본	목판본
간행 년도	1502년	1583년
조판 형식	四周雙邊, 半郭 22.8×13.3㎝, 有界, 8行 15字, 註雙行, 上下下向黑魚尾, 版心題; 古文後卷○	四周雙邊, 半郭 24.5×16.4㎝, 有界, 8行 20字, 註雙行, 上下內向黑魚尾, 版心題; 古文眞寶後集卷○
특기 사항	권6 전반부 「大寶箴」, 「四箴」, 「陋室銘」, 「克己銘」과 권10 후반부 「與韓荊州書」, 「答陳商書」, 「爲人求薦書」, 「答張籍書」 등 8편 결락됨.	권5 후반부 「明河篇」과 「題磨崖碑」 등 2편 결락됨. 神宗의 「御制重刻古文眞寶前序」과 孝宗의 「御制古文眞寶後跋」 빠짐.

---

36) 鄭惠京, 「『古文眞寶』在東亞的傳播硏究」, 7쪽.
37) 林望, 「古文眞宝なる顔つき―西學と芭蕉の基礎敎養」, 『現代 27호』(講談社, 1933.11), 333쪽.
38) Princeton대도서관 소장, 『諸儒箋解古文眞寶』(만력본) 20권 12책.

목판으로 간행된 홍치본과 만력본은 모두 사주쌍변四周雙邊에 주쌍행註雙行으로 조판되어 있다. 반곽半郭은 홍치본이 22.8×13.3cm이고 만력본이 24.5×16.4cm이다. 어미魚尾는 홍치본이 상하하향흑어미上下下向黑魚尾로 되어 있고, 만력본은 상하내향흑어미上下內向黑魚尾로 되어 있다. 판심제版心題는 홍치본은 '고문후권古文後卷O'으로 되어 있으나, 만력본은 '고문진보후집권古文眞寶後集卷O'으로 되어 있다.

홍치본은 권6의 전반부에 「대보잠大寶箴」, 「사잠四箴」, 「누실명陋室銘」, 「극기명克己銘」 등 4편과 권10의 후반부에 「여한형주서與韓荊州書」, 「답진상서答陳商書」, 「위인구천서爲人求薦書」, 「답장적서答張籍書」 등 4편이 결락된 상태로 남아 있다. 또한, 만력본은 권5의 후반부에 「명하편明河篇」과 「제마애비題磨崖碑」 등 2편 결락되어 있고, 권두에 신종의 「어제중각고문진보전서御制重刻古文眞寶前序」와 권말에 효종의 「어제고문진보후발御制古文眞寶後跋」이 빠져 있다.

2. 작품 및 내용

1) 『전집』의 작품 및 내용

(1) 수록 작품

청려재는 명나라 홍치 15년(1502)에 쓴 「중간고문진보발重刊古文眞寶跋」에서 "영양潁陽의 황견씨黃堅氏가 편집한 『고문진보』 20권은 7국 이하 여러 명가의 작품을 실었는데, 모두 27체 312편으로 대체로 정밀하게 선록한 것이다. 간행한 것이 오래되어 근래에 서사書肆

속에서 전하는 것은 인식湮蝕된 것이 많아 독자들이 근심하였다. 내가 우연히 선본을 얻어 순시하는 여가에 약간의 점교를 더하여 장인에게 중간하도록 명하여 후학에게 편리하도록 하였다."[39)]라고 하였다. 이로 보아 황견이 최초로 편찬한 『고문진보』에는 모두 27체 312편의 작품이 수록되어 있으며, 청려재가 이를 중간할 때에도 초간본에 약간의 점교를 더하기는 했으나 작품 자체에 첨삭을 가하지는 않은 것으로 추정된다.

현재 중국 사회과학원 도서관에 소장된 홍치본에는 『전집』 240편과 『후집』 71편을 합하여 311편이 수록되어 있다.[40)] 또한, 미국 Berkeley도서관에 소장된 판본으로 보력 3년(1753)에 간행된 괴본에는 『전집』 217편과 『후집』 67편을 합하여 284편이 수록되어 있다. 그리고 미국 Princeton대도서관에 소장된 만력본에는 『전집』 256편과 『후집』 89편을 합쳐 모두 345편이 수록되어 있다.

만력본에 추가된 35편을 제외한 312편과 정혜경鄭惠京이 논문 부록에서 제시한 홍치본 311편을 비교해 보면, 『후집』에 수록된 71편은 모두 동일하나 『전집』에 수록된 240편에서 이백의 「등양왕서하산登梁王栖霞山」과 「등서하산登栖霞山」은 같은 작품을 중복해 제시하고 있다. 이로 보아 중국 사회과학원에 소장된 홍치본 『후집』에는 원본과 동일하게 71편이 수록되어 있으나, 홍치본 『전집』에는 황견이 편찬한 원본 312편에서 2편이 탈락된 것으로 추정된다. 따라서 현재 중국 사회과학원 도서관에 소장된 홍치본에 수록된 311편은

---

39) 靑藜齋, 「重刊古文眞寶跋」, 『魁本大字諸儒箋解古文眞寶』, 卷頭. "永陽黃堅氏所集, 古文眞寶二十卷, 載七國而下, 諸名家之作, 凡二十有七體, 三百十有二篇, 蓋精選也. 梓行已久, 近日書肆中所傳者, 率多湮蝕, 讀者患之. 予偶得善本, 撫巡之暇, 略加點校, 因命工重刊, 以便後學."
40) 鄭惠京, 「『古文眞寶』в 東亞의 傳播研究」, 부록.

황견이 편찬한 원본에 수록된 312편과 동일한 것으로 판단된다.[41]

홍치본, 괴본, 만력본의 『전집』에 수록된 작품을 시대별, 작가별, 작품별, 문체별로 나누어 제시하면 다음과 같다.

〈표 3〉 홍치본·괴본·만력본 『전집』의 작품 비교

번호	시대	작가	작품	문체	수록 순서		
					弘治本	魁本	萬曆本
1	宋	眞宗	眞宗皇帝勸學	勸學文	1	1	1
2	宋	仁宗	仁宗皇帝勸學	勸學文	2	2	2
3	宋	司馬光	司馬溫公勸學	勸學文	3	3	3
4	宋	柳永	柳屯田勸學文	勸學文	4	4	4
5	宋	王安石	王荊公勸學文	勸學文	5	5	5
6	宋	白居易	白樂天勸學文	勸學文	6	6	6
7	宋	朱熹	朱文公勸學文	勸學文	7	7	7
8	唐	韓愈	符讀書城南	勸學文	8	8	8
9	宋	孫明復	諭學	勸學文	9		9
10	宋	邵雍	淸夜吟	五言古風短篇	10	9	10
11	六朝	陶潛	四時	五言古風短篇	11	10	11
12	唐	僧無本	訪道者不遇	五言古風短篇	12	11	22
13	宋	張兪	蠶婦	五言古風短篇	13	12	13
14	唐	李紳	憫農	五言古風短篇	14	13	12
15	唐	李鄴	讀李斯傳	五言古風短篇	15	14	14
16	唐	李白	王昭君	五言古風短篇	16	15	15
17	唐	賈道	劒客	五言古風短篇	17	16	16
18	六朝	曹子建	七步詩	五言古風短篇	18	17	17
19	六朝	吳隱之	貪泉	五言古風短篇	19	18	18
20	唐	白居易	商山路有感	五言古風短篇	20	19	19
21	唐	曹松	金谷園	五言古風短篇	21	20	20
22	唐	孟郊	遊子吟	五言古風短篇	22	21	23

---

41) 鄭惠京, 「『古文眞寶』在東亞的傳播硏究」, 부록.

23	唐	李白	子夜吳歌	五言古風短篇	23	22	24
24	唐	李白	友人會宿	五言古風短篇	24	23	25
25	宋	朱熹	雲谷雜詠	五言古風短篇	25	24	26
26	唐	聶夷中	傷田家	五言古風短篇	26	25	27
27	唐	楊賁	時興	五言古風短篇	27	26	28
28	唐	陸龜蒙	離別	五言古風短篇	28	27	29
29	六朝	無名氏	古詩	五言古風短篇	29	28	21
30	六朝	陶潛	歸田園居	五言古風短篇	30	29	30
31	六朝	陶潛	問來使	五言古風短篇	31	30	31
32	唐	李白	王右軍	五言古風短篇	32	31	32
33·34	唐	李白	對酒憶賀監二首	五言古風短篇	33·34	32·33	33·34
35	唐	李白	送張舍人之江東	五言古風短篇	35	34	35
36	唐	李白	戲贈鄭溧陽	五言古風短篇	36	35	36
37	唐	李白	嘲王歷陽不肯飲酒	五言古風短篇	37	36	37
38	唐	李白	紫騮馬	五言古風短篇	38	37	38
39	唐	李白	待酒不至	五言古風短篇	39	38	39
40	唐	杜甫	遊龍門奉先寺	五言古風短篇	40	39	40
41	唐	杜甫	戲簡鄭廣文	五言古風短篇	41	40	41
42	宋	韋應物	寄全椒道士	五言古風短篇	42	41	42
43	宋	蘇軾	和韋蘇州詩	五言古風短篇	43	42	43
44	宋	蘇軾	足柳公權聯句	五言古風短篇	44	43	44
45	宋	黃庭堅	子瞻謫海南	五言古風短篇	45	44	45
46	宋	黃庭堅	少年子	五言古風短篇	46	45	46
47	宋	黃庭堅	金陵新亭	五言古風短篇	47	46	47
48	六朝	沈休文	長歌行	五言古風短篇	48	47	48
49·50	六朝	陶潛	雜詩二首	五言古風短篇	49·50	48·49	49·50
51	六朝	陶潛	擬古	五言古風短篇	51	50	51
52	六朝	謝朓	鼓吹曲	五言古風短篇	52	51	52
53	六朝	謝朓	和徐都曹	五言古風短篇	53	52	53
54	六朝	謝朓	遊東園	五言古風短篇	54	53	54
55	六朝	班婕妤	怨歌行	五言古風短篇	55	54	55
56	唐	江文通	雜詩	五言古風短篇	56	55	56
57·58	漢	無名氏	古詩二首	五言古風短篇	57·58	56·57	57·58
59	宋	蘇軾	綠筠軒	五言古風短篇	59	58	59

60	唐	釋子蘭	飲馬長城窟	五言古風短篇	60		60
61	唐	李白	月下獨酌	五言古風短篇	61	59	61
62	漢	無名氏	蘇武	五言古風短篇	62	61	65
63	六朝	陶潛	雜詩	五言古風短篇	63	62	62
64	六朝	陶潛	歸田園居	五言古風短篇	64	63	63
65	唐	李白	春日醉起言志	五言古風短篇	65	60	64
66	宋	蘇過	鼠鬚筆	五言古風短篇	66	64	66
67·68	宋	陳師道	妾薄命二首	五言古風短篇	67·68	65·66	67·68
69	唐	韓愈	青青水中蒲	五言古風短篇	69	67	69
70	唐	韓愈	幽懷	五言古風短篇	70	68	72
71	六朝	曹子建	公讌	五言古風短篇	71	69	70
72	唐	李白	獨酌	五言古風短篇	72	70	71
73	六朝	陶潛	歸田園	五言古風短篇	73	71	73
74	宋	蘇軾	和淵明擬古	五言古風短篇	74	72	74
75	六朝	陶潛	責子	五言古風短篇	75	73	75
76	唐	柳宗元	田家	五言古風短篇	76	74	76
77	六朝	謝靈運	直中書省	五言古風長篇	77	75	77
78	漢	無名氏	古詩	五言古風長篇	78	76	78
79	六朝	陶潛	擬古	五言古風長篇	79	77	80
80	六朝	陶潛	讀山海經	五言古風長篇	80	78	79
81·82	唐	杜甫	夢李白二首	五言古風長篇	81·82	79·80	81·82
83·84	宋	黃庭堅	贈東坡二首	五言古風長篇	83·84	81·82	83·84
85	宋	蘇軾	周茂叔先生濂溪	五言古風長篇	85		85
86	宋	蘇子瞻	日日出東門	五言古風長篇	86		86
87	宋	蘇子瞻	讀淵明傳嘆其絕識	五言古風長篇	87		87
88	唐	白居易	慈烏夜啼	五言古風長篇	88	83	88
89	唐	柳宗元	田家	五言古風長篇	89	84	89
90	漢	無名氏	樂府上	五言古風長篇	90	85	90
91	六朝	陶潛	飲酒	五言古風長篇		86	91
92	六朝	陶潛	歸田園居	五言古風長篇	91	87	92
93	唐	杜甫	夏日李公見訪	五言古風長篇	92	88	93
94	唐	杜甫	贈衛八處士	五言古風長篇	93	89	94
95	唐	杜甫	佳人	五言古風長篇	94	90	95
96	唐	杜甫	石壕吏	五言古風長篇	95		96

97	唐	韓愈	送諸葛覺往隨州讀書	五言古風長篇	96	91	97
98	宋	蘇軾	司馬溫公獨樂園	五言古風長篇	97	92	98
99	六朝	陶潛	七月夜行江陵途中作	五言古風長篇			99
100	唐	韓愈	鰮鰶	五言古風長篇			100
101	宋	蘇軾	楊康功有石狀如醉道士	五言古風長篇			101
102	唐	杜甫	上韋左相二十韻	五言古風長篇	98	93	102
103	唐	杜甫	寄李白	五言古風長篇	99	94	103
104	唐	杜甫	投贈哥舒開府二十韻	五言古風長篇	100	95	104
105	唐	杜甫	贈韋左相	五言古風長篇	101	96	105
106	唐	韓愈	醉贈張秘書	五言古風長篇	102	97	106
107	唐	李白	峨眉山月歌	七言古風短篇	103	98	107
108	唐	李白	山中答俗人	七言古風短篇	104	99	108
109	唐	李白	山中對酌	七言古風短篇	105	100	109
110	唐	岑參	春夢	七言古風短篇	106	101	110
111	唐	王維	少年行	七言古風短篇	107	102	111
112	宋	魏野	尋隱者不遇	七言古風短篇	108	103	112
113	唐	高騈	步虛詞	七言古風短篇	109	104	113
114	宋	僧清順	十竹	七言古風短篇	110	105	114
115	宋	蘇軾	遊三遊洞	七言古風短篇	111	106	115
116	宋	邵康節	閑居	七言古風短篇	112		116
117	唐	柳宗元	漁翁	七言古風短篇	113	107	117
118	唐	李白	金陵酒肆留別	七言古風短篇	114	108	118
119	唐	李白	思邊	七言古風短篇	115	109	119
120	唐	李白	烏夜啼	七言古風短篇	116	110	120
121	宋	黃庭堅	戲和答禽語	七言古風短篇	117	111	121
122	唐	李白	採蓮曲	七言古風短篇	118	112	122
123	宋	蘇庠	清江曲	七言古風短篇	119	113	123
124	唐	李白	登金陵鳳凰臺	七言古風短篇	120	114	124
125	唐	李白	早春寄王漢陽	七言古風短篇	121	115	125
126	唐	李白	金陵西樓月下吟	七言古風短篇	122	116	126
127	唐	李白	上李邕	七言古風短篇	123	118	132
128	唐	杜甫	歎庭前甘菊花	七言古風短篇	124	119	133
129	唐	杜甫	秋雨歎	七言古風短篇	125	120	134
130	宋	唐庚廬	二月見梅	七言古風短篇	126	121	135

131	宋	蘇軾	四時詞	七言古風短篇	127		136
132	唐	杜甫	縛鷄行	七言古風短篇	128		137
133	唐	張說	襄陽路逢寒食	七言古風短篇			138
134	唐	李白	送羽林陶淵明將軍	七言古風短篇			139
135	唐	李白	題東溪公幽居	七言古風短篇	129	117	127
136	宋	黃庭堅	水仙花	七言古風短篇	130	122	130
137	唐	崔顥	登黃鶴樓	七言古風短篇	131	123	128
138	唐	韓愈	贈唐衢	七言古風短篇	132	124	129
139	唐	韓愈	古意	七言古風短篇	133	125	131
140	唐	韓愈	贈鄭兵曹	七言古風短篇	134	126	140
141	唐	韓愈	雉帶箭	七言古風短篇	135	127	141
142	唐	李白	南陵敍別	七言古風短篇	136	128	142
143	宋	蘇軾	月夜與客飮酒杏花下	七言古風短篇	137	129	143
144	唐	杜甫	春日戲題惱郝使君兄	七言古風短篇	138		145
145	宋	蘇軾	郭祥正家醉畫竹壁上	七言古風短篇	139		144
146	宋	蘇軾	虢國夫人夜遊圖	七言古風短篇	140		147
147	唐	高適	人日寄杜二拾遺	七言古風短篇	141	130	146
148	唐	李白	流夜郎贈辛判官	七言古風短篇	142	131	148
149	唐	李白	醉後答丁十八以詩譏予搥碎黃鶴樓	七言古風短篇	143	132	149
150	宋	梅堯臣	採石月贈郭功甫	七言古風短篇	144	133	150
151	唐	李白	把酒問月	七言古風短篇	145	134	151
152	唐	杜甫	枏木爲風雨所拔歎	七言古風短篇	146	135	152
153	宋	韓駒	題太乙眞人蓮葉圖	七言古風短篇	147	136	153
154	唐	杜甫	哀江頭	七言古風短篇	148	137	154
155	宋	馬存	燕思亭	七言古風短篇	149	138	155
156	宋	蘇軾	書林通詩後	七言古風短篇	150		156
157	宋	曾肇	虞美人草	七言古風短篇	151	139	157
158	唐	李白	刺少年	七言古風短篇	152	140	158
159	宋	蘇軾	驪山	七言古風短篇	153	141	159
160	唐	宋之問	明河篇	七言古風短篇	154	142	
161	宋	黃庭堅	題磨崖碑	七言古風短篇	155	143	
162	唐	宋之門	有所思	七言古風長篇	156	144	160
163	宋	蘇軾	荔枝歎	七言古風短篇	157	145	161

164	宋	蘇軾	定惠院海棠	七言古風短篇	158	146	162
165	宋	謝邁溪	陶淵明寫眞圖	七言古風短篇	159	147	163
166	唐	韓愈	桃源圖	七言古風短篇	160	148	164
167	宋	邢居實	李伯時畵圖	七言古風短篇	161		165
168	宋	蘇軾	書王定國所藏圖畵	七言古風短篇	162	149	166
169	唐	韓愈	寄盧仝	七言古風短篇	163	150	167
170	唐	王維	春桂問答二	長短句	164	152	176
171	唐	李白	將進酒	長短句	165	152	183
172	唐	李白	觀元丹丘坐巫山屛風	長短句	166	153	178
173	唐	李白	三五七言	長短句	167	154	177
174	唐	李白	登梁王棲霞山	長短句	168	155	179
175	唐	李賀	將進酒	長短句	169	156	168
176	唐	李賀	高軒過	長短句	170	157	169
177	唐	盧仝	有所思	長短句	171	158	180
178	唐	張籍	行路難	長短句	172	159	184
179	宋	馬存	邀月亭	長短句	173	160	185
180	宋	馬存	馬淮謠	長短句	174	161	186
181	宋	蘇軾	贈何秀才	長短句	175	162	170
182	宋	蘇軾	薄薄酒	長短句	176	163	171
183	宋	蘇軾	大雪有懷東武園亭寄交代孔周翰	長短句	177		172
184	宋	蘇軾	野翁亭	長短句	178	164	187
185	唐	白居易	太行路	長短句	179	165	173
186	唐	白居易	七德舞	長短句	180	166	174
187	宋	張耒	磨崖碑後	長短句	181	167	175
188	宋	張乖崖	勸酒惜別	長短句	182	168	188
189	唐	李白	蜀道難	長短句	183	170	181
190	宋	歐陽脩	廬山高	長短句	184	171	182
191	唐	釋貫休	古意	長短句		169	189
192	唐	王翰	古長城吟	吟類	185	206	190
193	唐	劉禹錫	百舌吟	吟類	186	207	191
194	六朝	諸葛亮	梁甫吟	吟類	187	208	192
195	唐	杜甫	丹靑引	引類	188	209	193
196	唐	杜甫	桃竹杖引	引類	189	210	194

197	唐	杜甫	觀畫鳥圖引	引類	190	211	195
198	漢	高祖	大風歌	歌類	191	172	196
199	唐	李白	襄陽歌	歌類	192	173	197
200	唐	杜甫	飲中八僊歌	歌類	193	174	198
201	唐	杜甫	醉時歌	歌類	194	175	299
202	唐	杜甫	徐卿二子歌	歌類	195	176	200
203	唐	杜甫	戲作花卿歌	歌類	196		201
204	唐	杜甫	題李鄩師松樹障子歌	歌類	197		202
205	唐	杜甫	戲韋偃爲雙松圖歌	歌類	198		205
206	唐	杜甫	柳少府畫山水障歌	歌類	199		206
207	唐	杜甫	李潮八分小篆歌	歌類	200		207
208	唐	杜甫	天育驃騎歌	歌類	201		208
209	唐	白居易	江南遇天寶樂叟歌	歌類	202		215
210	宋	文天祥	六歌	歌類	203		220
211	宋	陸龜蒙	江湖散人歌	歌類			221
212	唐	杜甫	戲題王宰畫山水歌	歌類	204	177	203
213	唐	杜甫	茅屋爲秋風所破歌	歌類	205	178	209
214	宋	王禹偁	觀聖上親試貢士歌	歌類	206	179	204
215	唐	吳融	畫山水歌	歌類	207	180	211
216	唐	韓愈	短檠歌	歌類	208	181	212
217	宋	馬存	浩浩歌	歌類	209	182	217
218	宋	張耒	七夕歌	歌類	210	183	218
219	唐	盧仝	茶歌	歌類	211	184	210
220	宋	謝枋得	菖蒲歌	歌類	212	185	219
221	唐	韓愈	石鼓歌	歌類	213	186	213
222	宋	蘇軾	後石鼓歌	歌類	214	187	214
223	唐	白居易	長恨歌	歌類	215	188	216
224	唐	杜甫	賓交行	行類	216	189	222
225	唐	杜甫	醉歌行	行類	217	190	223
226	唐	杜甫	麗人行	行類	218	191	224
227	唐	杜甫	古柏行	行類	219	192	225
228	唐	杜甫	兵車行	行類	220	193	226
229	唐	杜甫	洗兵馬行	行類	221	194	227
230	唐	杜甫	入奏行	行類	222	195	228

231	唐	杜甫	高都護驄馬行	行類	223	196	229
232	唐	杜甫	去矣行	行類	224	197	230
233	唐	王轂	苦熱行	行類	225	198	231
234	唐	白居易	琵琶行	行類	226	199	232
235	宋	唐庚濾	內前行	行類	227	200	233
236	宋	蘇軾	續麗人行	行類	228	201	234
237	唐	杜甫	莫相疑行	行類	229	202	237
238	宋	王安石	虎圖行	行類	230	203	235
239	宋	王安石	桃源行	行類	231	204	236
240	唐	杜甫	今夕行	行類	232	205	238
241	唐	杜甫	偪側行	行類	233		239
242	唐	杜甫	李鄠縣丈人胡馬行	行類			240
243	唐	杜甫	驄馬行	行類			241
244	唐	李白	草書歌行	行類			242
245	六朝	魏武帝	短歌行	行類			243
246	唐	李嶠	汾陰行	行類			244
247	六朝	魏武帝	君子行	行類			245
248	唐	白居易	浩歌行	行類			246
249	宋	王安石	明妃曲一	曲類	234	212	247
250	宋	王安石	明妃曲二	曲類		213	248
251	宋	歐陽修	明妃曲	曲類	235	214	249
252	宋	歐陽修	明妃曲和王介甫	曲類		215	250
253	宋	黃庭堅	塞上曲	曲類	236	216	251
254	唐	李白	烏棲曲	曲類	237	217	252
255	漢	武帝	秋風辭	辭類	238		253
256	先秦	屈平	漁父辭	辭類	239		254
257	六朝	陶潛	歸去來辭	辭類	240		255
258	唐	元稹	連昌宮辭	辭類	241		256
			계		241	217	256

　　홍치본 『전집』에 수록된 241편은 송대의 작품이 60편으로 가장 많고, 이어 당대 30편, 육조 23편, 한대 5편 순으로 되어 있다. 작가

별 작품수로는 두보杜甫 시가 44편으로 가장 많고, 이어 이백李白 시 38편, 소식蘇軾 시 18편, 도잠陶潛 시 15편, 한유韓愈 시 14편, 백거이白居易 시 8편, 황정견黃庭堅 시 8편, 왕안석王安石 시 5편, 유종원柳宗元 시 4편, 마존馬存 시 4편, 구양수歐陽脩 시 3편, 사조謝朓 시 3편, 맹교孟郊 시 외 8명 2편, 가도賈島 시 외 45명 1편의 순으로 되어 있다.

또한, 유형별로 작품이 배열된 순서로는 권1 오언고풍단편五言古風短篇에 이백 시가 「왕우군王右君」에서 「대주부지待酒不至」에 이르는 7편이 차례로 이어져 있고, 권10 행류行類에는 두보 시가 「빈교행貧交行」에서 「거의행去矣行」에 이르기까지 13편의 작품이 이어져 있다. 이와 같이 홍치본『전집』에 수록된 작가와 작품 수로 보아 두보나 이백 등 작품 수가 많은 일부 시인의 작품은 주로 문집에서 뽑고, 이를 제외한 대부분의 작품은 당시까지 간행된 시선집에서 뽑은 것으로 추정된다.

괴본에는 홍치본에 수록된 석釋 자란子蘭 시 「음마장성굴飮馬長城窟」, 소식 시 「주무숙선생렴계周茂叔先生濂溪」·「일일출동문日日出東門」·「독연명전탄기절식讀淵明傳嘆其絶識」·「사시사4수四時詞四首」·「곽상정가취화죽벽상郭祥正家醉畫竹壁上」·「서임포시후書林逋詩後」·「대설유회동무원정기교대공주한大雪有懷東武園亭寄交代孔周翰」, 형거실邢居實 시 「이백시화도李伯時畫圖」, 두보 시 「석호리石壕吏」·「춘일희제뇌학사군형春日戲題惱郝使君兄」·「희작화경가戱作花卿歌」·「제이존사송수장자가題李尊師松樹障子歌」·「희위언위쌍송도가戱韋偃爲雙松圖歌」·「유소부화산수장가柳少府畫山水障歌」·「이조팔분소전가李潮八分小篆歌」·「천육표기가天育驃騎歌」·「핍측행偪側行」, 백거이 시 「강남우천보락수가江南遇天寶樂叟歌」, 소옹邵雍 시 「한거閑居」, 무제武帝

작품 「추풍사秋風辭」, 도잠 작품 「귀거래사歸去來辭」, 원진元稹 작품 「연창궁사連昌宮辭」 등 24편이 제외되어 있고, 홍치본에는 괴본에 수록된 도잠 시 「음주飮酒」, 석釋 관휴貫休 시 「고의古意」, 왕안석 시 「명비곡明妃曲」, 구양수 시 「명비곡화왕개보明妃曲和王介甫」 등 4편이 제외되어 있다.

또한, 만력본에는 홍치본에 수록되지 않은 도잠 시 「음주飮酒」·「칠월야행강릉도중작七月夜行江陵途中作」, 두보 시 「이호현장인호마행李鄠縣丈人胡馬行」·「총마행驄馬行」, 이백 시 「송우림장군送羽林將軍」·「초서가행草書歌行」, 소식 시 「양강공유상여취도楊康功有狀如醉道」·「괵국부인야유도虢國夫人夜遊圖」, 한유 시 「악착齷齪」, 장설張說 시 「양양로봉한식襄陽路逢寒食」, 석釋 관휴貫休 시 「고의古意」, 육구몽陸龜蒙 시 「강호산인가江湖散人歌」, 위 무제 시 「단가행短歌行」, 섭이중聶夷中 시 「군자행君子行」, 이교李嶠 시 「분음행汾陰行」, 백거이 시 「호가행浩歌行」, 왕안석 시 「명비곡明妃曲」, 구양수 시 「명비곡화왕개보明妃曲和王介甫」 등 17편이 추가되어 있고, 홍치본에 수록되어 있는 장설 시 「양양로봉한식襄陽路逢寒食」과 이백 시 「송우림도연명장군送羽林陶淵明將軍」 등 2편이 추가되어 있다.

(2) 내용 구성

괴본 『전집』에 수록된 작품의 내용과 관련해 주목을 끄는 것은 두보 시 「병거행兵車行」의 두주에 달려 있는 내용이다. 이곳에는 행류行類의 특징을 설명하면서 "율시律詩는 성률聲律에 구속을 받고, 고시古詩는 어구語句에 구속을 받는다. 이 때문에 문사가 잘 통할 수 없다. '행行'이라고 이르는 것은 문사를 통하게 할 뿐이니 고문古文이면서 운韻이 있을 따름이다."[42]라고 하여, 행류의 문체적 특징을 성률이나 어구의 구속 없이 문사를 잘 통하게 하는 것으로 보았다.

또한, 사조謝朓 시「화서도조和徐都曹」의 두주에서는 "'화和'는 거성去聲으로 소리가 서로 응하는 것이다. 작자作者가 창창을 하면 답자答者가 화和를 한다. 위진魏晋에서 당唐에 이르기까지는 화의和意만 할 뿐이었으나, 만당晩唐에 이르러 이익李益과 노륜盧綸이 처음으로 화운和韻하였다."[43]라고 하여, 상대방의 시에 화답하는 시는 본래 운보다는 뜻을 중시했음을 강조하였다.

위와 같이『전집』에 수록된 236편은 위와 같이 성률이나 압운과 같은 형식보다는 꾸밈을 일삼지 않고 자연스러운 가운데 깊이 묘취가 있는 내용을 중심으로 작품을 선록하였다. 특히『전집』은 시의 본질이 성정의 바름을 꾸밈없이 노래하는데 있다고 보고, 선시의 기준을『시경』에 수록된 305편을 모델로 삼았다.

한편 괴본『전집』권상에는 한유 시「청청수중포靑靑水中蒲」가 수록되어 있는데, 이곳에 달려 있는 주에서는 이 시가 정부征夫가 출수出守하고 아내가 규방에 유폐되어 있는 것을 부들이 물속에 있는 것으로 비유한 '탁물비흥托物比興'이라고 하였다. 이어 1장은 남편이 떠난 것을 말하고, 2장은 서로 만나지 못하는 것을 말하며, 3장은 남편을 바른 것으로 권면하여『시경』국풍의 체體를 얻은 것[44]이라고 하였다.

---

42) UC Berkeley도서관 소장,『魁本大字諸儒箋解古文眞寶前集』卷下,「兵車行」註, 張19. "律詩拘於聲律, 古詩拘於語句, 以是詞不能達. 夫謂之行者, 達其詞而已, 如古文而有韻耳."
43) UC Berkeley도서관 소장,『魁本大字諸儒箋解古文眞寶前集』卷上,「和徐都曹」註, 張13. "和去聲, 聲相應也, 作者爲唱, 答者爲和, 魏晋至唐, 和意而已, 至晚唐, 李益盧綸, 始和韻."
44) UC Berkeley도서관 소장,『魁本大字諸儒箋解古文眞寶前集』卷上,「靑靑水中蒲」註, 張17. "此詩托物比興, 謂征夫出守, 其妻幽宮閨房, 如蒲在水中, 第一章謂夫君之出, 第二章謂不得相隨, 末章勉君子以正, 得風人之體."

또한, 두보 시 「가인佳人」을 주석하여 『시경』「간혜簡兮」에서 '저 미인이여, 서방 사람이라네'라고 말한 것은 현자가 아름다운 덕이 있음을 비유한 것으로, 이 시 또한 가인으로 현자를 비유한 것이라고 하였다. 이어 이 시는 관중關中의 난 이후에 노성한 현인들이 모두 자리에서 물러나고, 신진소년이 자리를 채우고 있는 것을 상심해 지은 것[45]이라고 하였다.

위와 같이 『전집』에 수록된 시들은 주로 각 편에 완곡하게 묘사되어 있는 시인의 곡진한 의사를 맛보는 가운데, 선한 감정을 일으키고 태만한 생각을 억눌러 충후한 성정으로 돌아가게 하는 작품들로 구성되어 있다.

> 원문 : 浩浩歌, 天地萬物如吾何. 玉堂金馬在何處, 雲山石室高嵯峨. 低頭欲耕地雖少, 仰面長嘯天何多. 請君醉我一斗酒, 紅光入面春風和.

> 주석 : 이편은 대장부가 세상에 태어나 마땅히 천지 만물과 더불어 일체가 되어 조금도 마음속에 얽힌 것이 없음을 말한 것이다. 등용되면 금마金馬·옥당玉堂에 살고 등용되지 못하면 죽리竹籬·모사茅舍에 머물러야하니, 조금이라도 사물에 마음을 허용하면 호연지기가 아니다. 마지막 부분에서 부귀와 영화를 노래한 것이 호

---

[45] UC Berkeley도서관 소장, 『魁本.大字諸儒箋解古文眞寶前集』卷上, 「佳人」註, 張25. "詩簡兮, 刺不用賢也. 彼美人兮, 西方之人兮, 言賢者有佳美之德. 此詩亦以佳人喩賢者. 盖感傷關中亂後, 老成凋喪, 而所用皆新進少年也."

음好音이 지나친 것 같으나. 명예를 탐하고 이익을 따르는 자들로 하여금 그것을 듣게 되면 또한 작은 경계가 될 수 있을 것이다.[46]

위의 글은 마존馬存 시 「호호가浩浩歌」의 마지막 8구를 주석한 것이다. 이 시는 속세를 멀리하고 천지 만물과 일체를 이루는 대장부의 삶이 호젓하게 묘사되어 있다. 작자가 세상의 영화와는 거리가 먼 구름 덮힌 산의 돌집에 앉아, 천지를 부앙하며 한 말 술에 취해 붉은 얼굴로 봄바람을 맞는 모습에서, 호연히 자득하여 마음속에 일체의 세속적 이욕이 개입되지 않은 시인의 호연지기를 엿볼 수 있다. 또한, 이 시는 마지막 8구에서 등용되면 금마金馬·옥당玉堂에서 산다고 하여 호음好音이 지나칠 정도로 부귀와 영화를 노래하였는데, 이에는 명예를 탐하고 이익을 따르는 자들이 이를 보고 경계로 삼게 하려는 작자의 의도가 담겨 있다.

위의 시 이외에도 괴본 『전집』에 수록된 소옹邵雍 시 「청야음淸夜吟」은 도의 전체와 중화의 묘용, 자득의 즐거움을 말한 것[47]이고, 두보 시 「추우탄秋雨歎」은 군자가 포학한 때를 만나 환란 중에도 홀로 우뚝 서서 변하지 않는 모습을 풍자한 것[48]이다. 또한, 한유 시 「기노동寄盧仝」은 청고淸高·검박儉朴하고 태연泰然·자안自安하여 세상 밖

---

[46] UC Berkeley도서관 소장, 『魁本大字諸儒箋解古文眞寶前集』卷下,「浩浩歌」註, 張7. "此篇, 謂大丈夫生於世, 當與天地萬物同一體, 無纖毫凝滯於胸中. 用則金馬玉堂, 不用則竹籬茅舍. 稍容心於物, 則非浩然之氣矣. 終篇歌詠以富貴榮華, 如好音之過耳, 使貪名徇利者聞之, 亦可以少警焉."

[47] UC Berkeley도서관 소장, 『魁本大字諸儒箋解古文眞寶前集』卷上,「淸夜吟」註, 張4. "言道之全體, 中和之妙用, 自得之樂, 少有人之此味也."

[48] UC Berkeley도서관 소장, 『魁本大字諸儒箋解古文眞寶前集』卷中,「秋雨歎」註, 張5. "此詩刺時之暴虐, 君子在患亂之中, 以特立獨行不變也."

을 벗어난 친구 노동의 삶을 고풍으로 읊은 것으로, 글자마다 둘러치고 구절마다 꺾이어 깊은 맛을 준다.[49] 그리고 이백 시「양양가襄陽歌」는 한수漢水의 푸른 물을 무르익은 포도주로 삼아 누룩으로 높은 누대를 만들겠다는 기상을 펼친 것으로, 세상 사람들의 더럽고 좁은 기개를 넓혀주기에 충분하다.[50]

위와 같이 괴본 『전집』에 수록된 작품들은 시의 형식보다는 내용에 중점을 둔 고풍의 작품들이 수록되어 있다. 이 시들은 시인의 내면에 자리한 본연의 양심을 질박하고 평이한 말로 꾸밈없이 펼친 시로 구성되어 있어, 이를 읽으면 마음속에 선한 감정이 저절로 일어나 어떠한 세상의 이익에도 마음이 흔들리지 않는 성정지정性情之正을 회복할 수 있게 된다.

2) 『후집』의 작품 및 내용

(1) 수록 작품

현재까지 학계에 알려져 있는 3종의 『제유전해고문진보후집』에 수록된 작품을 살펴보면, 중국 사회과학원도서관에 소장된 홍치본에 71편, 미국 Princeton대도서관에 소장된 보력 3년(1753)에 간행된 괴본에 67편, 미국 Princeton대도서관에 소장된 만력본에 89편이 수록되어 있다. 이들 3종의 『후집』에 수록된 작품을 시대별, 작가별, 작

---

[49] UC Berkeley도서관 소장,『魁本大字諸儒箋解古文眞寶前集』卷中,「寄盧仝」註, 張19. "盧仝淸高儉朴, 泰然自安, 拔出流俗之表. 昌黎爲縣令, 以古風寄之, 字字盤旋, 句句委折. 宜深味之."
[50] UC Berkeley도서관 소장,『魁本大字諸儒箋解古文眞寶前集』卷下,「襄陽歌」註, 張1. "李白意在於酒, 則所見無非酒, 漢水皆葡萄, 壘麴築高臺, 皆糟丘, 白之胸襟亦大矣. 讀此可以恢拓世人卑汚局促之氣."

품별, 문체별로 나누어 제시하면 다음과 같다.

〈표 4〉 홍치본·괴본·만력본 『후집』의 작품 비교

번호	시대	작자	작품	문체	수록 순서		
					홍치본	괴본	만력본
1	六朝	諸葛亮	出師表	表	1	56	1
2	六朝	諸葛亮	後出師表	表	2	57	2
3	六朝	李密	陳情表	表	3	58	3
4	漢	賈誼	弔屈原賦	賦	4	4	4
5	唐	杜牧	阿房宮賦	賦	5	5	5
6	宋	歐陽脩	秋聲賦	賦	6	6	6
7	宋	蘇軾	前赤壁賦	賦	7	7	7
8	宋	蘇軾	後赤壁賦	賦	8	8	8
9	宋	歐陽脩	憎蒼蠅賦	賦	9	9	9
10	唐	韓愈	師說	說	10	10	10
11	唐	韓愈	雜說	說	11	11	11
12	唐	柳宗元	捕蛇者說	說	12		12
13	宋	蘇洵	名二子說	說	13	12	13
14	宋	蘇軾	稼說送同年張琥	說	14	13	14
15	宋	周惇頤	愛蓮說	說	15	14	15
16	唐	韓愈	獲麟解	解	16	15	16
17	唐	韓愈	進學解	解	17	16	17
18	六朝	孔稚圭	北山移文	文	18	45	18
19	唐	李華	弔古戰場文	文	19	46	19
20	唐	李白	春夜宴桃李園序	序	20	17	20
21	唐	李漢	昌黎文集序	序	21	18	21
22	唐	韓愈	上巳日宴太學詩序	序	22		22
23	唐	韓愈	送孟東野序	序	23	19	23
24	唐	韓愈	送文暢浮屠序	序	24		24
25	唐	韓愈	送李愿歸盤谷序	序	25	20	25
26	唐	柳宗元	送薛存義序	序	26	21	26
27	宋	蘇軾	六一居士集序	序	27		27
28	唐	王勃	滕王閣序	序	28	22	28

29	六朝	王羲之	蘭亭記	記	29	23	29
30	宋	司馬光	獨樂園記	記	39	24	30
31	宋	歐陽脩	醉翁亭記	記	31	25	31
32	宋	歐陽脩	相州畫錦堂記	記	32	26	32
33	宋	蘇軾	喜雨亭記	記	33	27	33
34	宋	范仲淹	岳陽樓記	記	34	28	34
35	宋	范仲淹	嚴先生祠堂記	記	35	29	35
36	宋	王禹偁	黃州竹樓記	記	36	30	36
37	宋	王禹偁	待漏院記	記	37	31	37
38	宋	司馬光	諫院題名記	記	38	32	38
39	宋	李覯	袁州學記	記	39	33	39
40	宋	錢公輔	義田記	記	40		40
41	宋	陳師道	思亭記	記	41	34	41
42	宋	歐陽脩	豊樂亭記	記			42
43	唐	張蘊古	大寶箴	箴	42	35	43
44	宋	程頤	視箴	箴	43	36	44
45	宋	程頤	聽箴	箴	44	37	45
46	宋	程頤	言箴	箴	45	38	46
47	宋	程頤	動箴	箴	46	39	47
48	宋	朱熹	敬齋箴	箴			48
49	唐	韓愈	五箴幷序	箴			49
50	宋	劉禹錫	陋室銘	銘	47	40	50
51	宋	呂大臨	克己銘	銘	48	41	51
52	宋	張載	西銘	銘	49	42	52
53	宋	張載	東銘	銘	50	43	53
54	宋	唐子西	古硯銘	銘	51	44	54
55	唐	孫樵	魏文貞公笏銘	銘			55
56	宋	王安石	刻漏銘	銘			56
57	唐	司空圖	秦坑銘	銘			57
58	漢	王襃	聖主得賢臣頌	頌	52	47	58
59	唐	元結	大唐中興頌	頌	53	48	59
60	六朝	劉伶	酒德頌	頌	54	49	60
61	六朝	陶潛	五柳先生傳	傳	55	50	61
62	唐	柳宗元	梓人傳	傳	56		64

63	唐	柳宗元	種樹郭橐駝傳	傳	57	51	62
64	宋	王安石	讀孟嘗君傳	傳	58	52	63
65	唐	柳宗元	桐葉封弟辯	辯	59	53	65
66	唐	韓愈	諱辯	辯	60	54	66
67	宋	蘇軾	潮州韓文公廟碑	碑	61	55	67
68	唐	柳宗元	柳州孔子廟碑	碑			68
69	唐	皮日休	孔子廟碑	碑			69
70	唐	韓愈	柳州羅池廟碑	碑			70
71	宋	蘇軾	表忠觀碑	碑			71
72	唐	韓愈	原人	原	62	59	72
73	唐	韓愈	原道	原	63	60	73
74	漢	仲長統	樂志論	論		61	74
75	漢	賈誼	過秦論	論	64	62	75
76	宋	歐陽脩	朋黨論	論	65		76
77	唐	韓愈	諫臣論	論			77
78	唐	韓愈	上張僕射書	書	66	63	78
79	先秦	樂毅	報燕惠王書	書	67		83
80	唐	李白	與韓荊州書	書	68	66	81
81	唐	韓愈	答陳商書	書	69	65	80
82	唐	韓愈	爲人求薦書	書	70	64	79
83	唐	韓愈	重答張籍書	書	71	67	82
84	秦	李斯	上奏皇帝書	書			83
85	唐	梁肅	四皓贊	贊			84
86	宋	蘇軾	王定國眞贊	贊			85
87	宋	蘇軾	李端叔眞贊	贊			86
88	漢	武帝	秋風辭	辭	1		
89	楚	屈原	漁父辭	辭	2		
90	六朝	陶潛	歸去來辭	辭	3		
			계		71	67	86

홍치본 『후집』에는 제갈량諸葛亮의 「출사표出師表」에서 시작해 한유韓愈의 「답장적서答張籍書」에 이르기까지 모두 71편의 작품이

16종의 문체로 수록되어 있다. 작자별 작품수로는 한유 작품이 15편으로 가장 많고, 소식蘇軾 6편, 유종원柳宗元과 구양수歐陽脩 5편, 정이程頤 4편, 제갈량, 가의賈誼, 이백李白, 장재張載, 사마광司馬光, 범중엄范仲淹, 왕우칭王禹偁 2편, 악의樂毅 외 21명 1편이 수록되어 있다. 시기별 작품수로는 송대宋代 31편, 당대唐代 29편, 육조六朝 7편, 한대漢代 3편, 선진先秦 1편으로 구성되어 있다.

또한, 유형별로 작품이 배열된 순서로는 권4 서류序類에 한유의 작품이 「상사일연태학시서上巳日宴太學詩序」에서 「송이원귀반곡서送李愿歸盤谷序」에 이르는 4편이 차례로 이어져 있고, 권7 전류傳類에는 총 4편의 작품 중에서 유종원의 「재인전梓人傳」과 「종수곽탁타전種樹郭橐駝傳」이 수록되어 있다. 이와 같이 『후집』에 수록된 작가와 작품 수로 보아 한유나 소식 등 작품 수가 많은 일부 문장가의 작품은 주로 문집에서 뽑고, 이를 제외한 대부분의 작품은 당시까지 간행된 선문집選文集에서 뽑은 것으로 추정된다.

괴본에는 홍치본에 수록된 유종원의 「포사자설捕蛇者說」・「재인전」, 한유의 「상사일연태학시서上巳日宴太學詩序」・「송문창부도서送文暢浮屠序」・「간신론諫臣論」, 소식의 「육일거사집서六一居士集序」, 전공보錢公輔의 「의전기義田記」, 구양수의 「붕당론朋黨論」 등 8편이 제외되어 있고, 홍치본에 수록되어 않은 중장통仲長統의 「낙지론樂志論」과 무제의 「추풍사秋風辭」, 굴원의 「어부사漁父辭」, 도잠의 「귀거래사歸去來辭」 등 4편이 추가되어 있다. 그러나 괴본『후집』은 「낙지론」을 제외한 사류辭類 3편은 홍치본『전집』에 수록되어 있으므로, 홍치본에 수록되지 않은 작품은 「낙지론」 1편뿐이다.

또한, 만력본에는 홍치본에 수록되지 않은 한유의 「오잠병서五箴幷序」・「유주라지묘비柳州羅池廟碑」・「간신론姦臣論」, 소식의 「표충관비

表忠觀碑」・「왕정국진찬王定國眞贊」・「이단숙진찬李端叔眞贊」, 구양수의 「풍락정기豊樂亭記」, 주희朱熹의 「경재잠敬齋箴」, 손초孫樵의 「위문정공홀명魏文貞公笏銘」, 왕안석王安石의 「각루명刻漏銘」, 사공도司空圖의 「진갱명秦坑銘」, 유종원의 「유주공자묘비柳州孔子廟碑」, 피일휴皮日休의 「공자묘비孔子廟碑」, 이사李斯의 「상주황제서上奏皇帝書」, 양숙梁肅의 「사호찬四皓贊」 등 15편이 추가되어 있다.

(2) 내용 구성

황견은 고문의 문체적 특징에 대한 식견을 바탕으로 당시까지 간행된 선문집의 구성 체제와 문체적 특징을 이해하고, 이를 바탕으로 『고문진보후집』에 전국시대부터 송나라에 이르기까지 고인의 법도가 남아 있어 후대의 모범이 될 만한 작품을 수록하였다. 다음과 같이 만력본 『후집』에 달려 있는 주석을 통해 황견의 선문 방향의 일단을 엿볼 수 있다.

> ① "'기記'라는 것은 일을 기록하는 것인데, 지금의 '기'는 곧 의론議論이다. 구양수의 이 '기'는 다만 일을 기록하여 문이 자연스럽다."[51]

> ② 황정견이 이르기를 "한유의 「원도原道」 1편은 요·순·우·탕·문·무가 서로 전한 정도正道를 추원推原하여 불로佛老를 물리친 것으로 포치한 것이 가장 체體를 얻었

---

51) Princeton대도서관 소장, 『諸儒箋解古文眞寶後集』(만력본) 권5, 「醉翁亭記」 頭註, 張3. "記者, 記其事爾, 今之記, 乃論也. 歐公此記, 直記其事, 而文出自然."

다."라고 하였다. 누방樓昉이 말하기를 "사의詞義가 엄정하여 불로를 공격함에 개합開闔·종사縱捨하는 것이, 문자가 실을 가져와 구슬을 꿰는 것과 같다."고 하였다.[52]

①은 구양수가 지은 「취옹정기醉翁亭記」의 두주에서 '기記'의 문체적 특징을 밝힌 글이다. 이 글에서 황견은 '기'는 본래 '일을 기록하는 것'으로 서사체敍事體에서 출발하였으나, 당시는 의론을 위주로 사용되면서 의론체議論體로 변하였는데, 구양수의 「취옹정기」는 다만 일을 기록한 것으로 기가 지어졌을 당시의 문체적 특징을 간직하고 있다고 하였다.

②는 한유의 「원도原道」에 실린 두주에서 황정견과 누방樓昉의 평을 인용해 한유 문장의 내용과 문체를 논한 글이다. 이 글에서 황정견은 「원도」의 문체적 특징으로 역대 성인이 전한 유학의 도를 추원하여 불노佛老를 물리친 내용을 적절하게 포치시킨 것이라고 하였다. 누방樓昉 또한 「원도」가 엄정한 문사와 의리를 갖추고 있고, 실에 구슬을 꿰듯이 변화무쌍한 문체를 구사하여 불로를 공격했다고 논평하였다.

위와 같이 만력본 『후집』의 주석은 작가의 인품이나 문장의 내용에 대한 주관적인 평가를 지양하고, 역대 문인들의 비평을 인용하는 방식으로 문체의 특징을 설명하는데 초점이 맞추어져 있다.

---

52) Princeton대도서관 소장, 『諸儒箋解古文眞寶後集』(만력본) 권9, 「原道」 頭註, 張2, "山谷云, 韓文公原道一篇, 推原堯舜禹湯文武相傳之正道, 以闢佛老, 布置最爲得體, 迂齋云, 詞嚴義正, 攻擊佛老, 有開闔縱捨, 文字如引繩貫珠."

3. 주석 및 문체

1) 『전집』의 주석 및 문체

(1) 저본 및 주석

홍치본 『전집』 12권에 수록된 240편의 작품에는 모두 주석이 달려 있다. 주석은 제목의 아래와 해당 시구의 아래에 다는 두 가지 방식을 취하고 있다. 이 중 제목 아래에 달린 주에서는 주로 작자 소개나 작품을 해설하였고, 시구 아래에 달린 주에서는 전고를 제시하거나 지명이나 인명을 해설하였다. 홍치본 『전집』의 주석에 인용된 책은 모두 14종이다.

위의 책 14종을 시대별로 알아보면, 육조시대 수문랑修門郎의 『도은거진고陶隱居眞誥』, 갈홍葛洪의 『포박자抱朴子』, 장화張華의 『장화주금경張華註禽經』 등 3종, 당대 노구盧求의 『성도기成都記』, 육우陸羽의 『회소전懷素傳』 등 2종, 송대 손광헌孫光憲의 『북몽쇄언北夢瑣言』, 소식蘇軾의 『백곡명주百斛明珠』, 사방득謝枋得의 『첩산집疊山集』, 이방李昉의 『태평광기太平廣記』, 채조蔡絛의 『서청시화西淸詩話』, 왕직방王直方의 『왕직방시화王直方詩話』, 작자미상의 『증공류설曾公類說』과 『당사습유唐史拾遺』 등 9종, 시대 및 작자미상의 『고문구해古文句解』(미상)로 구분된다. 이 중 작자 및 시대미상의 『고문구해』를 제외한 13종은 모두 송대 이전에 편찬된 것이다.

황견이 『고문진보전집』에서 활용한 저본과 관련하여 명대에 조면曹冕이 홍치본 『선집』 권1에 수록된 이업李鄴의 「독이사전讀李斯傳」 4구에 대해 언급한 내용이 주목된다. 조면은 홍치본에 수록된 위의 시 4구가 요현姚鉉이 『당문수唐文粹』를 편찬하면서 이업의 문집에 수록된 12구에서 앞뒤 8구를 삭제한 것을 그대로 옮긴 것[53)]이라고 하였다. 이로 보아 황견은 『당문수』를 비롯한 시문선집과 개인의 문집에 수록되어 있는 원문과 주석을 활용하여 『전집』을 편찬한 것으로 추정된다.

필자가 조사한 내용에 따르면, 『전집』에 수록된 두보 시 44편은 송나라 때에 황희黃希에서 시작해 그의 아들 황학黃鶴에 이르러 완성된 『보주두시補註杜詩』 36권에서 뽑았고, 『전집』에 수록된 소식 시 22편은 송나라 때에 왕십붕王十朋이 편찬한 『동파시집주東坡詩集註』 32권에서 뽑았다. 또한, 『전집』에 수록된 당시 139편 가운데 1~2편의 작품만이 수록된 16명의 작품 25편은 모두 『당문수』에서 뽑았다.

『전집』에 수록된 주석의 양상을 알아보기 위해 만력본 『전집』 권4에 수록된 두보 시 「추우탄秋雨歎」의 주석을 『보주두시』 권1에 수록된 주석과 비교해 보면 다음과 같다.

〈표 5〉 만력본과 『보주두시』 수록 「추우탄」의 주석 비교

만력본	보주두시
㉮此詩刺時之暴虐君子在患難之中而特立獨行不變也雨中百草秋爛死堦下決明顔色鮮Ⓐ決明佳蔬夏初生苗七月有花	㉯洙曰此詩刺時之暴虐故取詩北風其凉意補注鶴曰天寶十三載秋大霖雨六旬不止帝憂楊國忠取禾之善者獻之曰雨雖多不害稼也五行志云天寶十三載秋大霖雨又云以苦雨潦罷陳希烈相韋見素此詩當是其年作雨中百草秋爛死堦下決明顔色鮮Ⓑ修可曰本草圖經云決明夏初生

---

53) 曹冕, 『曹祠部集』(『문연각사고전서』 1084책), 卷頭, 「曹祠部集序」. "冕自髫齔時, 見鄰之公讀李斯詩於書坊所刻古文真寶中, 有難解一人手掩得天下目之句, 喜而誦之, 甚習而不知為誰所作, 及遊京師, 讀唐文粹, 始知為公詩, 今考之集中, 其詩全篇十二句, 姚鉉節其首尾八句, 而以此四句, 載于文粹中, 古文真實因而取之."

黃白色喩君子在患難之中而獨立也著葉滿枝翠羽蓋㉠東京賦樹翠羽之高蓋開花無數黃金錢凉風蕭蕭吹汝急恐汝後時難獨立堂上書生空白頭洙曰莊子魯侯讀書堂上蘇曰邵平魯堂白頭臨風三嗅馨香泣ⓐ此詩謂李林甫進用張九齡引忠諫諍齡旣罷黜罷黜而節操愈堅所謂翠葉花不以風雨而搖落也九齡雖獨立自守恐亦不能免禍所謂凉風吹汝恐獨立也子美臨風三嗅傷君子有馨香之德而爲小人所逐也54)	苗七月有花黃白色趙曰百草以秋而多雨則爛死也宜矣而決明方以鮮明之色黃花翠葉而獨榮以譬君子在患難之中而獨立也著葉滿枝翠羽蓋㉡彥輔曰東京賦樹翠羽之高蓋開花無數黃金錢定功曰神農本草決明子生龍門川澤間與石決明同功皆主明目故有決明之號圖經云夏初生苗根蒂紫色葉似苜蓿而大七月有花黃白色其子作穗似靑菉豆而銳也彥輔曰此傷特立獨行之君子不得時也凉風蕭蕭吹汝急恐汝後時難獨立堂上書生空白頭洙曰莊子魯侯讀書堂上蘇曰邵平魯堂白頭書生焉敢輕議朝廷事臨風三嗅馨香泣洙曰語子路共之三嗅而作嗅香而泣傷已之不見用而無救於時也蘇曰陳江總重九日見菊花采視之久謂席上賓客曰元亮若見必不使混於蓍草中至醉又語客曰三嗅三憶古人使人三泣衆客慘然師曰百草爛死言虐政害物也決明佳蔬也食之能決去眼昏以益其明喩九齡引忠諫諍開其聰明去其昏蔽ⓑ時林甫進用在上九齡罷黜在下不以不用而憔悴其色故云塔下決明顔色鮮葉滿枝花無數不以風雨而搖落喩君子遭患難而節操愈固不凋喪也凉風以譬刻薄之小人時林甫國忠之徒擠陷九齡雖九齡獨立自守恐亦不免禍也故云凉風蕭蕭吹汝急恐汝後時難獨立堂上書生甫自謂也空白頭爲國家憂故頭白昔王羲之當晉亂終日撚花鬢嗅香聱蹙無言時人不會其意蓋憂晉國之亂故也今甫臨風三嗅傷九齡有馨香之德而爲姦人所逐寧不憂思而泣乎55)

---

54) Princeton대도서관 소장, 『諸儒箋解古文眞寶後集』(만력본) 권5, 張8.
55) 黃希・黃鶴, 『補註杜詩』(『문연각사고전서』 1069책) 권36, 張37.

만력본 『전집』에 수록된 「추우탄」의 주석에서 『보주두시』의 주석을 활용한 것은 모두 4곳이다. 밑줄 친 ㉮는 제목 밑에 달려 있는 주석으로 밑줄 친 ㉯와 Ⓑ의 내용을 변형하였다. 또한, 밑줄 친 Ⓐ는 밑줄 친 Ⓑ를 요약하여 주석을 달면서 '가소佳蔬'를 추가하고, 밑줄 친 Ⓑ의 '비譬'를 '유喩'로 고쳤다. 밑줄 친 ㉠은 밑줄 친 ㉡에서 '언보왈彦輔曰'을 제외하고 원문을 그대로 옮겼다. 그리고 밑줄 친 ⓐ는 밑줄 친 ⓑ를 대폭 축약하되, 밑줄 친 ⓑ의 내용과 어휘를 살려 문장을 새로 만들었다.

위와 같이 황견이 『보주두시』를 저본으로 활용한 것에 대해서는 후에 적지 않은 비판이 이어졌다. 한 예로 명나라 때에 유염劉剡은 두보 시 「하일이공견방夏日李公見訪」의 '예공준중진預恐樽中盡' 구를 주석하면서 황견은 송의 이가李哥가 소동파의 주라고 속여 성명을 두찬杜撰하고 사실을 날합捏合하여 후인을 미혹시킨 것[56]이라고 말하기도 하였다.

(2) 체제 및 문체

홍치본, 괴본, 만력본 『전집』에 수록된 작품을 문체별로 나누어 제시하면 다음과 같다.

---

56) 국립중앙도서관 소장, 『詳說古文眞寶大全前集』(갑인자중간본, 문서번호 : 古3747-74) 권3, 張9. "宋時, 李哥僞爲東坡注, 杜撰姓名, 捏合事實, 穿鑿誑妄, 迷誤後人."

〈표 6〉 홍치본·괴본·만력본 『전집』의 문체별 작품 수

문체 \ 판본	홍치본	괴본	만력본
勸學文	9	8	9
五言古風短篇	67	66	67
五言古風長篇	26	23	30
七言古風短篇	53	46	53
七言古風長篇	8	7	8
長短句	21	21	22
吟類	3	3	3
引類	3	3	3
曲類	4	6	6
歌類	25	17	26
行類	18	17	25
辭類	4	0	4
계	241	217	256

앞서 살폈듯이 청려재는 「중간고문진보발」에서 『고문진보』 20권은 모두 27체로 구성되어 있다고 하였다. 홍치본 『전집』에는 권학문勸學文에서 사류辭類에 이르기까지 모두 12유형의 시가 문체별로 수록되어 있고, 『후집』에는 표류表類에서 서류書類에 이르기까지 16유형의 산문이 문체별로 수록되어 있다. 『전집』 1권에 수록된 권학문 9편 가운데 진종의 「진종황제권학眞宗皇帝勸學」을 비롯한 8편은 시이지만, 유영柳永의 「유둔전권학문柳屯田勸學文」은 산문으로 되어 있다. 이로 보아 청려재는 권1에 수록된 권학문이 운문과 산문을 기준으로 『전집』과 『후집』을 나눈 이 책의 구성 체제와는 어울리지 않는다고 보고, 이들 제외시켜 모두 27유형의 문체로 구분한 것으로 추정된다.

홍치본 『전집』의 문체 분류 방식을 송나라 때 간행된 『당문수唐文粹』와 『당삼체시唐三體詩』의 문체 분류 방식과 비교해보면 다음과 같다.

〈표 7〉『당문수』·『당삼체시』·홍치본 『전집』의 분류유형과 작품수

당문수					당삼체시		홍치본 전집	
분류유형		작품수	분류유형	작품수	분류유형	작품수	분류유형	작품수
樂府上	9유형	86	幽居	12	實接	95	勸學文	9
樂府下	7유형	66	山居	13	虛接	44	五言古風短篇	66
계	16	152	傷嘆	19	用事	11	五言古風長篇	26
古調歌篇	古風	64	寺觀	11	前對 (七言絕句)	6	七言古風短篇	53
	雜興	47	廟社	4	後對	5	七言古風長篇	8
	傷感	9	邊塞	3	拗體	7	長短句	21
	懷古	12	畵圖	6	側體	5	吟類	3
	懷賢	10	古器物	5	四實	27	引類	3
	集會	7	樂器	7	四虛	14	歌類	25
	餞送	30	草木	11	前虛後實 (七言律詩)	37	行類	18
	行役	20	禽鳥昆蟲	10	前實後虛	23	曲類	4
	懷寄	27	道路	2	結句	4	辭類	4
	春愁	1	月明河	4	詠物	6	계 12	240
	失意	9	風雨露雪	6	四實	63		
	疾病	3	江海泉水	10	四虛	24		
	傷悼	7	宮禁	7	前虛後實 (五言律詩)	47		
	知己	9	神仙	29	前實後虛	30		
	交友	4	感遇	50	一意	4		
	規諷	4	詠史	21	起句	4		
	紀贈	5	慨嘆	35	結句	4		
	散逸	7	感物	16	계 20	460		
	俠少	2	春感	8				
	登覽	15	秋感	6				
	勝槪	28	계 44	615				

    홍치본 『전집』의 체제를 구성하는데 가장 큰 영향을 준 선시집이 바로 『당문수』이다. 이 책에 수록된 767편의 한시는 모두 고체시로 악부시樂府詩와 고조가편古調歌篇으로 나누어져 있다. 악부시는 다시

공성작악功成作樂·고악古樂·감개感慨·흥망興亡·유원幽怨·정절貞節·수한愁恨·간위艱危·변새邊塞 등 9유형으로 분류되어 있고, 고조가편은 표와 같이 고풍古風에서 추감秋感에 이르기까지 44유형으로 분류되어 있다.

그러나 이 책은 육구몽陸龜蒙의 「강호산인가江湖散人歌」나 교연皎然의 「고의시古意詩」와 같이 박야朴野한 작품을 수록하고 있는 것에서 보듯이 선정 기준이 명료하지 못한 측면이 있다.[57] 이는 의리를 준칙으로 삼아 작품을 선록한 『문장정종文章正宗』이 집집마다 서가를 채워 둔 채 이를 공격하거나 즐겨 읽는 사람이 없을 정도[58]로 당시 사람들에게 외면당한 것과 같이, 『당문수』 또한 의리를 중심으로 시를 수록한 시선집의 한계에서 벗어나지 못했음을 보여주는 것이다.

한편 『당삼체시』에는 칠언절구·칠언율시·오언율시로 나눈 근체시 460편이 수록되어 있다. 이는 체제의 구성에 있어서 시의 제재와 내용을 중심으로 고체시만 수록한 『당문수』와는 상반되는 것이다. 칠언절구는 다시 작시 방법을 중심으로 실접實接 등 7유형, 칠언율시는 사실四實 등 6유형, 오언율시는 사실四實 등 7유형으로 나뉘어져 있다. 그러나 위와 같이 『당삼체시』를 비롯해 『중묘집衆妙集』이나 『영규율수瀛奎律髓』와 같은 시선집이 모두 근체시로만 구성되어 있는 것은, 송나라 말기에 풍기가 날로 엷어져 사람들이

---

[57] 永瑢, 『四庫全書總目』 권100, 「總集類三十九」, 張16. "詩中如陸龜蒙江湖散人歌, 皎然古意詩之類, 一槪收之, 亦未免過求朴野, 稍失別裁."
[58] 永瑢, 『四庫全書總目』 권190, 「總集類五」, 張40. "潘勖九錫之文, 阮籍勸進之箋, 名敎有乖, 而簡牘竝列, 君子恒譏焉, 是雅而不正也. 至眞德秀文章正宗, 金履祥濂洛風雅, 其持論, 一準於理, 而藏棄之家, 但充揷架, 固無人起而攻之, 亦無人嗜而習之, 豈非正而未雅歟."

고체시에 능하지 못하게 된 원인이 되기도 하였다. 따라서 이들 선시집選詩集은 시의 변화를 아는데 충분하지는 못했으나, 당대에 당시唐詩를 학습하는데 필요한 규정을 제공하는 몫을 담당하기도 하였다.[59]

위와 같은 중국의 학시學詩 경향은 이웃 나라의 시학詩學에도 적지 않은 영향을 끼친 것으로 보인다. 이러한 사실은 우리나라에서 당시唐詩 칠절七絶・칠율七律・오율시五律詩를 모아 놓은 『삼체시三體詩』와 당송시唐宋詩 오언・칠언 근체시를 모아 놓은 『영규율수瀛奎律髓』가 지속적으로 간행되거나,[60] 일본에서 오산五山의 선승에 의해 『삼체시』가 간행된 이후 수많은 주석서가 나올 정도로 가장 인기 있는 선시집으로 자리한 것[61]을 통해 확인할 수 있다.

황견은 『전집』의 체재를 구성하면서 『당문수』에 수록된 시의 분류 방식에서 드러난 문제들을 면밀히 검토하고, 시의 내용이나 제재를 중심으로 체제를 구성한 『당문수』와는 달리 12유형의 문체로 나누어 놓았다. 그러나 이와 같이 홍치본 『전집』에서 권학문을 제외한 11유형의 문체는 그 사용된 명칭과 배열 방식에 있어서 다음과 같이 적지 않은 문제점을 보여주고 있다.

먼저 오언고풍단편五言古風短篇・오언고풍장편五言古風長篇・칠언고풍단편七言古風短篇・칠언고풍장편七言古風長篇이라는 이름으로 제시된 4종의 문체는 고풍의 시를 5언과 7언, 장편과 단편이라는

---

[59] 永瑢, 『四庫全書總目』 권187, 「總集類三」, 張30. "宋末風氣日薄, 詩家多不工古體, 故趙師秀衆妙集, 方回瀛奎律髓所錄者, 無非近體, 弱此書亦復相同, 所列諸格, 尤不足盡詩之變, 而其時詩家授受, 有此規程存之, 亦足備一說."

[60] 黃渭周, 「한국한문학 연구의 몇 가지 과제」, 『대동한문학』(대동한문학회, 2005) 제22집, 481쪽.

[61] 市古貞次 主編, 『日本文學全史－近世－』(日本：學燈社, 1978), 285쪽.

서로 다른 기준이 적용된 것이고, 음루吟類·인류引類·가류歌類·행류行類·곡류曲類는 등 5종은 고풍의 시에서 제목 끝에 쓰인 글자를 기준으로 구별한 것이다. 따라서 오언고풍장편에 실린「청야음淸夜吟」,「자야오가子夜吳歌」,「장가행長歌行」,「고취곡鼓吹曲」등은 제목에 따라 각각 음류, 가류, 행류, 곡류에 편입시켜도 무방하다.

또한, 장단구長短句는 작품의 길이와는 관련 없이 오언구와 7언구가 섞여 있는 고풍의 시를 선록한 것으로, 위의 두 유형의 문체와는 다른 분류 방식을 적용한 것이다. 그리고 홍치본과 만력본에 모두 4편이 수록된 사류辭類는 문체적 특징으로 보아 앞서 적용된 세 유형의 분류 방식과는 전혀 다른 속성을 지니고 있다. 괴본에서 이들 작품 4편을 모두『후집』에 수록한 것도 이와 같은 사류의 문체적 특징을 고려한 것으로 판단된다.

2)『후집』의 주석 및 문체

(1) 저본 및 주석

홍치본『후집』은 송나라 때에 간행된 진덕수眞德秀의『문장정종文章正宗』, 여조겸呂祖謙의『고문관건古文關鍵』, 사방득謝枋得의『문장궤범文章軌範』, 누방樓昉의『숭고문결崇古文訣』등을 저본으로 활용하여 작품을 뽑은 것으로 추정된다. 이를 구체적으로 확인하기 위해 홍치본『후집』에 수록된 71편을 대상으로 위의 4종의 선문집에 수록된 작품을 비교해보면 다음과 같다.

〈표 8〉 홍치본과 4종 선문집의 작품 비교

번호	작자	작품	숭고문결	문장궤범	고문관건	문장정종
1	諸葛亮	出師表	○	○		○
2	諸葛亮	後出師表	○			
3	李密	陳情表				
4	賈誼	弔屈原賦	○			
5	杜牧	阿房宮賦		○		
6	歐陽脩	秋聲賦	○			
7	蘇軾	前赤壁賦		○		
8	蘇軾	後赤壁賦		○		
9	歐陽脩	憎蒼蠅賦				
10	韓愈	師說		○	○	○
11	韓愈	雜說		○	○	○
12	柳宗元	捕蛇者說	○		○	○
13	蘇洵	名二子說	○			
14	蘇軾	稼說送同年張琥	○			
15	周惇頤	愛蓮說				
16	韓愈	獲麟解		○	○	○
17	韓愈	進學解	○			
18	孔稚圭	北山移文				
19	李華	弔古戰場文				
20	李白	春夜宴桃李園序				
21	李漢	昌黎文集序	○			
22	韓愈	上巳日宴太學詩序				
23	韓愈	送孟東野序	○	○		
24	韓愈	送文暢浮屠序				
25	韓愈	送李愿歸盤谷序				
26	柳宗元	送薛存義序		○	○	
27	蘇軾	六一居士集序				
28	王勃	滕王閣序				
29	王羲之	蘭亭記				
39	司馬光	獨樂園記				
31	歐陽脩	醉翁亭記	○			
32	歐陽脩	相州晝錦堂記				

33	蘇軾	喜雨亭記	○				
34	范仲淹	岳陽樓記	○	○			
35	范仲淹	嚴先生祠堂記	○	○			
36	王禹偁	黃州竹樓記					
37	王禹偁	待漏院記	○				
38	司馬光	諫院題名記	○				
39	李覯	袁州學記					
40	錢公輔	義田記	○				
41	陳師道	思亭記	○				
42	張蘊古	大寶箴					
43	程頤	視箴					
44	程頤	聽箴					
45	程頤	言箴					
46	程頤	動箴					
47	劉禹錫	陋室銘					
48	呂大臨	克己銘					
49	張載	西銘					
50	張載	東銘					
51	唐子西	古硯銘	○				
52	王褒	聖主得賢臣頌					
53	元結	大唐中興頌		○			
54	劉伶	酒德頌					
55	陶潛	五柳先生傳					
56	柳宗元	梓人傳	○			○	○
57	柳宗元	種樹郭橐駝傳	○			○	○
58	王安石	讀孟嘗君傳	○	○			
59	柳宗元	桐葉封弟辯		○	○		○
60	韓愈	諱辯		○			○
61	蘇軾	潮州韓文公廟碑		○	○		
62	韓愈	原人		○			
63	韓愈	原道	○	○			○
64	賈誼	過秦論	○				○
65	歐陽脩	朋黨論		○	○		
66	韓愈	上張僕射書		○			

67	樂毅	報燕惠王書				
68	李白	與韓荊州書				
69	韓愈	答陳商書			○	○
70	韓愈	爲人求薦書				
71	韓愈	重答張籍書			○	○
계			25	20	14	12

　홍치본 『후집』에 수록된 71편은 각각 『숭고문결』에 25편, 『문장궤범』에 20편, 『고문관건』에 14편, 『문장정종』에 12편이 실려 있다. 그중 한유韓愈의 「원도原道」는 위의 4종의 저본에 모두 실려 있고, 제갈량諸葛亮의 「출사표出師表」, 한유의 「사설師說」·「잡설3수雜說三首」·「획린해獲麟解」, 유종원柳宗元의 「종수곽탁타전種樹郭橐駝傳」·「재인전梓人傳」·「동엽봉제변桐葉封弟辯」 등 9편은 3종의 저본에 실려 있다. 또한, 정이程頤의 「4잠四箴」, 장재張載의 「서명西銘」과 「동명東銘」은 주희朱熹가 편찬한 『근사록近思錄』에만 수록되어 있다. 이로 보아 『후집』에 실린 71편의 작품은 주로 『근사록』을 포함해 위의 4종의 선집을 저본으로 활용하였고, 그 중에서 특히 『숭고문결』을 가장 중시한 것으로 추정된다.

　홍치본 『후집』에 달려 있는 주석은 주로 저본에 달려 있는 주석을 인용해 문체적 특징을 설명하거나, 역사적 사실에 기초해 원문을 고증하는 방식으로 구성되어 있다. 또한, 원문 위에 달려 있는 두주는 작자나 작품과 관련된 서지 사항을 간명하게 제시하는 방식으로 통일되어 있고, 원문의 주석에 있어서도 주석자의 주관에 의존하기보다는 해당 지문과 관련된 인명과 지명을 간략하게 풀이하는 방식을 취하고 있다.

　한편 홍치본 『후집』에는 원문에 주를 달면서 『문장정종』을 제외한 3종의 저본을 고르게 활용하였는데, 이곳에 실린 71편에는 누방의 주석 20편, 사방득의 주석 13편, 여조겸의 주석 11편이 인용되어 있다. 그 한 예로 홍치본 『후집』 권6에 수록된 구양수의 「붕당론朋黨論」의 주석을 『문장궤범』의 주석과 비교해 보면 다음과 같다.

〈표 9〉 홍치본과 『문장궤범』의 「붕당론」 주석 비교

홍치본	문장궤범
東萊曰議論出人意表大凡作文妙處須出意外㉠謝疊山云仁宗時杜衍富弼韓琦范仲淹位執政歐陽修余靖王素蔡襄爲諫官欲盡革弊政共致太平陳執中章得象王拱辰魚周詢等不悅謀傾陷君子首擊去館職名士十三人杜富韓范不安相繼去國小人創朋黨之說欲盡去善類藍先震進朋黨論歐陽公憂之旣上疏論杜富韓范皆公忠愛國又上朋黨論以破邪說仁宗感悟㉮時公在院也 臣聞朋黨之說自古有之呂曰平說惟幸人君辨其君子小人而已ⓐ謝曰此三句是一篇主意大凡君子與君子以同道爲朋 … 十六人爲一朋①左傳蒼隤敳檮戭大臨尨降庭堅仲容叔達謂之八愷伯奮仲堪叔獻季仲伯虎仲熊叔豹季貍謂之八元呂曰下得好 … 後漢獻帝時盡取天下名士囚禁之目爲黨人㉠漢桓帝九年宦官敎張成弟子牢脩告李膺等養太學游士結諸郡	㉯在諫院進臣聞朋黨之說自古有之惟幸人君辨其君子小人而已ⓑ此三句是一篇主意大凡君子與君子以同道爲朋 … 十六人爲一朋②蒼舒隤敳檮戭大臨尨降庭堅仲容叔達謂之八愷伯奮仲堪叔獻季仲伯虎仲熊叔豹季貍謂之八元 … 後漢獻帝時盡取天下名士囚禁之目爲黨人㉰漢之黨錮有三君八俊八顧八及八厨有張儉范滂李膺郭泰等爲之魁及黃巾賊起ⓕ張角漢室大亂後方悔悟ⓖ桓靈獻三朝盡解黨人而釋之然已無救矣唐之晩年漸起朋黨之論ⓗ前世李德裕之黨多君子牛僧孺之黨多小人謂之牛李黨及昭宗時盡殺朝之名士或投之黃河曰此輩淸流可投濁流而唐遂亡矣②朱全忠時盡殺黨人于白馬驛夫前世之主能使人人異心不爲朋莫如紂能禁絶善人爲朋莫如漢獻帝能誅戮淸流之朋莫如唐昭宗之世然皆亂亡其國⑷天子看到此三句豈不感悟

生徒共爲部黨誹訕朝廷疑亂風俗逮捕下黃門獄北寺獄所引二百餘人禁錮終身又儒學有行義者宦官皆指爲朋人死徙廢禁又六七百人○㈦黨錮諸賢有二君八俊八顧八及八厨之名ⓐ竇武陳蕃劉淑爲三君君者言一世之所宗也李膺荀昱杜密王暢劉祐魏朗趙典朱寓爲八俊俊者言人之英也郭泰范滂尹勳巴肅宗慈夏馥蔡衍羊陟爲八顧顧者言能以德行引人者也張儉翟超岑晊范康劉表陳翔孔昱檀敷爲八及及者言其能導人追宗者也度尙張邈劉儒胡母班秦周蕃嚮王章王考爲八厨厨者言能以財救人者也及黃巾賊起ⓒ張角漢室大亂後方悔悟ⓓ桓靈獻三朝盡解黨人而釋之然已無救矣唐之晚年漸起朋黨之論ⓔ前世李德裕之黨多君子牛僧儒之黨多小人謂之牛李黨及昭宗時盡殺朝之名士或投之黃河曰此輩淸流可投濁流而唐遂亡矣⑴唐昭宗平治二年朱全忠敗獨孤損時裴樞崔遠陸扆王溥趙崇王贊等官有差之餘或門冑高華或科第自進以名檢自處者皆指爲浮薄貶之六月朔聚樞等三十餘人於曰馬驛一夕盡殺之投尸於河初李振屢擧進士不中第故深疾縉紳之士言於全忠曰此輩常自謂淸淸宜投之黃河使爲濁流全忠笑而從之夫前世之主能使人人異心不

㈡仁宗時杜衍富弼韓琦范仲淹位執政歐陽修余靖王素蔡襄爲諫官欲盡革弊政共致太平陳執中章得象王拱辰魚周詢等不悅謀傾陷君子首擊去館職名士十三人杜富韓范不安相繼去國小人創朋黨之說欲盡去善類藍先震進朋黨論歐陽公憂之旣上疏論杜富韓范皆公忠愛國又上朋黨論以破邪說仁宗感悟⑸漢元帝二年弘恭石顯奏蕭望之周堪劉更生朋黨請召致廷尉上初立不省廷尉爲獄也可其奏後赦罷之欲倚以爲相恭顯復白望之不悔過懷怨望非頗訕望之于牢獄塞其快快心則聖朝無以施恩厚遂飮鴆自殺㈦漢桓帝九年宦官教張成弟子牢脩告李膺等養太學游士結諸郡生徒共爲部黨誹訕朝廷疑亂風俗逮捕下黃門獄北寺獄所引二百餘人禁錮終身又儒學有行義者宦官皆指爲朋人死徙廢禁又六七百人⒝竇武陳蕃劉淑爲三君君者言一世之所宗也李膺荀昱杜密王暢劉祐魏朗趙典朱寓爲八俊俊者言人之英也郭泰范滂尹勳巴肅宗慈夏馥蔡衍羊陟爲八顧顧者言能以德行引人者也張儉翟超岑晊范康劉表陳翔孔昱檀敷爲八及及者言其能導人追宗者也度尙張邈劉儒胡母班秦周蕃嚮王章王考爲八厨厨者言能以財救人者也⑶唐昭宗天祐三年貶裴樞崔遠獨孤損陸扆王溥趙崇王贊等其餘皆指爲浮薄貶逐無虛日縉紳一空禹稷契皐陶垂殳斨伯與益朱虎熊羆伯夷夔龍四岳十二

| 為朋莫如紂能禁絶善人為朋莫如漢獻帝能誅戮清流之朋莫如唐昭宗之世然皆亂亡其國((4))[62] | 牧總二十二人[63] |

홍치본에 수록된 「붕당론」의 주석에서 『문장궤범』의 주석을 활용한 방식은 매우 다양하다. 밑줄 친 ㈀은 『문장궤범』의 미주에 있는 밑줄 친 ㉡을 두주로 옮긴 것이고, 밑줄 친 ㈎는 『문장궤범』의 두주인 밑줄 친 ㈏를 변형한 것이다. 또한, 밑줄 친 ⓐ는 밑줄 친 ⓑ를 옮기면서 '사왈謝曰'이라고 표기하였으나, 밑줄 친 ⓒ, ⓓ, ⓔ는 각각 밑줄 친 ⓕ, ⓖ, ⓗ를 옮기면서 '사왈謝曰'이라고 표기하지 않았다. 그리고 밑줄 친 ①은 밑줄 친 ②를 옮기면서 『좌전』이라고 출전을 밝힌 것이고, 밑줄 친 ㈀은 『문장궤범』의 미주에 있는 밑줄 친 ㉡을 옮긴 것이다.

한편 밑줄 친 ㈎는 밑줄 친 ㈏에서 문장을 일부 변형시킨 것이고, 밑줄 친 ⓐ는 『문장궤범』의 미주에 있는 밑줄 친 ⓑ를 옮긴 것이다. 또한, 밑줄 친 (1)은 밑줄 친 (2), (3)의 내용을 절충하여 새로운 문장을 만든 것이고, 밑줄 친 (4), (5)는 『문장궤범』에는 주가 달려 있으나 홍치본에는 이것이 빠져 있다. 위와 같이 홍치본에 달려 있는 주석은 『문장궤범』의 주를 인용하면서 두주와 미주의 위치를 바꾸거나 문장을 첨삭하였으며, 심한 경우에는 자의적으로 '사왈謝曰'을 표기하지 않아 자신이 주석한 것으로 보이게 하였다.

---

[62] 국립중앙도서관 소장, 『諸儒箋解古文眞寶後集』(홍치본) 권9, 張13~16.
[63] 謝坊得, 『文章軌範』(『문연각사고전서』 1359책), 권2, 張20.

괴본은 원문에 주를 달면서 홍치본의 주석에는 없는 내용을 추가하였다. 이를 구체적으로 확인하기 위해 홍치본 『후집』 권8에 수록된 한유의 「휘변諱辯」의 주석을 괴본 『후집』 권7에 수록된 「휘변」의 주석과 비교해 보면 다음과 같다.

〈표 10〉 홍치본과 괴본 수록 「휘변」의 주석 비교

홍치본	괴본
愈與進士李賀書勸賀舉進士賀舉進士有名與賀爭名者毀之曰賀父名晉肅賀不舉進士爲是勸之舉者爲非聽者不察也和而唱之同然一辭皇甫湜曰若不明白子與賀且得罪愈曰然律曰二名不偏諱釋之者曰謂若言徵不稱在言在不稱徵是也律曰不諱嫌名釋之者曰謂若禹與雨丘與蓲ⓐ鳥蓲草名之類是也①記曲禮不諱嫌名二名不偏諱註爲甚難避也嫌名謂音聲相近若禹與雨丘與蓲也偏謂二名不一一諱也孔子之母名徵在言在不稱徵言徵不稱在今賀父名晉肅舉進士爲犯二名律乎爲犯嫌名律乎父名晉子不得舉進士若父名仁子不得爲人乎②有議論夫諱始于何時作法制以教天下者非周公孔子歟③引古人以證一篇之意周公作詩不諱謂文王名昌武王	Ⓐ東萊曰洪云李賀父晉肅 邊上從事賀年七歲以長短之製名動京華他日舉進士或謗賀不避家諱文公時著諱辨一篇又云張昭論舊君諱云周穆王諱滿至定王時有王孫滿者厲王諱胡至莊王之子名胡其比甚多退之諱辨取此意愈與進士李賀書勸賀舉進士賀舉進士有名與賀爭名者毀之曰賀父名晉肅賀不舉進士爲是勸之舉者爲非聽者不察也和而唱之同然一辭皇甫湜曰若不明白子與賀且得罪愈曰然律曰二名不偏諱釋之者曰謂若言徵不稱在言在不稱徵是也律曰不諱嫌名釋之者曰謂若禹與雨丘與蓲ⓐ鳥蓲草名ⓑ詩音義江東呼爲鳥蓲之類是也①記曲禮不諱嫌名二名不偏諱註爲甚難避也嫌名謂音聲相近若禹與雨丘與蓲也偏謂二名不一一諱也孔子之母名徵在言在不稱徵言徵不稱在今賀父名晉肅舉進士爲犯二名律乎爲犯嫌名律乎父名晉子不得舉進士若父名仁子不得爲人乎

②有議論夫諱始于何時作法制以教天下者非周公孔子歟③引古人以證一篇之意周公作詩不諱謂文王名昌武王名發若曰克昌厥後又曰駿發爾私則不諱也孔子不偏諱二名④若曰宋不足徵又曰某在斯春秋不譏不諱嫌名⑤若衛桓公名完康王釗之孫實為昭王⑥周康王名釗書用敬保元子釗曾參之父名晳曾子不諱昔⑦若曰昔者吾友又曰裼裘而弔周之時有騏期漢之時有杜度⑧杜操字伯度曹魏時人以其名同武帝故因以其字呼之又去其伯字呼爲杜度此于其字宜如何諱將諱其嫌遂諱其姓乎將不諱其嫌者乎漢諱武帝名徹爲通不聞又諱車轍之轍爲某字也諱呂后名雉爲野雞不聞又諱治天下之治爲某字也今上章及詔不聞諱滸勢秉饑也⑨滸近太祖廟諱勢近太宗廟諱秉近代宗廟諱饑近玄宗廟諱惟宦官宮妾⑩此一段盡是不諱嫌名事再用宦官宮妾承上二段有力乃不敢言論及機以爲觸犯⑪抑揚土君子立言行事宜何所法守也⑫將要收歸周孔曾參事且問起何所法守句已含周孔曾參意今考之於經質之于律稽之于國家之典賀擧進士爲不可耶凡事父母得如曾參可以無譏也⑬收意不衰作人得如周公孔子亦可以止也今此之事不務行曾參周公孔子之行而諱親之名則務勝于曾參周公孔子亦見其惑也

名發若曰克昌厥後又曰駿發爾私則不諱也孔子不偏諱二名④若曰宋不足徵又曰某在斯春秋不譏不諱嫌名⑤若衛桓公名完康王釗之孫實爲昭王⑥周康王名釗書用敬保元子釗曾參之父名晳曾子不諱昔⑦若曰昔者吾友又曰裼裘而弔周之時有騏期漢之時有杜度⑧曹操字伯度曹魏時人以其名同武帝故因以其字呼之又去其伯字呼爲杜度此于其字宜如何諱將諱其嫌遂諱其姓乎將不諱其嫌者乎漢諱武帝名徹爲通不聞又諱車轍之轍爲某字也諱呂后名雉爲野雞不聞又諱治天下之治爲某字也今上章及詔不聞諱滸勢秉饑也⑨滸近太祖廟諱勢近太宗廟諱秉近代宗廟諱饑近玄宗廟諱惟宦官宮妾⑩此一段盡是不諱嫌名事再用宦官宮妾承上二段有力乃不敢言論及機以爲觸犯⑪抑揚士君子立言行事宜何所法守也⑫將要收歸周孔曾參事且問起何所法守句已含周孔曾參意今考之於經質之于律稽之于國家之典賀擧進士爲不可耶凡事父母得如曾參可以無譏也⑬收意不衰作人得如周公孔子亦可以止也今世之事不務行曾參周公孔子之行而諱親之名則務

勝于曾參周公孔子亦見其惑也⑭亦以人情反說夫周公孔子曾參卒不可勝勝周公孔子曾參乃比于宦官宮妾⑮警策則是宦官宮妾之孝于其親賢于周公孔子曾參者耶⁶⁴⁾	⑭亦以人情反說夫周公孔子曾參卒不可勝勝周公孔子曾參乃比于宦官宮妾⑮警策則是宦官宮妾之孝于其親賢于周公孔子曾參者耶⁶⁵⁾

괴본에 수록된「휘변」의 주석에서 홍치본의 주석을 활용한 방식은 모두 세 유형으로 나누어진다. 첫째, 홍치본의 주석을 그대로 수록한 경우이다. 밑줄 친 ①-⑮는 홍치본에 달려 있는 주석을 그대로 수록하였다. 둘째, 홍치본에는 없는 내용을 새로 넣은 경우이다. 밑줄 친 Ⓐ는「휘변」의 두주에 달려 있는 주석으로 홍치본에는 실려 있지 않다. 셋째, 홍치본의 주석에 내용을 추가한 경우이다. 괴본에서 밑줄 친 ⓐ는 홍치본 ⓐ의 주석을 그대로 실었고, 이어 밑줄 친 ⓑ는 홍치본에 없는 주석을 새로 넣었다. 이로 보아 임정은 홍치본을 저본으로 하여 괴본을 편집하면서 홍치본의 주석에 첨삭을 가하거나 일부 내용을 새로 넣은 것으로 추정된다.

한편 신종은 만력본에 35편을 추가하면서 홍치본에 수록된 312편의 주석에 약간의 수정을 가하였는데, 그 예로 두 판본의『후집』권7에 수록된 왕포王褒의「성주득현신송聖主得賢臣頌」의 일부 내용을 비교해 보면 다음과 같다.

---

64) 국립중앙도서관 소장,『諸儒箋解古文眞寶後集』(홍치본) 권7, 張2~4.
65) 국립중앙도서관 소장,『魁本大字諸儒箋解古文眞寶』(괴본) 권7, 張7~9.

〈표 11〉 홍치본과 만력본 「성주득현신송」의 주석 비교

홍치본	만력본
此篇起句有策體盖前漢王襃字子淵㉮本蜀人爲漢宣帝徵㉯召詔爲此頌起四句設譬自敍第一節且謙辭敍應詔之意第二節勉宣帝審己正統第三節方論賢者國家之器用第四節論聖主得賢臣之功第五節論人臣之遭遇第六節總論臣主相得之美時上頗好神仙故末段不取彭祖喬松之事**夫荷旆被毳者難與道純緜之麗密**荷負也旆旛也被服也純綿繒帛也言夷狄服旆毛者則難與論繒帛之麗密也**糞藜含糠者不足與論大牢之滋味**藜野菜含食也糠麥飯也Ⓐ大牢牛也言人食藜糞糠飯者不足與論Ⓐ大牢之滋味也此二句謂賤者不足言貴今臣僻在西蜀生于窮巷之中長於蓬茨之下㉠**蓬茨之所以覆屋者**無有游觀廣覽之知顧有至愚極陋之累不足以塞厚望應明旨雖然敢不罄陳愚心而抒情素㉡言雖不足充厚望敢不述愚心而申情素也記曰㉢爲此頌之記也**恭惟春秋法五始之要在乎審己正統而已**五始謂元年春王正月公卽位也元者氣之始春者四時之始王者受命之始正月者正令之始公卽位者一國之ⓐ**先**也此五者在乎君王審己而行之正位以統理天下也[66]	此篇起句有策體盖前漢王襃字子淵(㉮)蜀人爲漢宣帝徵(㉯)詔爲此頌起四句設譬自敍第一節且謙辭敍應詔之意第二節勉宣帝審己正統第三節方論賢者國家之器用第四節論聖主得賢臣之功第五節論人臣之遭遇第六節總論臣主相得之美時上頗好神仙故末段不取彭祖喬松之事**夫荷旆被毳者難與道純緜之麗密**荷負也旆旛也被服也純綿繒帛也言夷狄服旆毛者則難與論繒帛之麗密也**糞藜含糠者不足與論太牢之滋味**藜野菜含食也糠麥飯也Ⓐ太牢牛也言人食藜糞糠飯者不足與論Ⓐ太牢之滋味也此二句謂賤者不足言貴今臣僻在西蜀生于窮巷之中長於蓬茨之下(㉠)無有游觀廣覽之知顧有至愚極陋之累不足以塞厚望應明旨雖然敢不罄陳愚心而抒情素(㉡)記曰(㉢)**恭惟春秋法五始之要在乎審己正統而已**五始謂元年春王正月公卽位也元者氣之始春者四時之始王者受命之始正月者正令之始公卽位者一國之ⓐ**時**也此五者在乎君王審己而行之正位以統理天下也[67]

[66] 국립중앙도서관 소장, 『諸儒箋解古文眞寶後集』(홍치본) 권7, 張1~2.
[67] Princeton대도서관 소장, 『諸儒箋解古文眞寶後集』(만력본) 권7, 張1.

홍치본과 만력본에 수록된 「성주득현신송」의 앞부분에서 주석이 서로 다른 것은 모두 네 유형이다. 첫째, 밑줄 친 ㉮의 '본本'자와 ㉯의 '소김'자는 홍치본에는 있으나 만력본에는 삭제되어 있다. 이 '본本'자와 '소김'자는 글의 내용으로 보아 삭제해도 무방하다. 둘째, Ⓐ는 홍치본에 '대大'자로 되어 있으나 만력본에는 '태太'자로 되어 있다. '대大'자와 '태太'자는 서로 같은 의미이므로 어느 글자를 사용해도 무방하다. 셋째, 홍치본에 달려 있는 ㉠, ㉡, ㉢의 주석이 만력본에는 모두 삭제되어 있다. 이들 주석은 모두 본문의 내용을 풀이하거나 부연한 것으로, 이를 삭제해도 원문의 내용을 이해하는데 큰 어려움이 없다. 넷째, 홍치본에 ⓐ'선先'자를 만력본에서는 '시時'자로 수정하였다. 이곳은 '오시五時'의 하나인 '공즉위公卽位'를 풀이한 것으로 만력본과 같이 '시時'자로 써야 의미가 통한다. 이로 보아 만력본은 홍치본에 달려 있는 주석을 면밀하게 교감하고, 일부 주석의 내용이 부족하거나 적절하지 않은 곳에 수정을 가한 것으로 추정된다.

(2) 체제 및 문체

홍치본 『후집』의 구성 체제를 저본으로 활용한 『당문수唐文粹』, 『고문관건古文關鍵』, 『숭고문결崇古文訣』, 『문장궤범文章軌範』 등과 비교해보면 다음과 같다.

〈표 12〉『당문수』·『후집』·『고문관건』·『숭고문결』·『문장궤범』의 유형과 작품 수

당문수		홍치본 후집		고문관건		숭고문결		문장궤범	
유형	작품 수	유형	작품 수	유형	작품 수	유형	작품 수	유형	작품 수
古賦	55	表類	3	韓文	13	先秦文	5	放膽文	22
古調	192	賦類	6	柳文	8	兩漢文	18	小心文	47
頌	33	說類	6	歐文	11	三國文	2	계	2	69
贊	34	解類	2	老蘇文	16	六朝文	2		
表奏書疏	74	文類	2	東坡文	14	唐文	40		
制策	1	序類	9	穎濱文	2	宋文	123		
文	50	記類	13	南豊文	4	계	6	190	
論	55	箴類	5	宛丘文	2				
議	56	銘類	5	계	8	60			
古文	186	頌類	3						
碑	119	傳類	4						
銘	53	辯類	3						
記	87	碑類	1						
箴誡銘	41	原類	2						
書	122	論類	2						
序	123	書類	6						
傳錄記事	27	계	16	71					
계	17	1,252							

『당문수』에는 시 615편을 제외하고 모두 16유형의 문체에 1,252편의 작품이 유형별로 나누어져 있다. 『당문수』는 송나라 때 이방李昉이 칙명을 받아 편찬한 『문원영화文苑英華』 1,000권에서 10분의 1정도를 뽑아 100권으로 편찬한 것이다. 『문원영화』에 수록된 작품들은 부賦를 시작으로 제문祭文에 이르기까지 모두 36유형의 문체로 나누어져 있는데, 이는 송나라 때에 정립된 문체이론을 토대로

당시 유행하던 문체들을 모두 포괄하고 있다고 보아도 무방하다. 또한, 『당문수』에 제시된 17유형은 『문원영화』에 제시된 36유형에서 시詩와 가행歌行을 제외한 34유형을 반으로 축약한 것이다. 그러나 이 책에서 표주서소表奏書疏・전록기사傳錄記事・잠계명箴誡銘 등 유사한 내용을 지닌 각각의 문체를 하나로 모아 놓은 것에서 보듯이, 문체 분류에 있어서 일관된 기준이 적용된 것은 아니다. 그리고 고문古文 186편은 원原・규規・악惡・복성서復性書・평부서平賦書・녹문은서鹿門隱書・고어부古漁父・시의時議・언어대답言語對答・독讀・변辯・해解・설說・평評・부명符命・논병論兵・절미折微・훼예毁譽・시사時事・변화變化 등 작품이나 문체를 혼합해 모아 놓았고, 고조古調 192편은 고금악장古今樂章・금조琴操・고악장古樂章・금악장今樂章・초소체楚騷體 등 운문과 산문의 성격을 공유하는 작품을 수록하였다.

여조겸呂祖謙이 편찬한 『고문관건』은 한유 등 7명의 문장 60편에서 구사된 수사기법을 열거하여 학자들이 첩경으로 삼도록 한 책이다.[68] 이 책은 권수卷首의 총론總論에서 '간문자법看文字法'과 '논작문법論作文法'을 말한 것에서 보듯이 고문의 비평과 창작을 논한 문학 중심으로 이루어진 선집이다.

누방樓昉이 편찬한 『숭고문결』은 선진先秦에서 송나라까지 190편의 고문을 선진・양한・삼국・육조・당・송 등 여섯 시대로 구분하여 수록한 것이다. 이 책은 누방이 스승인 여조겸의 설을 확충하여 더욱 정밀하게 문장을 논한 것으로, 편목이 비교적 갖추어졌고

---

[68] 永瑢, 『四庫全書總目』 권187, 「總集類二」, 張12. "宋呂祖謙, 編取韓・愈柳宗元・歐陽修・曾鞏・蘇洵・蘇軾・張耒之文, 凡六十餘篇, 各標擧其命意布局之處, 示學者以門徑."

번성함과 간략함이 중도를 얻어 문을 배우는 학자들에게 큰 도움이 되고 있다.[69]

사방득謝枋得이 편찬한 『문장궤범』은 한·진·당·송의 고문 69편을 방담문放膽文과 소심문小心文으로 나누어 비주批註와 권점圈點을 더하여 편찬한 것이다. 왕수인王守仁은 이 책의 서문에서 당시 과거를 위해 만든 것으로, 그가 표방한 내용이 잘 맞아 고문을 짓는 법이 이에서 벗어나지 않는다[70]고 하였다. 이 책은 목활자로 제작된 훈련도감자로 간행한 『상설고문진보대전』의 뒤에 함께 묶어 간행할 정도[71]로 조선에서 널리 읽혔다.

홍치본 『후집』의 체제를 구성할 때 가장 큰 영향을 준 선집은 『당문수』이다. 『후집』은 모두 16유형의 문체를 한 글자로 제시하였다. 한 예로 표류表類에 수록된 「출사표」·「후출사표」·「진정표」 3편은 모두 제목에 '표表' 자가 표기되어 있는 것을 들 수 있다. 또한, 『후집』은 『당문수』에서 비중 있게 다룬 주주奏·소疏·의議의 문장은 한 편도 싣지 않고, '고문古文'이라는 명칭을 사용해 한 데 묶어 놓은 원原·변辯·해解·설說 등을 각각의 문체로 분리시켰다.

위와 같이 『후집』은 구성 방식에 있어서 문체별로 체재를 구성한 『당문수』와 같은 형식을 취하였으나, 작품을 선정하거나 주석을 달 때에는 고문 창작서로서 각각의 장점을 지니고 있는 『고문관건』·『숭고문결』·『문장궤범』 등을 저본으로 활용해 작품을 선정

---

[69] 永瑢, 『四庫全書總目』 권187, 「總集類二」, 張16. "此書篇目較備, 繁簡得中, 尤有神於學者蓋. 昉受業於呂祖謙, 故因其師說, 推闡加窜正, 未可以文皆習見而忽之矣."

[70] 永瑢, 『四庫全書總目』 권187, 「總集類二」, 張36. "王守仁序, 稱爲當時擧業而作, 然凡所標擧, 動中窽會, 要之古文之法, 亦不外此矣."

[71] 국립중앙도서관 소장, 『詳說古文眞寶大全後集』(훈련도감자본, 문서번호: 古貴3745-129).

하였다. 특히 홍치본『후집』에 달려 있는 주석들은 작가의 인품이나 문장의 내용을 언급하는 의리중심의 비평에서 벗어나, 주로 문체나 수사적 특징을 설명하는 문학중심의 내용으로 구성되어 있다. 이와 같이 홍치본『후집』은 의리중심이 아닌 문학중심의 대표적인 문체와 작품만을 간명하게 수록하여 한문 문장을 처음 익히는 사람들이 문체와 문장을 동시에 학습하는데 도움이 되도록 하였다.

4. 문학사적 의의

본 연구는 현재 연구가 미진한 상태로 남아 있는『제유전해고문진보』의 편자와 판본, 내용 등에 대해 고찰한 것이다.『고문진보』를 편찬한 황견이 원나라 말기에『둔세유음』을 지은 황견과 동일한 사람이라는 견해가 있으나,『둔세유음』의 저자인 황견은 강서성江西省의 남창부南昌府 풍성현豊城縣 출신이고『고문진보』의 편자 황견은 안휘성安徽省 저주滁州 출신으로 서로 다른 사람이다. 또한, 황견이『고문진보』를 편찬한 시기는『전집』에 수록된「창포가」의 작가인 사방득이 사망한 1288년 이후에서 정본이 서문을 쓰고 전록생이 책을 구입한 1366년 이전으로 추정된다.

원나라 때에 임정은 지정 26년에 괴본을 간행하였고, 충청도 관찰사 강회중이 세종 원년에 선본을 간행하였다. 괴본에는『전집』에 217편과『후집』에 67편을 합하여 284편을 수록되어 있고, 선본『후집』에는 괴본에 없는 3편이 추가되어 있다. 괴본과 선본은 원본으로 추정되는 홍치본에 달려 있는 주석을 대폭 수정하였다.

또한, 명나라 때에 청려재는 홍치 15년에 약간의 점교를 더하여 중간한 홍치본과 신종이 만력 15년에 35편을 더하여 간행한 만력본이 전하고 있다. 홍치본에는 『전집』에 240편과 『후집』에 71편을 합하여 311편이 수록되어 있다. 만력본은 『전집』에 258편과 『후집』에 89편을 합하여 347편을 수록하면서 홍치본의 주를 일부 수정하였다.

홍치본 『전집』에는 권학문에서 사류에 이르기까지 모두 12유형이 문체별로 수록되어 있다. 두보 시 44편과 소식 시 22편은 『보주두시』와 『동파시집주』를 저본으로 활용하여 작품을 뽑았고, 왕유를 포함해 16명의 시는 『당문수』를 저본으로 활용하여 작품을 뽑았다. 홍치본 『전집』은 시의 내용이나 제재를 중심으로 작품을 수록한 『당문수』와는 달리 12유형의 문체로 나누어 작품을 수록하였다.

또한, 홍치본 『후집』에는 제갈량의 「출사표」에서 시작해 한유의 「답장적서」에 이르기까지 모두 16유형의 문체별로 배열되어 있다. 홍치본 『후집』은 17유형으로 문체로 구성된 『당문수』와 같은 체제로 구성되어 있고, 『숭고문결』을 중심으로 『고문관건』이나 『문장궤범』 등을 활용해 문장을 뽑았다.

앞서 살폈듯이 조선과 일본에서는 학문 성향과 문예 사조에 따라 서로 다른 계통의 『고문진보』가 유행하였다. 조선에서는 퇴계가 고풍의 시가 수록된 대전본 『상설고문진보대전전집』을 문인들에게 강해하면서 작자와 역사적 배경 등을 살펴 원문에 담긴 섬세한 의미를 살피고 다양한 자료들을 면밀하게 검토해 주석의 오류를 바로잡았다. 일본에서는 작품성이 뛰어나면서도 교훈적인 내용을 정선해 수록한 담문談文 위주의 괴본 『후집』이 중국시문의 기초 교양서료 널리 읽혔다.

위와 같이 조선에서 퇴계에 의해 『상설고문진보대전전집』이 강해된 것은 고려 말에 중국에서 들어온 주자학이 사림파가 대두한 것을 계기로 도가 보다 내재화된 학문 성향이 문학에 반영된 것이고, 일본에서 괴본 『후집』이 유행한 것은 오산의 선승들이 수입한 주자학이 강호 시대에 유학에서 말하는 도의 관념에서 도덕적 요소가 배제된 학문 내용이 문학에 영향을 준 것이다.

본 연구는 위와 같이 동아시아 3국의 문학 교류와 특징을 잘 보여주고 있는 『제유전해고문진보』를 대상으로 편자 문제를 비롯해 판본의 종류와 특징, 그리고 작품 및 내용과 주석 및 문체를 규명하였다는 점에서 그 의의가 적지 않다.

02 『상설고문진보대전』 연구

　　현재 우리나라에서 널리 읽히고 있는 『고문진보』는 서명이 『상설고문진보대전詳說古文眞寶大全』이라고 되어있는 책이다. 김종직이 성종 3년(1472)에 쓴 「고문진보발古文眞寶跋」의 내용에 따르면, 이 책은 세종 32년(1450)에 명나라의 한림시강翰林侍講 예겸倪謙이 조선에 사신으로 오면서 가져온 것으로, 이 판본에 수록된 시와 문은 이전 판본에 비해 배가 넘어 이를 『대전大全』이라고 하였다.[1] 본 연구에서는 이 책을 대전본大全本이라고 부르기로 한다.

---

1) 金宗直, 「古文眞寶跋」, 『詳說古文眞寶大全』(갑인자중간본 국립중앙도서관 소장) 권10, 張 28-29. "景泰初, 翰林侍講倪先生, 將今本以遺我東方, 其詩若文, 視舊倍蓰, 號爲大全." 『詳說古文眞寶大全』의 연구에 관한 논문으로는 김윤수 선생이 쓴 「『詳說古文眞寶大全』과 『批點 古文』」(『중국어문학』(영남어문학회, 1988) 제15집)이 주목된다. 선생은 위의 글을 통해 조선에서 유통된 『상설고문진보대전후집』의 원형이 원나라 陳櫟이 편찬한 『批點古文』이라는 사실을 원본의 수집과 간행 과정을 들어 상세히 논증하였다. 본 연구에서 『상설고문 진보대전』의 편자 문제와 편찬 과정에 대한 논의는 주로 김윤수 선생의 글을 참고하였다.

현재 우리가 읽고 있는 『상설고문진보대전』에는 권1의 1~3행에 '전진사송백정음석前進士宋伯貞音釋, 경조유염교정京兆劉剡校正, 동양진덕첨씨간행東陽進德詹氏刊行'[2)]이라고 표기되어 있다. 황우직黃虞稷이 편찬한 『천경당서목千頃堂書目』에는 원대의 책 가운데 '송백정宋伯貞 음석音釋 권학문勸學文 1권一卷'이라는 기록이 있는 것[3)]으로 보아, 『상설고문진보대전』은 원나라 사람인 송백정이 음석한 것으로 추정된다.

또한, 이 책을 간행한 것으로 표기된 진덕 첨씨는 첨종예詹宗睿를 가리킨다. 첨종예는 명나라 정통 2년(1437)에 주자의 고향인 신안新安으로 가서 『선시보주選詩補註』와 『감흥시통感興詩通』을 구해왔는데, 유염劉剡이 두 책을 혼합하여 『풍아익부감흥시통風雅翼附感興詩通』을 간행하였다.[4)] 이와 같이 첨종예와 유염의 긴밀한 관계로 보아 유염이 교정한 『상설고문진보대전』을 첨종예가 간행한 시기는 유염이 『풍아익부감흥시통』이라는 이름으로 출간한 1437년을 전후한 때일 것으로 추정된다.

본 연구에서는 중국에서 간행되어 우리나라에서 널리 읽힌 『상설고문진보대전』의 편자와 판본에 대해 알아보고, 이 책에 수록된 작품과 내용, 각 작품에 달려 있는 주석과 문체적 특징에 대해 살펴보기로 한다.

---

2) 국립중앙도서관 소장, 『詳說古文眞寶大全』(정유자본, 문서번호 : 일산古3745-61) 권1, 張1.
3) 黃虞稷, 『千頃堂書目』(문연각사고전서 676책) 권3, 張67. "宋伯貞音釋, 勸學文一卷."
4) 金崙壽, 「『詳說古文眞寶大全』과 批點古文」, 『중국어문학』 제15집, 220~221쪽.

1. 편자 및 판본

1) 편자 및 편찬 과정

(1) 진력과 『비점고문』

한국에서 널리 읽힌 『상설고문진보대전』의 편자는 누구일까? 이에 대해 언급한 학자는 퇴계이다. 퇴계의 언행을 모아 놓은 『퇴계선생언행록退溪先生言行錄』에는 다음과 같은 내용이 수록되어 있다.

> 선생은 『고문진보전집』을 교수하면서 반드시 진종眞宗의 「권학문」을 제외시키고 말하기를, "이 책은 진신안陳新安에게서 나온 편찬물인데 어찌 이것을 머리에 두었는가? 옛사람들이 학문을 권면한 규범은 본래 이와 같지 않다. 어찌 이욕의 말을 취하여 사람을 권면했겠는가?"라고 하였다.[5]

퇴계가 『고문진보전집』에 첫 작품으로 수록된 진종이 「권학문」에서 말한 '책 속에 저절로 황금집이 있다[書中自有黃金屋]'은 이욕의 마음을 일어나게 하는 말로 보고, 후학들을 가르치면서 이 시를 제외시켰다는 내용이다. 이 글에서 주목되는 것은 퇴계가 『상설고문진보대전』의 편자를 진신안陳新安 라고 말한 것이다. 퇴계는 무엇을 근거로 이 책의 편자를 신안 진씨라고 했을까? 이는 그가 바로 대전

---

5) 李滉, 『退溪先生言行錄』(UC Berkeley도서관본) 권5, 「論人物」, 張12. "先生授古文前集, 必遣眞宗勸學文曰, 此書出於陳新安之撰, 何以首此. 古人勸學之規, 本不如是, 何用取利欲之說以勉人乎."

본 『후집』에 실린 「태극도설太極圖說」의 주석을 보고 말한 것이다.

주자가 「태극도설」·「서명」에 대해 주석한 것이 정밀하고 상세하나 지금 모두 수록할 겨를이 없다. 학자들이 그 상세한 것을 보고자 하면 주자의 책으로부터 구하는 것이 마땅하다. 신안 진력陳櫟이 삼가 쓰다.[6]

인용 글의 내용으로 보아 퇴계가 앞서 말한 진신안陳新安은 진력陳櫟임이 분명하다. 퇴계는 바로 위의 글을 보고 『상설고문진보대전』의 편자를 신안 진씨로 단정했던 것이다. 진력은 「자영백칠십운自咏百七十韻」에서 "일찍이 밤으로 낮을 이어, 고문에 권점圈點과 비해批解를 달았다."[7]라고 하여, 자신이 직접 고문을 선집하고 이에 비점을 더했음을 밝혔다.

또한, 그는 「논어훈몽구의자서論語訓蒙口義自序」에서 여러 해에 걸쳐 편찬한 『독역편讀易編』, 『서해절충書解折衷』, 『시구해詩句解』, 『춘추삼전절주春秋三傳節註』, 『증광통략增廣通畧』, 『비점고문批點古文』 등을 차례로 내놓아 친구들과 함께 살피고자 한다[8]고 하고, 글의 끝에 '대덕기해입추일大德己亥立秋日'이라고 적었다. 이로 보아 진력은 중국 역대의 고문을 모으고 이에 비점을 더하여 『비점고문』이라고 제목을 달았으며, 이 선집은 적어도 그의 나이 48세인 1299년

---

6) 국립중앙도서관 소장, 『詳說古文眞寶大全後集』(정유자본) 권10, 「太極圖說」註, 張23~24. "朱子於太極西銘, 注釋精詳, 今不暇盡錄. 學者欲觀其詳, 宜自於朱子之書求之云. 新安陳櫟謹書."
7) 陳櫟, 『定宇集』(『문연각사고전서』 1205책) 권16, 「自咏百七十韻」, 張5. "嘗以夜繼晷, 古文圈點批."
8) 陳櫟, 『定宇集』 권1, 「論語訓蒙口義自序」, 張6. "櫟數年來, 又有讀易編, 書解折衷, 詩句解, 春秋三傳節註, 增廣通畧, 批點古文之類, 嗣是有進, 尚敢漸出, 與朋友商之."

이전에 완성된 것으로 추정된다.

진력이 편찬한 『비점고문』과 『상설고문진보대전』은 어떤 관계가 있는 것일까? 이는 대전본 『후집』에 수록되어 있는 이사李斯의 「상진황축객서上秦皇逐客書」, 제갈량諸葛亮의 「출사표出師表」, 왕희지王羲之의 「난정기蘭亭記」, 주돈이周敦頤의 「태극도설太極圖說」 등 4편에 달려 있는 주석의 일부가, 그의 문집인 『정우집定宇集』 속에 각각 「비점고문서批點古文序」(권1), 「서공명출사표후書孔明出師表後」(권3), 「서란정기후書蘭亭記後」(권3), 「태극도설서太極圖說序」(권1)라는 제목으로 실려 있는 것에서 그 연결 고리를 찾을 수 있다. 특히 『정우집』에는 이사의 「상진황축객서」를 주석한 내용을 「비점고문서」라고 제목을 달았는데, 이를 통해 두 선집이 매우 긴밀하게 연관되어 있음을 확인할 수 있다.

> ① 어떤 사람이 말하길 "지금 고문을 선집하면서 이사의 「상진황축객서」를 『초사』에 다음으로 두었으니, 그 문은 비록 아름답지만 그 사람을 어찌 하겠습니까?"라고 하였다.[9]

> ② 지금 고문을 선집하면서 「태극도설」・「서명」 2편으로 끝을 맺었으니 어찌 의도가 없는 것이겠는가?[10]

---

[9] 국립중앙도서관 소장, 『詳說古文眞寶大全後集』(정유자본) 권11, 「上秦皇逐客書」 註, 張15. "或曰, 今選古文, 即以李斯上秦皇逐客書, 次於楚辭, 其文雖美, 如其人何."
[10] 국립중앙도서관 소장, 『詳說古文眞寶大全後集』(정유자본) 권10, 「太極圖說」 註, 張23. "今選古文, 而終之以太極西銘二篇, 豈無意者."

①은 『정우집』 권1에 실려 있는 내용으로 이사의 「상진황축객서」가 굴원의 『초사』 다음에 수록된 이유를 설명한 것이다. ②는 『정우집』 권1에 수록되어 있는 글로 주돈이의 「태극도설」과 장재의 「서명西銘」을 『비점고문』의 끝 부분에 놓은 까닭을 밝힌 것이다. 현재로서는 대전본 『후집』에 수록된 많은 주석 중에서 단지 인용 글을 포함해 4편만이 『정우집』 속에 실린 사정을 알기 어렵다. 그러나 인용글의 내용으로 보아 진력은 특정한 의도아래 작품을 뽑고 차례를 정하여 『비점고문』을 편찬한 것으로 추정된다. 또한, 진력이 편찬한 『비점고문』은 적어도 앞부분은 굴원의 「이소」와 이사의 「상진황축객서」에서 시작되고, 뒷부분은 주돈이의 「태극도설」과 장재의 「서명」으로 끝나고 있는 것으로 추정된다.

문제는 대전본 『후집』에 수록된 130편에서 진력이 편찬한 『비점고문』에 수록된 작품이 무엇인가를 확인하는 것이다. 이와 관련해 명 천순天順 2년(1458)에 소대蘇大가 지은 「김현덕전金玹德傳」에 다음과 같이 『비점고문』에 대한 언급이 있어 주목된다.

    김현덕金玹의 자는 인본仁本으로 휴녕休寧 왕갱교汪坑橋 사람이다. 대대로 유학을 했으나 그에 이르러 집안이 가난해졌다. 학문을 좋아하여 기한에 떨면서도 손에서 책을 놓지 않았다. … 일찍이 선유先儒의 유서遺書는 정신과 심술이 깃든 것이라고 여겨 장서가를 두루 방문하여 진씨陳氏(陳櫟: 필자 주)의 『사서구의四書口義』·『비점백편고문批點百篇古文』, 예씨倪氏의 『중정사서집석重訂四書輯釋』, 주씨朱氏의 『구경방주九經旁注』, 조씨趙氏의 『춘추집전春秋集傳』, 상우上虞 유씨劉氏의 『선시보주選詩補注』, 호씨胡氏의 『감흥시통感興詩通』 등 30여종을 얻어 초교하고 나서, 아들 휘휘輝를 통해 서방書房에 보내 천하에 간행되기를 구했다. 유용장劉用章 선생(劉刻 : 필자 주)이 그 뜻을 매우 가상히 여겼다.[11]

위의 글에서 휴녕休寧 왕갱교汪坑橋 사람인 김현덕金玹德이 장서가를 방문하여 진력이 편찬한 『사서구의四書口義』와 『비점백편고문批點百篇古文』 등 30여종을 얻어 초교初校한 사실을 말하고 있어 주목된다. 이는 그가 초교했다고 말한 30종에 포함되어 있는 『비점백편고문』는 책의 제목으로 보아 진력인 편찬한 『비점고문』을 가리키는 것으로 판단되기 때문이다. 이로 보아 『비점고문』의 본래 이름은 『비점백편고문』이고, 이 책에는 100편의 고문이 수록되어 있었던 것으로 추정된다.

위의 글에서 유용장劉用章 선생이라고 밝힌 유염劉剡은 진력이 편찬한 『비점고문』과 『상설고문진보대전』의 관계를 밝히는데 매우 중요한 인물이다. 앞서 밝혔듯이 현재 우리가 읽고 있는 『상설고문진보대전』은 유염이 교정한 것이다. 당시 출판계에서 유염과 첨종예와 매우 긴밀한 관계를 맺고 있었는데, 『상설고문진보대전』은 유염이 당시 세간에서 유통되고 있는 『고문진보』와 진력이 지은 『비점고문』을 서로 섞어 교정한 책을 첨종예가 간행한 것이다.

문제는 대전본 『전집』이다. 비록 퇴계가 『전집』에 수록된 진종의 「권학문」을 말하면서 편자를 신안 진씨라고 하였으나, 진력이 『비점고문』을 편찬하면서 시가 수록되어 있는 『전집』의 작품을 실고 주를 달았다는 단서를 발견하기 어렵다. 또한, 『전집』의 체제는 『후집』이

---

11) 金崙壽, 「『詳說古文眞寶大全』과 批點古文」, 『중국어문학』 제15집, 198쪽, 재인용.

연대순으로 작품이 수록된 것과는 달리 중국과 일본에서 유행한 『제유전해고문진보전집』과 동일하게 권학문勸學文에서 사류辭類에 이르기까지 모두 12유형으로 나누어져 있다. 그리고 『전집』 권9에는 송나라 덕우 무인년(1978)에 지은 문천상文天祥의 「육가六歌」가 수록되어 있는데, 이 시는 진력의 나이 26세에 해당하는 시기에 지은 것으로, 진력이 『비점고문』에 이 시를 선록했을 가능성은 희박하다. 이로 보아 진력이 편찬한 『비점고문』에 수록된 고문 100편은 대전본 『후집』에 수록된 130편 속에 포함되어 있는 것으로 추정된다.

(2) 진력의 학문 및 문학관

진력은 송나라 순우5淳祐 12년(1252) 주희의 고향인 신안에서 주희의 사후 53년에 태어났다. 그는 어려서부터 주희의 학문을 계승한 부친에게 가르침을 받았고, 23세인 덕우德祐 원년(1275)에 송나라가 망하면서 과거가 함께 폐지되자 오직 저서에 힘을 기울여 많은 책을 편찬하였다. 당시 강서 지역을 대표하는 학자였던 오징吳澄은 주희에게 공이 있는 사람은 오직 진력일 뿐이라고 말하고, 자신에게 배우러 온 강동 사람들을 모두 그에게 돌려보내기도 하였다.[12] 진력은 63세인 원나라 연우延祐 2년(1315)에 과거가 다시 시행되자 절강浙江 향시에 응하여 제16명에 올랐다. 그는 이 후 여러 경로를 통해 학직學職을 얻고자 노력하였으나, 결국 뜻을 이루지 못하고 원나라 지원至元 원년(1335)에 83세를 일기로 생을 마쳤다.

---

12) 陳櫟, 『定宇集』 권17, 「定宇先生墓誌銘」, 張30. "惟江西吳先生澄, 以經學自任, 善著書, 獨稱陳先生有功朱子, 凡江東人來受學, 盡送而歸之陳先生."

진력은 주희가 성인의 학문에 가장 공이 있는 것으로 생각하고, 제가의 학설이 주자의 본진을 어지럽힐 것을 우려해『사서발명四書發明』,『서전찬소書傳纂疏』,『예기집의禮記集義』등 많은 책을 편찬하였다. 그는 노자의 학문은 도체道體를 즐겨 말했지만 도의 본체를 적실하게 보지 못했고, 도원道原을 찾고자 했지만 도의 근원을 정밀하게 밝히지 못했으며, 「체도體道」, 「무원無源」 2편과 같은 것은 주돈이의「태극도설」을 자세하게 알지 못하면 그 그릇됨을 밝힐 수 없다[3]고 하였다. 또한, 그는『장자』는 우언이 많아 그가 말한 사물은 반드시 실제의 사물이 아니고, 그가 말한 사람은 반드시 실제의 사람이 아니므로 허탄하고 기휼한 말을 잘 살펴야 한다[14]고 하였다. 이와 같이 진력은 수만여 언에 달하는 글을 통해 주희와 어긋나는 것을 깎아버리고, 은미하거나 미비한 것을 보충하여 주희의 학문을 크게 펼쳤다.

　　한편 진력은 당시에 유행하던 황정견과 진사도의 시가 지나치게 간고艱苦하다고 비판하고, 시는 단지 생각을 펼치고 성정을 읊는 것이므로 스스로의 안목으로 각자가 좋아하는 작품을 따라 배워야 하며, 고삽苦澁한 것을 경계하고 지나치게 고담枯淡한 것을 익히지 말아야 한다[15]고 하였다. 또한, 그는 당시 과거의 폐단이 극심한 것을 비판하면서, 경학은 천착하여 뿌리가 없고, 문장은 부화하여 내용이

---

13) 陳櫟,『定宇集』권1,「老子節註序」, 張14. "盖老子之學, 愛說道體, 而不的見夫道之體, 欲窮道原, 而不精探夫道之原. … 只如老子體道無源二篇, 若非精透周子之太極圖說, 亦安能燭老子之非識老子之趣哉."
14) 陳櫟,『定宇集』권1,「莊子節註序」, 張15 "愚謂莊子多寓言, 寓言者, 寄寓於事物與人而言也, 故凡所言之事與物, 未必真有此事物, 所言之人與其人之所言, 未必真有此人. 此言虛誕奇譎, 可喜可嘆, 可怔可愕, 讀者惟以意會之."
15) 陳櫟,『定宇集』권7,「問黃山谷陳後山之詩如何」, 張9~10. "黃陳自是艱苦了. 詩所以言志, 詠性情, 何在乎此. … 自帶眼珠, 認取各人好處而學之. 戒其苦澁, 太枯淡處, 勿學可也."

없으며, 학문하는 선비가 적어 국가에서 취할 만한 사람이 없고, 세상에서 사공事功을 멸시하여 사람들이 유학을 의심한다[16]고 하였다. 이 때문에 그는 먼저 학문의 연원을 깊이 찾아 바른 흐름을 이은 후에 문장을 익혀 과거에 응하도록 하였다.[17] 물론 그가 말한 학문의 연원은 물론 여러 성현들의 도통을 이은 송대의 성리학이다.

> 문文은 이理를 밝히는 것으로 반드시 이理를 밝힌 후에 문을 지을 수 있고, 반드시 강학한 후에 이理를 밝힐 수 있다. 강학은 어디에서 착수해야 하는가? 육경과 사서를 읽는 것에 지나지 않을 뿐이다. 육경은 대유大儒가 아니면 모두 통달할 수 없으므로, 초학자는 또한 먼저 일경一經을 통달해야 한다. 사서 또한 마땅히 읽어야 하되 차서가 있다. 주희는 먼저 『대학』, 다음에 『논어』, 다음에 『맹자』, 끝으로 『중용』에 미치도록 법을 정하였다. 지금 모두 마땅히 이것을 살펴 공부를 정밀하고 익숙하게 하여, 사서를 보고 일경을 통한 후에 정부 문서 양식을 읽어 전아한 과거 문장을 본받아 익혀야 한다. 또한, 고문에서 구하여 그 문기文氣를 돕고 그 문법을 밝히면, 비록 대유가 사람들을 가르치더라도 역시 이와 같은 것에서 벗어나지 않을 뿐이다.[18]

---

16) 陳櫟, 『定宇集』 권11, 「發解謝路總管張公啟」, 張1. "竊唯科目久行于歷代弊端, 莫甚於邇年, 經穿鑿而不根, 文浮華而過實. 士鮮學問, 國奚取於若人. 世蔑事功, 衆遂疑於吾道."
17) 陳櫟, 『定宇集』 권2, 「送王彌道江寧教官序」, 張35. "今世儒者之學, 當深探其淵源, 以紹正派, 然後時出其緒餘, 以掇巍科."
18) 陳櫟, 『定宇集』 권8, 「隨錄」, 張7. "文所以明理. 必明理然後能作文, 必講學然後能明理. 講學當於何下手. 不出乎讀六經四書而已. 六經非大儒不能盡通, 初學且先通一經. 四書亦當讀之有次序. 文公定法先大學次語次孟末及中庸. 今皆當按此, 用功精熟, 以看四書窮一經然後, 讀官樣, 典雅程文, 以則倣之. 又求之古文, 以助其文氣, 曉其文法, 雖大儒教人, 亦不過如此而已."

진력이 「수록隨錄」이라는 글에서 문의 본질과 학문의 단계를 밝힌 것이다. 그는 이 글에서 문의 본질은 이理를 밝히는 것이라고 단정하고, 문을 짓기 위해서는 먼저 이理를 밝혀야 하며, 이理를 밝히기 위해서는 반드시 육경과 사서를 강학하는 과정을 거쳐야 한다고 하였다. 이어 그는 먼저 주희가 정한 독서 단계의 과정을 통해 학문을 정밀하고 익숙하게 한 후, 각종의 정부 문서 양식을 읽어 전아한 과거 문장을 본받아야 하며, 마지막으로 고문을 통해 문기文氣를 돕고 문법을 익혀야 한다고 하였다. 주희가 정한 독서 단계는 『대학』, 『논어』, 『맹자』, 『중용』의 순이다. 이와 같이 진력이 문의 본질을 명리明理에서 찾고 도학의 이치를 밝힌 후에 과거 문장과 고문을 익히도록 한 것은, 기본적으로 주희의 도학적 문학관에서 크게 벗어나지 않는 것이다.

주희는 주돈이周敦頤에서 시작해 장재張載와 정호程顥·정이程頤 형제로 이어진 북송의 도학을 집대성했을 뿐만 아니라, 이들에 의해 제기된 도학가의 문학이론을 집대성하였다. 그는 주돈이의 '문이재도설文以載道說'에 기초해 재도의 의미를 면밀하게 밝히는 한편, 정이의 '작문해도설作文害道說'에 의거해 축말逐末의 폐해를 신랄하게 비판함으로써 재도론載道論으로 일컬어지는 도학가의 문학이론을 확립하였다.

진력은 「하군문고찬夏君文藁贊」에서 "문文은 기氣가 드러난 것이고, 더욱 도道를 꿰는 그릇이다. 기는 참으로 호방豪放하고, 도는 더욱 정예精詣하다. 의義를 모으면 기가 생기고, 기는 도의道義와 짝한다. 도와 기가 하나로 합쳐지면 문은 천지에 진동한다."[19]라고 하였다. 곧, 그는 기본적으로 도본문말道本文末에 기초한 도학적 문학관의 기조를 유지하면서도, 문은 기가 드러난 것이고 도를 꿰는 그릇임을 강조하는 방식으로 도와 기 사이에서의 문의 역할을 중시하였던 것이다. 이로 보아 그가 중국 역대의 고문 100편을 시대별로 뽑고 주를 달아 『비점고문』을 편찬한 것은 위와 같이 도道와 기氣를 하나로 묶어 천지를 진동시키는 문을 후세에 보여주기 위한 것으로 판단된다.

2) 판본의 종류와 특징

『상설고문진보대전』은 조선시대에 목판본과 함께 여러 차례에 걸쳐 금속활자로 간행되었다. 현재 필자가 확인한 바에 의하면 이 책이 금속활자로 간행된 것은 경오자庚午字와 초주갑인자初鑄甲寅字, 계유자癸酉字(재주갑인자), 무신자戊申字(사주갑인자), 임진자壬辰字(오주갑인자), 정유자丁酉字(육주갑인자) 등 모두 6차례이다. 그런데 각 도서관에 소장된 5종의 갑인자본은 잘못 기록된 곳이 적지 않다. 이는 5종의 갑인자본이 모두 같은 자형으로 인쇄된 것에서 기인한 것으로, 이를 판별하기 위해서는 각 판본의 조판 형식을 살피거나 원문의 내용을 대조해 보아야 한다. 실제 각 도서관에 소장된 6종 금속활자본의 원문을 대조해 보면 조판 형식이 서로 다른 것은 물론 약자略字와 이체자異體字, 그리고 상이자相異字와 탈자脫字가 적지 않게 발견된다.

---

19) 陳櫟, 『定宇集』 권8, 「夏君文蒙贊」, 張20. "文氣所形, 尤貫道器. 氣信豪放, 道更精詣. 集義生氣, 氣配道義. 道氣合一, 文響天地."

(1) 경오자본의 판식과 가치

경오자는 세종 32년(1450)에 안평대군安平大君의 글씨를 자본字本으로 하여 만든 동활자銅活字이다. 이 활자는 성현成俔이 『용재총화慵齋叢話』에서 문종 2년(1452)에 경자자庚子字를 다시 녹여 안평대군에 명하여 자본字本을 쓰게 하고 이름을 임신자壬申字라고 하였다는 말을 근거로 임신자라고 일컬어 왔다. 그러나 최근에 일본의 족리足利 학교에서 경오자본인 『고금역대십팔사략古今歷代十八史略』의 권말에 '경태 이년 팔월 일 인출景泰 二年 八月 日 引出'이라고 부기되어 있는 것과, 서거정徐居正의 『필원잡기筆苑雜記』에 '세종 말년에 안평대군이 쓴 글자'라고 명시되어 있는 것을 근거로, 이 활자가 세종이 훙거한 32년(1450) 경오庚午 2월 17일 이전에 주조가 시작된 것으로 인정하고 있다.[20]

『세종실록』에는 1450년 윤1월조에 예겸이 옥대玉帶 일요一腰와 산호珊瑚 일지一枝 등을 바친 일[21]이 기록되어 있는 것으로 보아, 예겸은 이때 자신이 가져온 『상설고문진보대전』도 함께 진상했을 것으로 판단된다. 또한, 『단종실록』에는 1452년 8월 8일에 『십팔사략』과 『고문진보』를 반사[22]한 기록이 있는데, 이로 보아 『상설고문진보대전』은 늦어도 1542년 8월 이전에 경오자로 간행된 것으로 추정된다.

경오자는 세조 원년(1455)에 을해자乙亥字를 주조할 때 녹여 사용함으로써 폐기되었다. 따라서 경오자는 6년밖에 사용되지 못하였으

---

[20] 金斗鍾, 『韓國古印刷技術史』(탐구당, 1974), 151~152쪽.
[21] 『世宗實錄』(국사편찬위원회) 권127, 32년 閏正月 5日條. "倪謙進玉帶一腰, 珊瑚一枝, 紗十四匹, 紵絲四匹, 瑪瑙條環六箇, 龍腦龍骨等諸般藥材."
[22] 『端宗實錄』(국사편찬위원회) 권4, 卽位年 8月 8日條. "頒賜十八史略·古文眞寶."

므로 그 인본印本이 별로 많지 않다. 현재까지 알려진 경오자본은 『상설고문진보대전』과 『고금역대십팔사략古今歷代十八史略』, 『역대병요歷代兵要』, 『효경대의孝經大義』 번각본 등이 있을 뿐이다.[23]

경오자본 『상설고문진보대전』은 안평대군의 서체라는 것과 함께 남아 있는 판본이 적은 것으로 인하여 후대에 매우 귀중한 서책으로 인정받았다. 이러한 사실은 선조 34년(1601)에 이진형李震亨이 경오자본 『상설고문진보대전』을 진상하여 관직을 받거나,[24] 1603년에 사정司正 이희원李希愿이 같은 책을 진상하여 숙마熟馬 1필을 받은 것[25]을 통해 확인할 수 있다. 경오자본은 후에 목판으로 복각되었는데, 현재 그 일부가 국립중앙도서관에 『후집』 권4[26]와 고려대도서관에 『후집』 권5[27]가 일부 결락된 상태로 남아 있다.

필자가 확인한 경오자본의 판식과 소장처를 간략하게 표로 제시하면 다음과 같다.

〈표 13〉 경오자본의 판식과 소장처

간행활자	판식	구분	권수	소장처	관리번호
庚午字	四周單邊, 半郭 21.9×14.9㎝, 有界, 9行 15字 註雙行, 上下內向黑魚尾; 30㎝, 版心題; 眞寶大全卷〇	전집	9~12	연세대도서관	고서(귀)8160
		후집	1	서울대규장각	가람古895 · 108G586j
			2~3	고려대도서관	만송貴655
			7~10	연세대도서관	고서貴8220
			10	고려대도서관	화산貴6510

23) 千惠鳳, 「庚午字」, 『민족문화대백과사전2』(한국학중앙연구원, 1991), 31쪽.
24) 『宣祖實錄』(국사편찬위원회) 권135, 34年 3月 19日條. "近日李震亨進安平字古文眞寶, 具奏進左俸, 以書冊進上, 皆命除職."
25) 『宣祖實錄』 권139, 36年 12月 99日條. "司正李希愿, 進安平字古文眞寶七冊, 命賜熟馬一匹."
26) 국립중앙도서관 소장, 『詳說古文眞寶大全後集』(경오자복각본, 문서번호 : 일산貴3745-35.) 권4.
27) 고려대도서관 소장, 『詳說古文眞寶大全後集』(경오자복각본, 문서번호 : 화산貴65A) 권5.

연세대도서관에는 경오자본 『전집』 권9~12[28](〈사진 5〉)와 『후집』 권7~10이 일부 결락된 상태로 소장되어 있다. 또한, 서울대규장각에 경오자본 『후집』 권1이 일부 결락된 상태로 소장되어 있다. 그리고 고려대도서관에 『후집』 권2~3과 권10[29](〈사진 6〉)이 일부 결락된 상태로 소장되어 있는데, 권10의 뒤에는 화산華山 이성의李聖儀 선생이 경오자본 간행경위를 쓴 발문이 붙어 있다. 이 밖에 경오자본은 이경희 선생이 『전집』 권7~8(보물 제967호)을 소장하고 있고, 강태영 선생이 『후집』 권3~6(서울특별시 유형문화재 제88호)을 소장하고 있으며, 성암고서박물관에도 『전집』 일부가 소장되어 있는 것으로 알려져 있다.

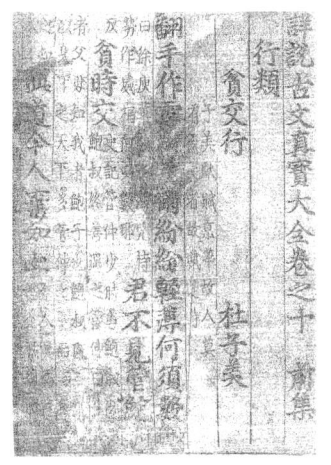
〈사진 5〉 경오자본
『전집』(연세대도서관)

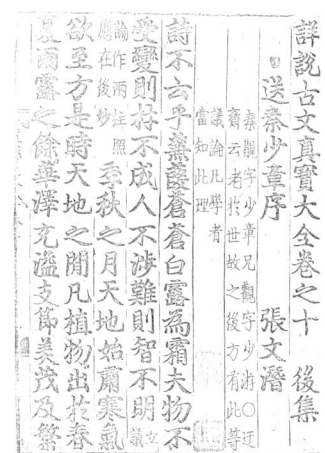
〈사진 6〉 경오자본
『후집』(고려대도서관)

---

28) 연세대도서관 소장, 『詳說古文眞寶大全前集』(경오자본, 문서번호 : 고서(귀)8160) 권9~12.
29) 고려대도서관 소장, 『詳說古文眞寶大全後集』(경오자본, 문서번호 : 만송貴655) 권10.

경오자본의 판식은 외곽外郭이 사주단변四周單邊으로 되어 있고, 반곽半郭의 크기는 21.9×14.9㎝이며, 항수行數와 자수字數는 9행 15자이다. 또한, 주註는 쌍행雙行으로 되어 있고, 어미魚尾는 상하내향흑어미上下內向黑魚尾이며, 판심版心 제목은 '진보대전眞寶大全'으로 표기되어 있다.

앞서 살폈듯이 예겸은 1450년에 명나라 사신으로 조선에 와서 『상설고문진보대전』을 진상하였다. 그는 "도는 말에 의탁하지 않으면 이가 스스로를 밝히지 못하고, 말은 도를 싣지 않으면 문이 멀리 가지 못한다."[30]라고 말하여 진력과 같이 도학적 문학관을 견지하였다. 예겸은 진력이 편찬한 『비점고문』을 중심으로 편찬된 『상설고문진보대전』이 고도의 철학적 사유에 기초한 도학적 문학관이 주도면밀하게 적용되어 있다고 보고, 조선에 사신으로 와서 이 책을 세종에게 진상하였다.

조선 조정에서는 이 책에 수록된 시문들이야말로 조선의 문인학자들이 지향했던 도학적 문학관을 구현할 수 있는 전형적 모델이라고 생각하고, 예겸에게서 이 책을 받은 지 2년도 못되어 막 주조가 끝난 경오자로 간행하였다. 따라서 경오자본 『상설고문진보대전』이 당시 조선의 문단에 끼친 영향은 앞서 1419년에 옥천군수 이호에 의해 지방관청에서 간행된 『선본제유전해고문진보』와는 비교하기 어려울 정도로 컸을 것으로 판단된다.

---

[30] 倪謙, 「艮菴文集序」, 『倪文僖集』(문연각사고전서, 1245책) 권16, 張17. "言之成章者也, 道理之無形者也. 道非託于言, 其理不能自明, 言非載夫道, 其文不能行遠."

(2) 갑인자본의 유형과 특징

갑인자는 세종 16년(1434)에 경연經筵 소장의 『효순사실孝順事實』, 『위선음즐爲善陰騭』, 『논어』 등을 자본으로 하고 부족한 것은 진양대군 이유李瑈가 써서 만든 것이다. 갑인자는 진체晉體인 위부인체衛夫人體로서 방정한 해서체楷書體로 되어 있다. 이 갑인자는 관판官版 주자鑄字 중에서 가장 오래 사용되었으며, 수차로 개주되어 거의 400여년에 걸쳐 사용되어 왔다.[31]

『상설고문진보대전』이 처음 갑인자로 간행된 시기를 확인하는 작업은 쉽지 않는데, 필자가 조사한 5종의 갑인자본『상설고문진보대전』의 판식과 소장처를 간략하게 표로 제시하면 다음과 같다.

〈표 14〉 갑인자본 『상설고문진보대전』 5종의 판식과 소장처

간행자	판식	구분	권수	소장처	관리번호
初鑄 甲寅字	四周雙邊, 半郭 25×17.1㎝, 有界, 10行17字 註雙行, 上下內向花紋魚尾; 36×22.6㎝, 版心題; 眞寶大全	전집	9	서울대규장각	古貴895.108H991g
		후집	4~5, 8~10	연세대도서관	고서貴819.0
癸酉字 (再鑄 甲寅字) (추정)	四周單邊, 半郭 25×17.4㎝, 有界, 10行17字 註雙行, 上下內向花紋魚尾; 34.6×22.2㎝, 版心題; 眞寶前(後)集	전집	1~3, 9~12	서울대규장각	古895.18H991s
戊申字 (四鑄 甲寅字)	四周雙邊, 半郭 24.5×17.3㎝, 有界, 10行17字 註雙行, 上下內向2-3葉花紋魚尾; 33.9×22.5㎝, 版心題; 眞寶前(後)集	전집	1~4	국립중앙도서관	한古朝43-나15
		후집	1	국립중앙도서관	古3745-185
			7~9	서울대규장각	古895.18H991S
壬辰字 (五鑄 甲寅字)	四周單邊, 半郭 24.8×16.8㎝, 有界, 10行17字 註雙行, 上下內向花紋魚尾; 34×21.6㎝, 版心題; 眞寶前(後)集	전집	1~12	서울대규장각	一蓑古895.108G586jd
		후집	1~10		
丁酉字 (六鑄 甲寅字)	四周單邊, 半郭 24.9×16.9㎝, 有界, 10行17字 註雙行, 上下內向花紋魚尾; 34.9×22.5㎝, 版心題; 眞寶前(後)集	전집	1~12	국립중앙도서관	일산古3745-61
		후집	1~10		

---

31) 金斗鍾, 『韓國古印刷技術史』, 145쪽.

초주갑인자는 선조 6년(1573)에 재주될 때까지 140여년에 걸쳐 사용되었기 때문에 전해지고 있는 인본의 종류가 많다. 그러나 현재까지 남아 있는 5종의 갑인자로 간행된『상설고문진보대전』가운데 초주갑인자본으로 생각되는 것은 매우 적다. 필자가 각 도서관에 소장된 판본의 판식으로 보아 서울대규장각에 소장되어 있는『전집』권9[32](〈사진 7〉)와 연세대도서관에 소장되어 있는『후집』권4~5, 권8~10[33](〈사진 8〉)이 초주갑인자본일 것으로 추정된다.

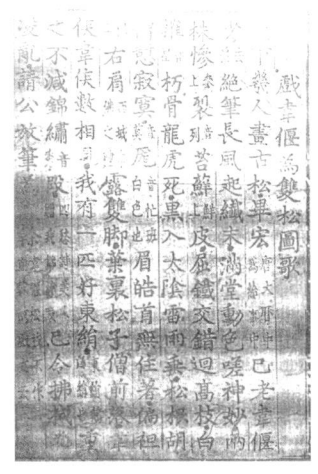
〈사진 7〉 초주갑인자본
『전집』(서울대규장각)

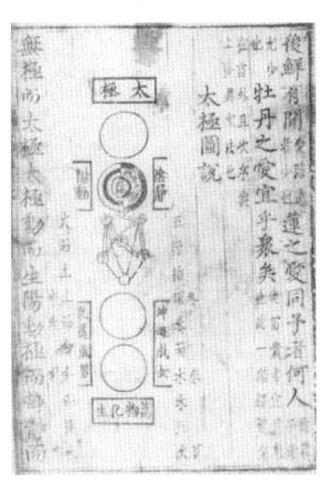
〈사진 8〉 초주갑인자본
『후집』(연세대도서관)

위의 두 판본은 외곽外郭이 사주쌍변四周雙邊으로 되어 있어 경오자본이 사주단변四周單邊으로 되어 있는 것과 다르다. 또한, 행수行數

---

[32] 서울대규장각 소장,『詳說古文眞寶大全前集』(갑인본, 문서번호 : 古貴89.108H991g) 권9.
[33] 연세대도서관 소장,『詳說古文眞寶大全後集』(갑인본, 문서번호 : 고서(귀)818.0) 권8~10.

와 자수字數는 10행 19자로 되어 있어 경오자본의 9행 15자로 되어 있는 것과 차이가 있다. 그리고 어미魚尾가 상하내향화문어미上下內向花紋魚尾로 되어 있어 경오자본이 상하내향흑어미上下內向黑魚尾로 되어 있는 것과는 다르다. 다만 판심제版心題는 '진보대전眞寶大全'으로 되어 있어 경오자본과 같다.

계유자(재주갑인자)는 선조 6년(1573)에 초주갑인자를 다시 주조해 사용한 것이다. 서울대규장각에는 무신자본으로 소개된 『전집』 권1~3과 권9~12, 『후집』 권7~9가 소장되어 있다. 또한, 국립중앙도서관에는 1680년에 반사한 무신자본 『전집』 권1~4가 소장되어 있다. 그러나 같은 무신자본으로 소개된 서울대규장각 소장 『전집』 권1~3과 국립중앙도서관 소장 『전집』 권1~4의 내용을 대조해 보면, 국립중앙도서관 소장본은 서울대규장각 소장본에 비해 주석의 양이 매우 적다.[34)]

또한, 서울대규장각 소장 『전집』 권1 장1 전면에 '전진사 송백정 음석前進士 宋伯貞 音釋, 후학 경조 유염 교정後學 京兆 劉剡 校正, 동양 진덕 첨씨 간행東陽 進德 詹氏 刊行'[35)](〈사진 9〉)이라고 표기되어

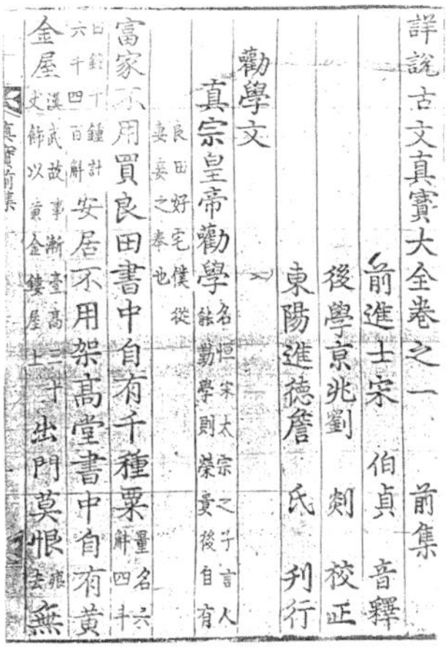
詳說古文眞寶大全卷之一 前集
前進士宋 伯貞 音釋
後學京兆劉 剡 校正
東陽進德詹 氏 刊行
勸學文
眞宗皇帝勸學
富家不用買良田書中自有千種粟
安居不用架高堂書中自有黃
金屋 出門莫恨無

〈사진 9〉 계유자본 『전집』(서울대규장각)

---

34) 국립중앙도서관에는 임진란 이후에 목활자로 제작한 훈련도감자본 『전집』 권1~5(문서번호 : 古3745-132)가 소장되어 있다. 이곳에도 대전본 『전집』의 주석이 그대로 있는 것으로 보아, 대전본 『전집』의 주석이 대폭 생략된 것은 적어도 훈련도감자본이 간행된 이후일 것으로 추정된다.

있으나, 국립중앙도서관 소장 『전집』 권1 장1 전면에 '동양 진덕 첨씨 간행東陽 進德 詹氏 刊行'[36](〈사진 10〉)이 삭제되어 있다. 이로 보아 국립중앙도서관에 소장된 무신자본 『전집』 권1~4는 무신자로 간행된 것이고, 서울대규장각에 소장된 『전집』 권1~3은 초주갑인자나 계유자(재주갑인자), 또는 무오자(삼주갑인자)로 간행된 것으로 추정할 수 있다.

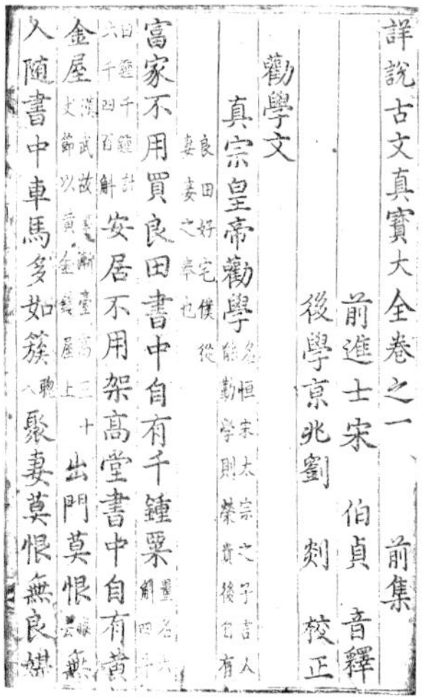
詳說古文眞寶大全卷之一 前集

前進士宋 伯貞 音釋

後學京兆劉 剡 校正

勸學文

眞宗皇帝勸學

富家不用買良田書中自有千鍾粟

安居不用架高堂書中自有黃金屋

出門莫恨無人隨書中車馬多如簇

娶妻莫恨無良媒

〈사진 10〉 무신자본 『전집』(국립중앙도서관)

그런데 초주갑인자본의 판심제는 〈사진 8〉과 같이 '진보대전眞寶大全'으로 표기되어 있어, 서울대규장각 소장 『전집』의 판심제가 '진보전집眞寶前集'(〈사진 9〉)으로 표기된 것과는 다르다. 또한, 무오자는 임진왜란 후의 어려운 사정 속에 개주되었기 때문에 그 규모가 작았으며, 1624년 이괄의 난으로 활자가 흩어져 없어진 사실[37]로 미루어 『상설고문진보대전』이 무오자로 간행되었을 가능성은 매우 적다. 이로 보아 서울대규장각에 무신자본으로 기록되어 있는 『전집』 권1~3과 권9~12는 계유자로 간행된 판본일 가능성이 크다.

35) 서울대규장각 소장, 『詳說古文眞寶大全前集』(계유자본, 문서번호 : 895.18H991s) 권1.

36) 국립중앙도서관 소장, 『詳說古文眞寶大全前集』(무신자본, 문서번호 : 한古朝43-나15) 권1.

37) 무오자(삼주갑인자)는 1617년에 주자도감을 설치하고 주조를 시작하여 1618년에 완성되었다. 현재 이 무오자로 찍어낸 책은 『서전대전』과 『시전대전』만이 전해지고 있다(千惠鳳, 「甲寅字」, 『민족문화대백과사전1』(한국학중앙연구원), 363쪽).

무신자(사주갑인자)는 현종 9년(1668)에 호조와 병조의 물자 및 인력을 사용하여 수어청에서 주조한 동활자이다. 국립중앙도서관에 소장된 『전집』 권1~4(〈사진 10〉)의 표지에 '강희 십구년 오월 이십삼일 내사 병조좌랑 이기만 고문진보전후집 일건康熙 十九年 五月 二十三日 內賜 兵曹佐郞 李耆晩 古文眞寶前後集 一件'이라는 내사기가 있는 것으로 보아, 이 책은 1668년에 재주된 무신자로 인쇄하여 1680년에 반사된 것으로 추정된다. 이 무신자본은 외곽外郭이 사주쌍변四周雙邊으로 되어 있는데, 나머지 갑인자본 중에서 초주갑인자본과 무신자본만이 외곽外郭이 사주쌍변四周雙邊으로 되어 있다.

앞서 살폈듯이 무신자본, 임진자본, 정유자본은 『전집』의 주석이 대폭 축약되어 있는데, 이들 판본에서 외곽外郭이 사주쌍변四周雙邊으로 되어 있는 것은 무신자본이 유일하다. 또한, 무신자본은 어미魚尾가 2엽화문어미二葉花紋魚尾에 간혹 3엽화문어미三葉花紋魚尾가 섞여 있는데, 이는 4종의 갑인자본이 모두 2엽화문어미二葉花紋魚尾로만 되어 있는 것과 구별된다.

임진자(오주갑인자)는 영조 48년(1772)에 초주갑인자본 『심경心經』과 『만병회춘萬病回春』을 자본으로 15만자를 주조하여 예각藝閣에 보관한 동활자이다. 이 활자는 현재 국립중앙박물관과 고려대박물관에 조판 실물이 남아 있다. 현재 서울대규장각에는 임진자본이 7책 완질[38](〈사진 11〉)로 소장되어 있는데, 이 판본은 『후집』의 10권이 『문장궤범文章軌範』과 함께 묶여 있어 주목된다. 그러나 무신자보다 먼저 목활자로 제작된 훈련도감자본 『후집』[39]에도 『후집』 10권과

---

[38] 서울대규장각 소장, 『詳說古文眞寶大全』(임진자본, 문서번호: 一簑古895,108G586jd).
[39] 국립중앙도서관 소장, 『詳說古文眞寶大全』(훈련도감자본, 문서번호: 古貴3745-129).

『문장궤범』이 묶여 있는 것으로 보아, 임진자본이 간행되기 전에 이미 『문장궤범』이 『후집』의 부록으로 추가된 것으로 추정된다.

무신자본은 「상설고문진보대전성씨사략詳說古文眞寶大全姓氏事略」의 마지막 장 제4행에 '상설고문진보대전성씨사략필詳說古文眞寶大全姓氏事略畢'로 표기되어 있으나, 임진자본은 같은 장 제10행에 '필畢'을 '종終'으로 바꾸어 '상설고문진보대전성씨사략종詳說古文眞寶大全姓氏事略終'으로 표기되어 있다.

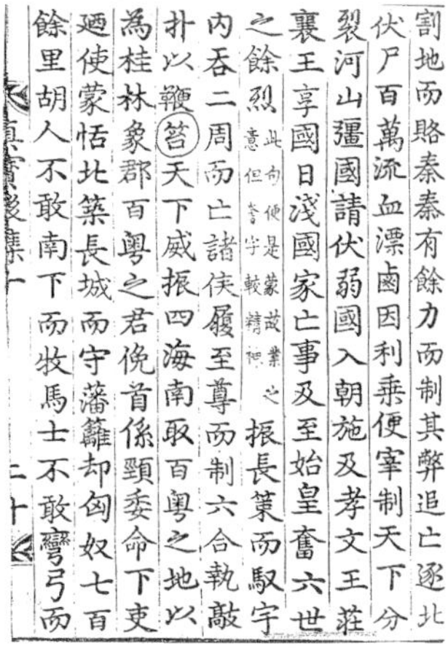
割地而賂秦秦有餘力而制其弊追亡逐北
伏尸百萬流血漂鹵因利乘便宰制天下分
裂河山彊國請伏弱國入朝施及孝文王莊
襄王享國日淺國家亡事及至始皇奮六世
之餘烈此句使是蒙故業之意但言字較精神振長策而馭宇
內吞二周而亡諸侯履至尊而制六合執敲
扑以鞭笞天下威振四海南取百粤之地以
為桂林象郡百粤之君俛首係頸委命下吏
迺使蒙恬北築長城而守藩籬却匈奴七百
餘里胡人不敢南下而牧馬士不敢彎弓而

〈사진 11〉 임진자본 『후집』(서울대규장각)

정유자(육주갑인자)는 정조 1년(1777)에 초주갑인자를 자본으로 15만 자를 가주加鑄하여 만든 동활자이다. 이 활자는 1857년 8월 주자소에 화재가 발생하여 모두 소실하였다. 정유자본 『상설고문진보대전』은 1782년에 간행되었는데, 국립중앙도서관에는 정유자본 7책이 완질[40](〈사진 12〉)로 소장되어 있다.

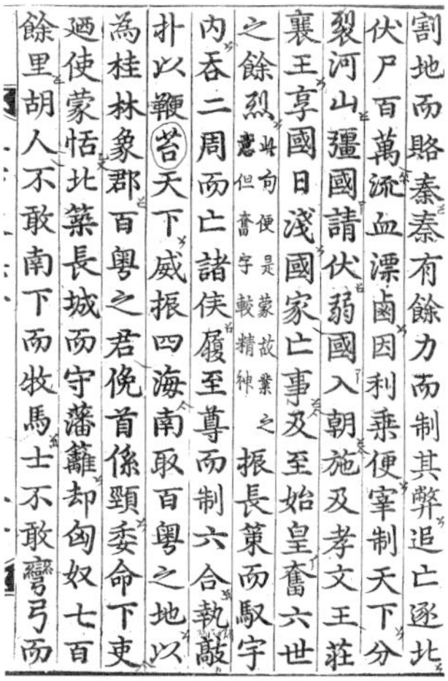
割地而賂秦秦有餘力而制其弊追亡逐北
伏尸百萬流血漂鹵因利乘便宰制天下分
裂河山彊國請伏弱國入朝施及孝文王莊
襄王享國日淺國家亡事及至始皇奮六世
之餘烈此句使是蒙故業之意但書字較精神振長策而馭宇
內吞二周而亡諸侯履至尊而制六合執敲
扑以鞭笞天下威振四海南取百粤之地以
為桂林象郡百粤之君俛首係頸委命下吏
迺使蒙恬北築長城而守藩籬却匈奴七百
餘里胡人不敢南下而牧馬士不敢彎弓而

〈사진 12〉 정유자본 『후집』(국립중앙도서관)

임진자본과 정유자본은 판식이 모두 동일하다. 따라서 임진자본과 정유자본을 구별하기 위해서는 원문과 주석의 글자를 대조해 보아야 한다. 그 한 예로 임진자본『후집』권1 장20(〈사진 11〉) 전면 7행 4번째 글자는 '笞'로 되어 있으나, 정유자본(〈사진 12〉)은 같은 곳의 글자가 '苔'로 되어 있는 것을 들 수 있다. 이 밖에 정유자본은 『후집』권2 장3 후면 7행 4번째의 '籙'(↔籘), 권3 장16 후면 3행 7번째의 '勃'(↔渤), 권5 장24 후면 3행 1번째의 '捐'(↔損), 권6 장20 전면 1행 13번째의 '脫'(↔悅), 권8 장13 전면 5행 12번째의 '不'(↔之) 등의 글자가 서로 다르게 되어 있다.

(3) 갑인자 번각본과 중간본

초주갑인자로 간행된『상설고문진보대전』은 중앙과 지방 관청에서 목판으로 번각되었다. 현재 일본 국립공문서관에는 내각문고에 3종의 목판본『상설고문진보대전』이 소장되어 있다. 그중 2종은 『전집』 3책[41](〈사진 13〉)과 『후집』 4책[42](〈사진 14〉)으로 이루어져 있다. 『전집』1책(권1~4)의 표지에 '융경원년 유월 ○일 내사 행부호군 이광진 고문진보일건 명

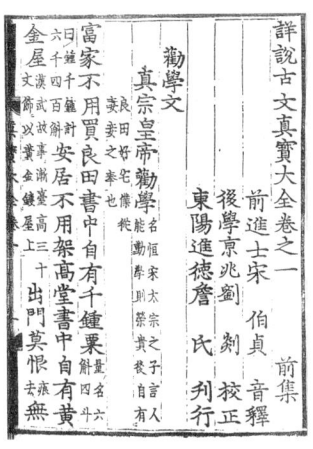

〈사진 13〉 갑인자번각본
『전집』(일본 내각문고)

---

40) 국립중앙도서관 소장,『詳說古文眞寶大全』(정유자본, 문서번호 : 일산고3745-61).
41) 일본 내각문고 소장,『詳說古文眞寶大全前集』(갑인자번각본, 문서번호 : 別27-1).
42) 일본 내각문고 소장,『詳說古文眞寶大全後集』(갑인자번각본, 문서번호 : 362-12).

제사은 좌승지 신 박순隆慶元年 六月 ○日 內賜 行副護軍 李光軫 古文眞寶
一件 命除謝恩 左承旨 臣 朴淳'이라는 내용의 내사기가 실려 있다. 이
책은 당시 좌승지로 있던 박순이 임금의 명에 의해 부호군副護軍 이
광진李光軫에 내사한 것으로, 융경 원년이라고 기록한 내사기로 보아
1567년(명종 22) 중앙 관청에서 초주갑인자본을 번각한 것으로 추정
된다. 『후집』의 끝에는 가정 3년(1524) 8월에 소세현蕭世賢이 쓴 「각
독서록발刻讀書錄跋」이 붙어 있다.[43]

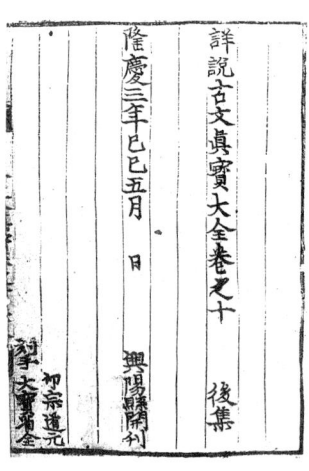

<사진 14> 갑인자번각본　　　<사진 15> 갑인자번각본
『후집』(일본 내각문고)　　　『후집』(일본 내각문고)

내각문고에 소장되어 있는 다른 1종은 『후집』 4책이다.[44] (<사진
15>) 이 책은 마지막 장 6행에 "융경 삼년 을사 오월 일 홍양현 개간

---

43) 이 글은 소세현의 「刻讀書錄跋」은 『讀書錄』에 대한 발문을 붙여 놓은 것으로, 앞의 『상설
　　고문진보대전후집』과는 조판의 형식이 서로 다르고 내용 또한 관련이 없다.
44) 일본 내각문고 소장, 『詳說古文眞寶大全後集』(갑인자번각본, 문서번호 : 362-26).

隆慶 三年 乙巳 五月 日 興陽縣 開刊"이라는 간기가 있는 것[45])으로 보아, 1569년(선조 2)에 흥양현興陽縣(전라남도 고흥군)에서 초주갑인자본을 번각한 것으로 추정된다.

현재 국립중앙도서관에는 1796년에 전이채가 태인에서 간행한 『상설고문진보대전후집』 권10[46])(〈사진 16〉)이 소장되어 있다. 이 책의 10권 마지막 부분에는 3년(1472)에 쓴 「고문진보발」을 시작으로 양몽설梁夢說과 내옹耐翁의 발문 2편이 연이어 실려 있다. 이들 발문의 내용에 따르면 『상설고문진보대전』은 모두 3차례에 걸쳐 목판으로 간행되었다. 먼저 김종직은 「고문진보발」에서 전 진양晋陽(경상남도 진주) 감사인 이서장李恕長이 금속활자는 인쇄할 때마다 활자들이 마모되어 오래가지 못하는 것을 개탄하고, 집안에서 전해오고 있던 금속활자본 『상설고문진보대전』 1질을 현 진양감사인 오백창吳伯昌에게 맡기면서 목판으로 간행할 것을 권하였고, 목사 권량權良과 판관 최영崔榮이 이를 목판으로 간행하였다[47])고 하였다.

한편 김종직의 발문 뒤에 수록된 양몽설이 쓴 발문에 따르면 용성龍城(전라북도 남원) 지역에 사는 이도길李道吉 등 두세 명의 선비가 권량과 최영이 1472년에 중간한 목판본을 목판으로 간행하려 하였는데, 이를 가상하게 여긴 전 순찰사 최권崔瓘과 현 순찰사 이충李冲, 부윤 이형욱李馨郁 등이 재물을 보태어 1612년(광해군 4) 7월에 이를 중간하였다[48])고 하였다. 또한 내옹이 쓴 발문에는 전록생의 후손인

---

45) 같은 곳 9행과 10행 하단에 각각 '印宗道原'과 '刻手 大寶省全'이라고 표기되어 있다.
46) 국립중앙도서관 소장, 『詳說古文眞寶大全後集』(갑인자중간본, 문서번호 : 古貴3747-74) 권10.
47) 金宗直, 「古文眞寶跋」, 『詳說古文眞寶大全後集』(국립중앙도서관 소장) 권10, 張27. "然而此書不能盛行于世, 盖鑄字隨印隨壞, 非如板本一完之後, 可恣意以印也. 前監司李相公恕長, 嘗慨于玆, 以傳家一帙, 囑之晋陽今監司吳相公伯昌, 繼督牧使權公良, 判官崔侯榮, 敬承二相之志, 力調工費, 未暮月而訖功."

아전 전이채田以采가 여러 족친과 함께 태인泰仁(전라북도 정읍)에서 1796년(인종 1)에 중간하였다[49]고 하였다.

앞서 김종직이 발문에서 말한 이서장이 소장하고 있던 금속활자본은 그 간행시기로 보아 1434년에 주조된 초주갑인자이거나 1450년에 주조된 경오자로 간행된 것으로 추정된다. 이를 확인할 수 있는 방법으로 1796년에 전이채가 태인에서 간행한 『후집』(古과 3747-74)(〈사진 16〉)을 고려대에 소장되어 있는 경오자본『후집』(〈사진 5〉)과 연세대에 소장되어 있는 초주갑인자본『후집』(〈사진 8〉)의 판식을 비교하는 것이 있다.

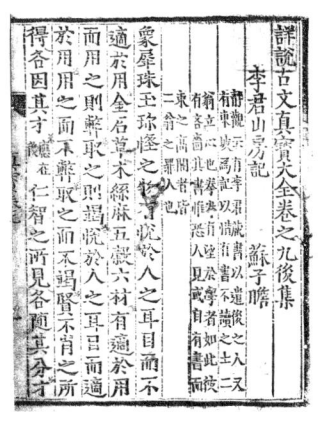

〈사진 16〉 갑인자중간본 『후집』(국립중앙도서관)

〈사진 16〉에서 보듯이 국립중앙도서관본은 초주갑인자본과 같이 행수와 자수가 10행 17자로 되어 있어, 9행 15자로 되어 있는 경오자본과 차이가 있다. 이로 보아 1472년에 간행된 목판본은 초주갑인자본을 중간한 것이며, 이 초주갑인자본은 적어도 목사 권량과 판관 최영이 목판으로 간행한 1472년 이전에 나온 것으로 추정된다.

---

48) 梁夢說,「古文眞寶跋」,『詳說古文眞寶大全後集』(국립중앙도서관 소장) 권10, 張29. "李君道吉與二三士人, … 乃求古文前後集善本, 始刊焉. 前巡相崔公瓘, 今巡相李公冲, 府尹李公馨郁, 實濟以財力, 而諸君募刊之之, 可尙已."

49) 耐翁,「古文眞寶跋」,『詳說古文眞寶大全後集』(국립중앙도서관 소장) 권10, 張30. "眞寶之刊, 行東方者, 田埜隱, 實爲之倡, 後又有繼刊者, 不過爲二本而止已. 至今幾百年, 板壞字缺, 將無以行于世矣. 衘前田以采, 以埜隱遺裔, 慨是書之剗毁不傳, 遂與諸族親, 鳩財繕寫, 重入刊剞. 噫! 胥吏之流, 能知古文之爲寶也. 闡埜隱之餘功, 未數月而工告完, 印本一出, 又將壽於世矣. 余於其年, 適守玆土, 嘉其誠, 而識其事, 俾後人讀斯書者, 知斯人之能繼前武焉, 歲丙辰孟夏, 耐翁書."

앞서 살폈듯이 『상설고문진보대전』은 예겸이 조선에 사신으로 와서 세종에게 진상한 이후 중앙관청에서 적어도 5차에 걸쳐 갑인자로 간행되었고, 중앙과 지방관청에서 1567년과 1569년에 2차에 걸쳐 초주갑인자본이 번각되었으며, 1472년과 1612년, 1796년에 진주, 남원, 정읍 등에서 3차에 걸쳐 갑인자본이 중간되었다.

조선 중기의 문장가인 유몽인柳夢寅은 『어우야담於于野談』에서 "조선의 어린아이들은 모두 『십구사략十九史略』과 『고문진보』를 입학의 문으로 삼는다."[50]라고 말하였다. 이와 같이 조선시대에 『상설고문진보대전』이 조선에 널리 유행한 것은 조선 말기까지 이 책이 중앙관청에서 수차에 걸쳐 개주된 금속활자로 간행되고, 곧이어 금속활자본이 지방에서 목판으로 번각되거나 중간되어 전국적으로 널리 유통한 데 힘입은 것이다.

3) 금속활자본의 교감

현재 대만 중앙도서관에는 정유자본 『상설고문진보대전』을 찍을 때 교정쇄본으로 활용된 판본이 7책 완질로 소장되어 있는데, 그 내용을 살펴보면 이 책이 얼마나 정밀한 교정 과정을 거쳤는지를 알 수 있다. 중앙관청에서 활자로 찍어낸 관본은 임금에게 진상해야 하기 때문에 감교관의 원문 교정과 감인관의 인쇄 공정이 매우 철저하다.

또한, 활자본은 목판본과 달리 활자를 식자하기 때문에 글자를 가지런히 잡거나 인면의 높이를 맞추는 경우가 많이 발생하므로, 감

---

[50] 柳夢寅,「文藝」,『於于野談』(경문사) 권3, 張36. "且我國童穉之學, 皆以十九史略, 古文眞寶, 爲入學之門."

교관이 오자・탈자 등 인문 착오나 인쇄가 바르지 못한 것을 지적해 홍필로 적어 놓는다. 이어 감인관은 창준唱准과 수장守藏에게 인문 착오나 바르지 못한 글자를 교체하도록 명하고, 균자장均字匠과 인출장印出匠에게 깨끗하지 못한 인쇄 상태를 손질하도록 명한다.[51]

위와 같은 과정을 거쳐 간행된『상설고문진보대전』의 교감 내용을 알아보기 위해, 경오자본과 5종 갑인자본『후집』8권의 약자와 이체자를 비교해보면 다음과 같다.

〈표 15〉 경오자본 및 갑인자본『후집』8권의 약자와 이체자

작품명	구분	경오자본	갑인자본*	계유자본	무신자본	임진자본	정유자본
潮州韓文公廟碑	주석	与吳子野書	與	與	與	與	與
	주석	衆說尽廢	盡	盡	盡	盡	盡
	원문	天地之閒	間	間	間	間	間
前赤壁賦	주석	可与造物遊者	與	與	與	與	與
	주석	江漢之閒	間	間	間	間	間
	주석	与齊安之步下者	與	與	與	與	與
	원문	斗牛之閒	間	間	間	間	間
	주석	江夏縣西属	屬	屬	屬	屬	屬
	주석	鞍馬閒爲文	間	間	間	間	間
	원문	况吾與子	況	況	況	況	況
	원문	擧匏樽以相属	屬	屬	屬	屬	屬

---

51) 朴現圭,「18世紀 後半 韓・中 校正刷本『詳說古文眞寶大全』과『國語』에 대한 調査 分析」,『계간서지학보』(한국서지학회, 1993) 11, 162~163쪽. 박현규 교수가 조사한 몇 가지 교정 예를 살펴보면, 먼저 본문 글자가 틀린 경우 해당 글자 위에 ○표를 하였고, 빠진 글자를 첨가할 경우에는 해당하는 곳에 글자를 적었다. 또한, 본문의 글자를 삭제할 경우 해당 글자를 먹으로 지웠고, 인쇄가 깨끗하지 못할 경우 해당 부분에 일직선을 그었다. 그리고 지정된 위치로 행을 옮길 때는 ⊥⊥표를 하였고, 글자를 가지런히 잡아두는 경우 해당 글자의 방향 따라 ├, ┤, ┬, ⊥로 표시하였다.

작품명	구분	내용					
	원문	盖將自其變者	蓋	蓋	蓋	蓋	蓋
	원문	山閒之明月	間	間	間	間	間
後赤壁賦	원문	將歸于臨皐	皐	皐	皐	皐	皐
	원문	行歌相荅	答	答	答	答	答
	원문	狀如松江之鱸	狀	狀	狀	狀	狀
	주석	景与秋景不同	與	與	與	與	與
	원문	扳棲鶻之危巢	攀	攀	攀	攀	攀
	원문	聽其所止而伓焉	休	休	休	休	休
	원문	四顧寂寥	顧	顧	顧	顧	顧
	원문	過臨臯之下	皐	皐	皐	皐	皐
	원문	俛而不荅	答	答	答	答	答
	주석	用呉人膾松江之鱸	吳	吳	吳	吳	吳
祭歐陽公文	주석	施之它人	他	他	他	他	他
	원문	赤子無所仰芘	庇	庇	庇	庇	庇
	원문	不肖無狀寅緣	夤	夤	夤	夤	夤
六一居士集序	주석	孟子荅公都子	答	答	答	答	答
	주석	乱臣賊子	亂	亂	亂	亂	亂
	주석	乱秦乱漢	亂·亂	亂·亂	亂·亂	亂·亂	亂·亂
	주석	元豐閒	間	間	間	間	間
	원문	乱周孔之實	亂	亂	亂	亂	亂
	주석	意方尽	盡	盡	盡	盡	盡
	주석	五物之閒	間	間	間	間	間
三槐堂名	원문	復興王氏也歟	歟	歟	歟	歟	歟
	주석	属望其後	屬	屬	屬	屬	屬
	주석	有無尽意	盡	盡	盡	盡	盡
	원문	比李栖筠者	棲	棲	棲	棲	棲
	원문	嗚呼伓哉	休	休	休	休	休
	원문	嗚呼伓哉	休	休	休	休	休
表忠觀碑	주석	封禪書爾	爾	尒	尒	爾	爾
	주석	感之者深( )	爾	尒	尒	爾	爾

	원문	鑄山煮海	煑	煑	煑	煑	煑
	원문	慰荅民心	答	答	答	答	答
	원문	彊弩射潮	强	强	强	强	强
	원문	歲時歸伓	休	休	休	休	休
凌虛臺記	주석	杖其吏不顧	顧	顧	顧	顧	顧
	원문	丘墟隴皷矣	畝	畝	畝	畝	畝
	원문	況於此臺歟	歟	歟	歟	歟	歟
	원문	忽來者歟	歟	歟	歟	歟	歟
	주석	弔其不終	吊	吊	吊	吊	吊
	주석	四顧而望之	顧	顧	顧	顧	顧
계(정유자본 기준)		52	1	5	3	0	0

※ 갑인자본은 일본 내각문고에 소장된 초주갑인자 복각본(별 27-1)을 저본으로 활용하였음.

경오자본은 다른 판본에 비해 약자와 이체자가 매우 많다. 경오자본 8권에 수록된 원문과 주석은 정유자본과 비교해 모두 24자 51회에 달하는 약자와 이체자가 사용되었다. 이 중 '閒'(↔間)이 7회로 가장 많고, '与'(↔與), '荅'(↔答), '伓'(↔休), '乱'(↔亂)이 4회 사용되었으며, '尽'(↔盡), '属'(↔屬), '顾'(↔顧), '欤'(↔歟)가 3회, '臬'(↔皐)이 2회, 그리고 '况'(↔況), '盖'(↔蓋), '状'(↔狀), '扳'(↔攀), '吳'(↔吳), '它'(↔他), '芘'(↔庇), '寅'(↔夤), '栖'(↔棲), '尒'(↔爾), '煮'(↔煑), '彊'(↔疆), '皷'(↔畝), '弔'(↔吊) 등이 1회 사용되었다. 그러나 정유자본과 초주갑인자본은 '芘'(↔庇)만 다르고, 계유자본과 무신자본은 '荅'(↔答)와 '尒'(↔爾)가 2회, '寅'(↔夤)이 1회 등 3자 5회 사용되었다. 임진자본과 정유자본은 약자와 이체자가 전혀 없다.

경오자본과 5종 갑인자본 『후집』 8권의 상이자와 탈자를 비교하면 다음과 같다.

〈표 16〉 금속활자본 『후집』 8권의 상이자와 탈자

작품명	구분	경오자본	갑인자본*	계유자본	무신자본	임진자본	정유자본
潮州韓文公廟碑	주석	大山喬嶽	大	太	太	太	太
	원문	晉楚失其富	晉	秦	晉	晉	晉
	원문	儀秦失其撥	辨	辯	辯	辯	辯
	원문	道喪文弊	弊	弊	獘	弊	弊
	원문	(　)道濟天下	없음	而	而	而	而
	원문	謳吟下詔	詔	招	招	招	招
前赤壁賦	주석	放寓言之莊	放	倣	倣	倣	倣
	주석	大者二十二管	二	一	一	一	一
	주석	與天壤相弊反	反	盡	盡	盡	盡
後赤壁賦	원문	固安所得酒乎	固	顧	顧	顧	顧
	주석	鮑以康谷谷簾泉	谷	谷	谷	王	王
	주석	烹曾溪鬪品	曹	曹	曹	曹	曹
祭歐陽公文	원문	昔公之未用也	昔	없음	없음	없음	없음
	원문	天下已爲病	已	以	以	以	以
六一居士集序	원문	不可加其功	可加	知大	知大	知大	知大
	원문	民不知兵富	不	不	不	之	不
	주석	集錄二代	三	三	三	三	三
三槐堂名	주석	三郞必做三郞	三·三	二·二	二·二	二·二	二·二
	원문	吾是以知天之果	是以	以是	以是	以是	以是
	원문	樓筠(　)子	之	之	之	之	之
表忠觀碑	주석	大玄法言	大	太	太	太	太
	원문	知杭州軍州事	州	없음	없음	없음	없음
	원문	錢氏墳廟	廟	墓	墓	墓	墓
	주석	感之者深(　)	없음	尒	尒	爾	爾
	원문	而蜀江南	而	西	西	西	西
	원문	百年墳廟	廟	墓	墓	墓	墓
	원문	臣顧以龍山	顧	願	願	願	願
	원문	墳廟之在錢塘者	廟	墓	墓	墓	墓
	원문	其院之淨土	院	縣	縣	縣	縣
	원문	絶類離倫	倫	羣	羣	羣	羣

凌虛臺記	주석	暴得一名	一	一	一	大	大
	주석	三不朽之謂乎	三	一	一	三	三
	원문	國於南山之下	國	臺	國	臺	臺
	원문	漢武之長楊五柞	柞	祚	祚	柞	柞
	주석	盧山秦人	盧	盧	廬	盧	盧
	주석	盧敖之所從遊	遊	遊	遊	遁	遁
계(정유자본 기준)			30	26	6	8	1	0

* 갑인자본은 일본 내각문고에 소장된 초주갑인자 복각본(別 27-1)을 저본으로 활용하였음.

　6종의 판본에서 상이자와 탈자가 가장 많은 것은 경오자본이다. 경오자본과 정유자본의 상이자를 비교하면 '廟'(↔墓)가 3회, '大'(↔太)와 '三'(↔二)가 2회, '詔'(↔招), '放'(↔倣), '二'(↔一), '盡'(↔反), '固'(↔顧), '谷'(↔王), '曾'(↔曹), '已'(↔以), '可加'(↔知大), '二'(↔三), '是以'(↔以是), '而'(↔西), '顧'(↔願), '院'(↔縣), '倫'(↔輩), '一'(↔大), '國'(↔臺), '盧'(↔廬), '遊'(↔遁)이 1회 등 모두 22자 26회에 이른다.

　또한, 정유자본에는 있으나 경오자본에 없는 글자는 '而', '之', '爾' 등 3자가 있고, 반대로 경오자본에는 있으나 정유자본에는 없는 글자는 '昔'과 '州' 등 2자가 있다. 그리고 정유자본과 갑인자본의 상이자를 비교하면 '廟'(↔墓)가 3회, '大'(↔太)와 '三'(↔二)가 2회, '辯'(↔辨), '詔'(↔招), '放'(↔倣), '二'(↔一), '盡'(↔反), '固'(↔顧), '谷'(↔王), '已'(↔以), '可加'(↔知大), '是以'(↔以是), '而'(↔西), '院'(↔縣), '倫'(↔輩), '一'(↔大), '國'(↔臺), '盧'(↔廬), '遊'(↔遁)이 1회 등 모두 19자 22회에 이른다.

　한편 정유자본에는 있으나 갑인자본에 없는 글자는 '而', '爾' 등 2자가 있고, 반대로 갑인자본에는 있으나 정유자본에는 없는 글자는 '昔'과 '州' 등 2자가 있다. 그러나 계유자본과 정유자본 사이의 상이

자는 '秦'(↔晉), '谷'(↔王), '一'(↔大), '一'(↔三), '祚'(↔柞),
'遊'(↔遁) 등 7자이고, 정유자본과 무신자본 사이의 상이자는 '辨'
(↔辯), '獘'(↔弊), '谷'(↔王), '一'(↔大), '一'(↔三), '國'(↔
臺), '祚'(↔柞), '遊'(↔遁) 등 8자이며, 정유자본과 임진자본 사이
의 상이자는 '之'(↔不) 1자 1회이다. 그리고 계유자본, 무신자본,
임진자본, 정유자본 등에는 탈자가 하나도 없다. 이로 보아 금속활
자로 간행된 『상설고문진보대전』의 원문과 주석에 대한 대교 감정
이 가장 많이 이루어진 것은 계유자본인 것으로 판단된다.

　이와 같이 6종의 금속활자본이 서로 다른 글자로 조판되어 있는
것은 교정 과정과 인쇄 공정에서의 잘못과 함께 원문의 교감에서
저본으로 활용한 전적이 서로 다른 것에도 원인이 있다. 이를 확인
하기 위해 경오자본과 갑인자본 5종의 『후집』 8권에 수록된 「표충
관비表忠觀碑」의 원문과 『동파전집東坡全集』·『문장궤범文章軌範』·
『숭고문결崇古文訣』·『문편文編』·『당송팔대가문초唐宋八大家文抄』
에 실려 있는 「표충관비」의 원문을 비교하면 다음과 같다.

〈표 17〉 6종 금속활자본 및 5종 전적의 「표충관비」 원문 비교

금속활자본						전적			
경오자본	갑인자본*	계유자본	무신자본	임진자본	정유자본	동파전집	문장궤범	숭고문결	문편	당송팔대가문초
知杭州軍州事	州	없음	없음	없음	없음	州	없음	州	州	州
錢氏墳廟	廟	墓	墓	墓	墓	廟	廟	廟	廟	廟
而蜀江南	而	西	西	西	西	而	西	西	而	而
臣願以龍山	願	願	願	願	願	願	願	願	願	願
其院之淨土	院	縣	縣	縣	縣	縣	院	縣	縣	縣
絶類離倫	倫	羣	羣	羣	羣	羣	倫	羣	羣	羣

* 갑인자본은 일본 내각문고에 소장된 초주갑인자 복각본(別 27-1)을 저본으로 활용하였음.

6종의 금속활자본에 실린 「표충관비」와 5종의 전적에 실린 「표충관비」의 원문에 글자가 서로 다른 것은 다음과 같이 두 가지 유형으로 나뉜다.
　　첫째, 6종의 판본에 서로 다르게 사용되고 5종의 전적에서도 서로 다른 글자로 되어 있는 경우이다. 그 예로 '군주사軍州事'에서 경오자본과 갑인자본에만 있는 '州'는 『문장궤범』을 제외한 4종의 전적에는 모두 빠져 있다. 또한, '절류이륜絶類離倫'에서 경오자본과 갑인자본에만 있는 '倫'은 『문장궤범』을 제외한 4종의 전적에 모두 '羣'으로 되어 있고, '기원지정토其院之淨土'에서 경오자본과 갑인자본에만 있는 '院'은 『숭고문결』을 제외한 4종의 전적에는 모두 '縣'으로 되어 있다. 그리고 '이촉강남而蜀江南'에서 경오자본과 갑인자본에만 있는 '而'는 『동파전집』, 『문편』, 『당송팔대가문초』에 모두 '而'로 되어 있다.
　　둘째, 6종의 판본에서는 서로 다르게 사용되었으나 5종의 전적에서는 모두 동일한 글자로 되어 있는 경우이다. 그 예로 '신고이용산臣顧以龍山'에서 경오자본에 나오는 '顧'는 5종의 전적에서는 모두 '願'으로 되어 있다. 이 경우 경오자본에 나오는 '顧'는 '願'의 오자일 가능성이 크다. 또한, '전씨분묘錢氏墳廟'에서 경오자본과 갑인자본에만 나오는 '廟'는 나머지 3종의 판본에서는 '墓'로 되어 있는데, 5종의 전적에서는 모두 '廟'로 되어 있다. 이 경우는 원문을 교감하면서 저본의 내용과는 상관없이 문맥을 고려하여 글자를 교체한 것으로 추정된다.
　　앞서 살폈듯이 경오자본과 초주갑인자본, 계유자본 『상설고문진보대전』은 예겸이 조선에 전한 책을 가감 없이 금속활자로 간행하였다. 따라서 이 3종의 판본에는 내용이 같은 구주舊註와 신주新註가 중복되어 있다. 그 한 예로 계유자본 『전집』 권1에 수록된 오은지吳隱之 시 「탐천貪泉」의 두주頭註를 들 수 있다.[52]

무신자본은 『전집』을 간행하면서 위와 같이 내용이 중복되거나 고사가 사실과 맞지 않는 주석을 모두 삭제하였다. 이를 확인하기 위해 계유자본과 무신자본의 『전집』 권3에 수록된 「증위좌승贈韋左丞」의 원문을 비교해보면 다음과 같다.

〈표 18〉 계유자본과 무신자본 「증위좌승」의 원문

계유자본	무신자본
左丞姓韋名濟○㉠杜詩長篇傷於偶儷惟此詩有典刑布置最得正體前輩錄之以爲壓卷也. 紈音還袴音庫不餓死儒冠多誤身㉡此二句一篇立意也丈人試靜德㉢丈人者尊長之稱賤子請具陳甫昔少年日早充觀國賓 易觀國之光利用賓于王讀書破萬卷下筆如有神賦料楊雄敵 楊雄字子雲嘗好詞賦每擬相如○㉣公於賦言可敵揚雄 詩看平聲子建親 曹植字子建善屬文詩出國風卓爾不群○㉤公於詩言可親近子建李邕音雍求識面 唐李邕有才名後進想慕求識其面王翰願卜隣㉥唐王翰有文名杜華嘗與遊從華母崔氏云吾聞孟母三徙吾今欲卜居使汝與王翰爲鄰○㉦甫以文章知名當世故以李邕王翰自比自謂頗挺出立	左丞姓韋名濟. 紈音還袴音庫不餓死儒冠多誤身丈人試靜德賤子請具陳甫昔少年日早充觀國賓 易觀國之光利用賓于王讀書破萬卷下筆如有神賦料楊雄敵 楊雄字子雲嘗好詞賦每擬相如○詩看平聲子建親 曹植字子建善屬文詩出國風卓尒不群李邕音雍求識面 唐李邕有才名後進想慕求識其面王翰願卜隣自謂頗挺出立登要路津致君堯舜上再使風俗淳此意竟簫條行歌

---

[52] 국립중앙도서관 소장, 『詳說古文眞寶大全』(정유자본) 권1, 「五言古風短篇」, 張9. "在廣州, 相傳, '飮此水者貪', 隱之, 飮水賦詩, 淸操愈厲, 故名廉泉."이라고 하고, '古人云此水' 아래에서 "吳隱之, 爲廣州太守, 州有貪泉, 謂, '飮之, 皆貪', 隱之, 飮此, 淸操愈厲, 因賦此詩"이라고 하였다.

登要路津③古詩何不策高足先據要路津致君堯舜上再使風俗淳此意竟簫條行歌非隱淪騎驢三十載上聲旅食京華春朝扣富兒門暮隨肥馬塵殘盃與冷炙之夜反燔肉也○㉗吳起嘗嘆曰丈夫兒事未濟甘晦休山林焉能逐浮薄子苟冷炙殘盃焉到處潛悲辛主上頃見徵欻虛勿反然欲求伸靑冥却垂翅㉛李斯曰丈夫兒提筆鼓吻取富貴易若擧盃何靑冥之翅翮與鶏共垂翅乎○光武賜馮異書始雖垂翅回谿謂欻異不能高飛翅音熾蹭層去蹬音鄧無蹤鱗甚愧丈人厚甚知丈人眞厚者相待之厚眞者懷抱之眞每於百寮音廖上猥煨上誦佳句新竊效貢公喜劉孝標廣絶交論王陽登而貢公喜難甘原憲貧ⓐ憲在草澤中子貢相衛結駟連騎過謝原憲子貢曰夫子豈病乎憲曰吾聞之無財者謂之貧學道不能行謂之病若憲貧也非病也ⓑ子貢慙○宰相職在薦賢固不能無望也焉能心怏怏音鞅秪音只是走踆踆七倫反今欲東入海卽將西去秦尙憐終南山回首淸渭音位濱果不能薦則去之常擬報一飯況懷辭大臣況大臣相知不獨一飯其去則之懷抱爲何如白鷗ⓐ音歐波浩蕩萬里誰能馴音循○此二句言自此可以相忘於江湖之外雖韋濟亦不得而見也.⁵³⁾

非隱淪騎驢三十載上聲旅食京華春朝扣富兒門暮隨肥馬塵殘盃與冷炙之夜反燔肉也到處潛悲辛主上頃見徵欻虛勿反然欲求伸靑冥却垂翅光武賜馮異書始雖垂翅回谿蹭層去蹬音鄧無蹤鱗甚愧丈人厚甚知丈人眞厚者相待之厚眞者懷抱之眞每於百寮音廖上猥煨上誦佳句新竊效貢公喜劉孝標廣絶交論王陽登而貢公喜難甘原憲貧原憲曰吾聞之無財者謂之貧學道不能行謂之病若憲貧也非病也焉能心怏怏音鞅秪音只是走踆踆七倫反今欲東入海卽將西去秦尙憐終南山回首淸渭音位濱果不能薦則去之常擬報一飯況懷辭大臣況大臣相知不獨一飯其去則之懷抱爲何如白鷗波浩蕩萬里誰能馴音循○此二句言自此可以相忘於江湖之外雖韋濟亦不得而見也.⁵⁴⁾

---

53) 서울대규장각 소장, 『詳說古文眞寶大全前集』(계유자본) 권3, 張18~19.
54) 국립중앙도서관 소장, 『詳說古文眞寶大全前集』(무신자본) 권3, 張15~16.

표의 내용으로 보아 무신자본에서 계유자본의 주석을 삭제하면서 고려한 사항은 모두 다섯 가지이다.

첫째, 앞서 말한 이가李嘏의 『동파주두시東坡註杜詩』라고 밝힌 22명의 고사를 모두 삭제하였다. 표에서 '잔배여냉자殘盃與冷炙'와 '청명각수시靑冥却垂翅'에 달려 있는 ㉮오기吳起의 고사와 ㉯이사李斯의 고사는 모두 이가가 두찬한 것이다.

둘째, 두보 시에 대한 평가나 시상의 전개, 비유적 표현 등과 같이 주관적인 견해가 담긴 곳을 삭제하였다. ㉠은 「증위좌승」의 문학적 가치를 논한 것이고, ㉡은 두 구의 의미를 설명한 것이다. 또한, ㉢과 ㉣은 위좌승韋左丞의 문학을 양웅揚雄과 조식曹植에 비유한 것이고, ㉤은 두보가 스스로를 이옹李邕과 왕한王翰에 견준 것이다.

셋째, 시구의 의미를 상세하게 풀이하거나 시어의 고사를 자세하게 고증한 곳을 삭제하였다. ①은 '장인丈人'의 뜻을 풀이한 것이고, ②는 왕한의 고사를 자세히 고증하여 '왕한원복린王翰願卜隣'을 풀이한 것이다. 또한, ③은 '요로진要路津'이라는 표현을 사용한 고시의 원문을 제시한 것이고, ④는 '난감원헌빈難甘原憲貧'의 의미를 풀이한 것이다.

넷째, 시구에 인용된 고사를 설명한 문장에서 일부 내용을 삭제하였다. Ⓐ와 Ⓑ는 원헌原憲의 고사를 설명하면서 본뜻을 해치지 않는 범위 내에서 내용을 축약한 것이다.

다섯째, 송백정이 음석한 내용의 일부를 삭제하였다. ⓐ는 '구鷗'와 음이 같은 '구歐'를 제시한 것이다.

위와 같이 조선의 문인 학자들은 『상설고문진보대전』에 달려 있는 주석을 심도 있게 검토하였다. 고상안高尙顔은 『전집』권3에 실린 도연명 시 「칠월야행강릉도중작七月夜行江陵途中作」의 '상가비오사商歌非吾事'의 주에서 『장자』가 상나라 노래를 부른 것을 인용하였는데, 이는 '세상에서 달아나 고민이 없다'는 뜻으로 도연명이 '나의 일이 아니다'라고 말한 것과는 맞지 않다[55]고 하였다.

또한, 퇴계는 『고문진보전집』 권8에 수록된 두보의 「취시가醉時歌」 가운데 "유술어아하유재儒術於我何有哉, 공구도척구진애孔丘盜跖俱塵埃" 아래에 달려 있는 최상崔祥과 완긍阮兢의 설은 단지 주석자가 멋대로 만들어 사람들을 속인 것인데, 『고문진보』를 주석한 자는 그릇된 것을 따르기만 하고 고증에는 자세하지 못했다[56]고 하였다. 특히 퇴계는 대전본 『전집』에 수록된 작품과 주석의 내용에 적지 않은 문제가 있다고 보고, 도학적 사유를 바탕으로 한 심미의식에 기초해 시의 원문과 주석을 재해석하여 『고문전집강해古文前集講解』를 편찬하였다. 현재 그 내용의 일부가 퇴계의 문인인 이덕홍李德弘이 편찬한 『고문전집질의古文前集質疑』[57]와 김융金隆이 편찬한 『고문전집강록古文前集講錄』에 전하고 있다. 무신자본 『전집』의 주석이 계유자본에 비하여 내용이 대폭으로 축약되어 있는 것은, 위와 같이 퇴계와 그의 문인들이 이 책의 주석을 주도면밀하게 교감한 내용이 무신자본의 인쇄 과정에 반영된 것이다.

---

55) 高尙顔, 「雜著·叢話」, 『泰村集』(한국문집총간 59, 한국고전번역원, 1988) 권3, 235~236쪽. "古文眞寶前集註多舛誤. 如商歌非吾事, 註引莊子所謂歌商頌之言, 是則遯世無憫之意, 而淵明以爲非吾事, 何也."
56) 金隆, 『古文前集講錄』, 『勿巖集』(한국문집총간 38, 한국고전번역원, 1988) 권4, 537쪽. "今據此註, 本無崔祥, 阮兢亦本無. 此兩說, 只是註者妄有此言此姓名以誣人, 可謂無忌憚之甚, 而註古文眞寶者, 又取而傳之, 亦可謂踵謬襲訛, 而不審於援證矣."
57) 李德弘, 『古文前集質疑』, 『艮齋集』(한국문집총간 51, 한국고전번역원, 1988) 권4, 206~212쪽.

2. 작품 및 내용

1) 『전집』의 작품 및 내용

(1) 수록 작품

앞서 살폈듯이 『상설고문진보대전』은 유염이 『풍아익부감흥시통』이라는 이름으로 출간한 1437년을 전후한 시기에 당시 세간에서 유통되고 있는 『고문진보』와 진력이 지은 『비점고문』을 서로 섞어 교정한 것을 첨종예가 간행한 것이다. 청려재는 홍치 15년(1502)에 쓴 「중간고문진보발」에서 황견이 편집한 『고문진보』 20권은 7국 이하 여러 명가의 작으로 모두 27체 312편이 수록되어 있다고 하였다. 현재 중국 사회과학원 도서관에 소장된 홍치본 『전집』에는 모두 241편의 시가 수록되어 있고, 미국 Berkeley도서관에 소장된 괴본 『전집』에는 모두 217편의 시가 수록되어 있다. 대전본 『전집』에는 모두 243편의 시가 수록되어 있다.

대전본 『전집』에 수록된 241편을 홍치본과 괴본 『전집』에 수록된 작품과 시대별, 작가별, 작품별, 문체별로 나누어 제시하면 다음과 같다.

〈표 19〉 홍치본·괴본·대전본 『전집』의 작품 비교

번호	시대	작가	작품	문체	수록 순서		
					홍치본	괴본	대전본
1	宋	眞宗	眞宗皇帝勸學	勸學文	1	1	1
2	宋	仁宗	仁宗皇帝勸學	勸學文	2	2	2
3	宋	司馬光	司馬溫公勸學	勸學文	3	3	3
4	宋	柳永	柳屯田勸學文	勸學文	4	4	4

5	宋	王安石	王荊公勸學文	勸學文	5	5	5
6	宋	白居易	白樂天勸學文	勸學文	6	6	6
7	宋	朱熹	朱文公勸學文	勸學文	7	7	7
8	唐	韓愈	符讀書城南	勸學文	8	8	8
9	宋	孫明復	諭學	勸學文	9		
10	宋	邵雍	清夜吟	五言古風短篇	10	9	9
11	六朝	陶潛	四時	五言古風短篇	11	10	10
12	唐	柳宗元	江雪	五言古風短篇			11
13	唐	僧無本	訪道者不遇	五言古風短篇	12	11	12
14	宋	張俞	蠶婦	五言古風短篇	13	12	13
15	唐	李紳	憫農	五言古風短篇	14	13	14
16	唐	李鄴	讀李斯傳	五言古風短篇	15	14	15
17	唐	李白	王昭君	五言古風短篇	16	15	16
18	唐	賈道	劒客	五言古風短篇	17	16	17
19	六朝	曹子建	七步詩	五言古風短篇	18	17	18
20	六朝	曹景宗	競病韻	五言古風短篇			19
21	六朝	吳隱之	貪泉	五言古風短篇	19	18	20
22	唐	白居易	商山路有感	五言古風短篇	20	19	21
23	唐	曹松	金谷園	五言古風短篇	21	20	22
24	唐	孟郊	遊子吟	五言古風短篇	22	21	24
25	唐	李白	子夜吳歌	五言古風短篇	23	22	25
26	唐	李白	友人會宿	五言古風短篇	24	23	26
27	宋	朱熹	雲谷雜詠	五言古風短篇	25	24	27
28	唐	聶夷中	傷田家	五言古風短篇	26	25	28
29	唐	楊貫	時興	五言古風短篇	27	26	29
30	唐	陸龜蒙	離別	五言古風短篇	28	27	30
31	六朝	無名氏	古詩	五言古風短篇	29	28	31
32	六朝	陶潛	歸田園居	五言古風短篇	30	29	32
33	六朝	陶潛	問來使	五言古風短篇	31	30	33
34	唐	李白	王右軍	五言古風短篇	32	31	34
35·36	唐	李白	對酒憶賀監二首	五言古風短篇	33·34	32·33	35·36
37	唐	李白	送張舍人之江東	五言古風短篇	35	34	37

38	唐	李白	戲贈鄭溧陽	五言古風短篇	36	35	38
39	唐	李白	嘲王歷陽不肯飲酒	五言古風短篇	37	36	39
40	唐	李白	紫騮馬	五言古風短篇	38	37	40
41	唐	李白	待酒不至	五言古風短篇	39	38	41
42	唐	杜甫	遊龍門奉先寺	五言古風短篇	40	39	42
43	唐	杜甫	戲簡鄭廣文	五言古風短篇	41	40	43
44	宋	韋應物	寄全椒道士	五言古風短篇	42	41	44
45	宋	蘇軾	和韋蘇州詩	五言古風短篇	43	42	45
46	宋	蘇軾	足柳公權聯句	五言古風短篇	44	43	46
47	宋	黃庭堅	子瞻謫海南	五言古風短篇	45	44	47
48	宋	黃庭堅	少年子	五言古風短篇	46	45	48
49	宋	黃庭堅	金陵新亭	五言古風短篇	47	46	49
50	六朝	沈休文	長歌行	五言古風短篇	48	47	50
51·52	六朝	陶潛	雜詩二首	五言古風短篇	49·50	48·49	51·52
53	六朝	陶潛	擬古	五言古風短篇	51	50	53
54	六朝	謝朓	鼓吹曲	五言古風短篇	52	51	54
55	六朝	謝朓	和徐都曹	五言古風短篇	53	52	55
56	六朝	謝朓	遊東園	五言古風短篇	54	53	56
57	六朝	班婕妤	怨歌行	五言古風短篇	55	54	57
58	唐	江文通	雜詩	五言古風短篇	56	55	58
59·60	漢	無名氏	古詩二首	五言古風短篇	57·58	56·57	59·60
61	宋	蘇軾	綠筠軒	五言古風短篇	59	58	61
62	唐	釋子蘭	飲馬長城窟	五言古風短篇	60		
63	唐	李白	月下獨酌	五言古風短篇	61	59	62
64	漢	無名氏	蘇武	五言古風短篇	62	61	64
65	六朝	陶潛	雜詩	五言古風短篇	63	62	65
66	六朝	陶潛	歸田園居	五言古風短篇	64	63	66
67	唐	李白	春日醉起言志	五言古風短篇	65	60	63
68	宋	蘇過	鼠鬚筆	五言古風短篇	66	64	67
69·70	宋	陳師道	妾薄命二首	五言古風短篇	67·68	65·66	68·69
71	唐	韓愈	青青水中蒲	五言古風短篇	69	67	70
72	唐	韓愈	幽懷	五言古風短篇	70	68	71

73	六朝	曹子建	公讌	五言古風短篇	71	69	72
74	唐	李白	獨酌	五言古風短篇	72	70	73
75	六朝	陶潛	歸田園	五言古風短篇	73	71	74
76	宋	蘇軾	和淵明擬古	五言古風短篇	74	72	75
77	六朝	陶潛	責子	五言古風短篇	75	73	76
78	唐	柳宗元	田家	五言古風短篇	76	74	77
79	六朝	謝靈運	直中書省	五言古風長篇	77	75	78
80	漢	無名氏	古詩	五言古風長篇	78	76	79
81	六朝	陶潛	擬古	五言古風長篇	79	77	80
82	六朝	陶潛	讀山海經	五言古風長篇	80	78	81
83·84	唐	杜甫	夢李白二首	五言古風長篇	81·82	79·80	82·83
85·86	宋	黃庭堅	贈東坡二首	五言古風長篇	83·84	81·82	84·85
87	宋	蘇軾	周茂叔先生濂溪	五言古風長篇	85		
88	宋	蘇子瞻	日日出東門	五言古風長篇	86		
89	宋	蘇子瞻	讀淵明傳嘆其絕識	五言古風長篇	87		
90	唐	白居易	慈烏夜啼	五言古風長篇	88	83	86
91	唐	柳宗元	田家	五言古風長篇	89	84	87
92	漢	無名氏	樂府上	五言古風長篇	90	85	88
93	六朝	陶潛	飲酒	五言古風長篇		86	90
94	六朝	陶潛	歸田園居	五言古風長篇	91	87	91
95	唐	杜甫	夏日李公見訪	五言古風長篇	92	88	92
96	唐	杜甫	贈衛八處士	五言古風長篇	93	89	93
97	唐	杜甫	佳人	五言古風長篇	94	90	95
98	唐	杜甫	石壕吏	五言古風長篇	95		94
99	唐	韓愈	送諸葛覺往隨州讀書	五言古風長篇	96	91	96
100	宋	蘇軾	司馬溫公獨樂園	五言古風長篇	97	92	97
101	六朝	陶潛	七月夜行江陵途中作	五言古風長篇			89
102	唐	韓愈	鱷鱷	五言古風長篇			103
103	宋	蘇軾	楊康功有石狀如醉道士	五言古風長篇			104
104	唐	杜甫	上韋左相二十韻	五言古風長篇	98	93	98
105	唐	杜甫	寄李白	五言古風長篇	99	94	99
106	唐	杜甫	投贈哥舒開府二十韻	五言古風長篇	100	95	100

107	唐	杜甫	贈韋左相	五言古風長篇	101	96	101
108	唐	韓愈	醉贈張秘書	五言古風長篇	102	97	102
109	唐	李白	峨眉山月歌	七言古風短篇	103	98	105
110	唐	李白	山中答俗人	七言古風短篇	104	99	106
111	唐	李白	山中對酌	七言古風短篇	105	100	107
112	唐	岑參	春夢	七言古風短篇	106	101	108
113	唐	王維	少年行	七言古風短篇	107	102	109
114	宋	魏野	尋隱者不遇	七言古風短篇	108	103	110
115	唐	高駢	步虛詞	七言古風短篇	109	104	111
116	宋	僧淸順	十竹	七言古風短篇	110	105	112
117	宋	蘇軾	遊三遊洞	七言古風短篇	111	106	113
118	宋	邵康節	閑居	七言古風短篇	112		
119	唐	柳宗元	漁翁	七言古風短篇	113	107	115
120	唐	李白	金陵酒肆留別	七言古風短篇	114	108	116
121	唐	李白	思邊	七言古風短篇	115	109	117
122	唐	李白	烏夜啼	七言古風短篇	116	110	118
123	宋	黃庭堅	戲和答禽語	七言古風短篇	117	111	119
124	唐	李白	採蓮曲	七言古風短篇	118	112	121
125	宋	蘇庠	淸江曲	七言古風短篇	119	113	122
126	唐	李白	登金陵鳳凰臺	七言古風短篇	120	114	123
127	唐	李白	早春寄王漢陽	七言古風短篇	121	115	124
128	唐	李白	金陵西樓月下吟	七言古風短篇	122	116	125
129	唐	李白	上李邕	七言古風短篇	123	118	127
130	唐	杜甫	歎庭前甘菊花	七言古風短篇	124	119	128
131	唐	杜甫	秋雨歎	七言古風短篇	125	120	129
132	宋	唐庚濾	二月見梅	七言古風短篇	126	121	130
133	宋	蘇軾	四時詞	七言古風短篇	127		
134	唐	杜甫	縛鷄行	七言古風短篇	128		
135	唐	張說	襄陽路逢寒食	七言古風短篇			114
136	唐	李白	送羽林陶將軍	七言古風短篇			120
137	唐	李白	題東溪公幽居	七言古風短篇	129	117	126
138	宋	黃庭堅	水仙花	七言古風短篇	130	122	131

139	唐	崔顥	登黃鶴樓	七言古風短篇	131	123	132
140	唐	韓愈	贈唐衢	七言古風短篇	132	124	133
141	唐	韓愈	古意	七言古風短篇	133	125	134
142	唐	韓愈	贈鄭兵曹	七言古風短篇	134	126	135
143	唐	韓愈	雉帶箭	七言古風短篇	135	127	136
144	唐	李白	南陵敍別	七言古風短篇	136	128	137
145	宋	蘇軾	月夜與客飲酒杏花下	七言古風短篇	137	129	138
146	唐	杜甫	春日戲題惱郝使君兄	七言古風短篇	138		
147	宋	蘇軾	郭祥正家醉畫竹壁上	七言古風短篇	139		
148	宋	蘇軾	虢國夫人夜遊圖	七言古風短篇	140		153
149	唐	高適	人日寄杜二拾遺	七言古風短篇	141	130	139
150	唐	李白	流夜郎贈辛判官	七言古風短篇	142	131	140
151	唐	李白	醉後答丁十八以詩譏予搥碎黃鶴樓	七言古風短篇	143	132	141
152	宋	梅堯臣	採石月贈郭功甫	七言古風短篇	144	133	142
153	唐	李白	把酒問月	七言古風短篇	145	134	143
154	唐	杜甫	枏木爲風雨所拔歎	七言古風短篇	146	135	144
155	宋	韓駒	題太乙眞人蓮葉圖	七言古風短篇	147	136	145
156	唐	杜甫	哀江頭	七言古風短篇	148	137	146
157	宋	馬存	燕思亭	七言古風短篇	149	138	147
158	宋	蘇軾	書林逋詩後	七言古風短篇	150		150
159	宋	曾鞏	虞美人草	七言古風短篇	151	139	148
160	唐	李白	刺少年	七言古風短篇	152	140	149
161	宋	蘇軾	驪山	七言古風短篇	153	141	150
162	唐	宋之問	明河篇	七言古風短篇	154	142	151
163	宋	黃庭堅	題磨崖碑	七言古風短篇	155	143	152
164	唐	宋之門	有所思	七言古風長篇	156	144	154
165	宋	蘇軾	荔枝歎	七言古風短篇	157	145	155
166	宋	蘇軾	定惠院海棠	七言古風短篇	158	146	156
167	宋	謝邁溪	陶淵明寫眞圖	七言古風短篇	159	147	157
168	唐	韓愈	桃源圖	七言古風短篇	160	148	158
169	宋	邢居實	李伯時畵圖	七言古風短篇	161		161
170	宋	蘇軾	書王定國所藏圖畫	七言古風短篇	162	149	159

171	唐	韓愈	寄盧仝	七言古風短篇	163	150	160
172	唐	王維	春桂問答二	長短句	164	152	23
173	唐	李白	將進酒	長短句	165	152	162
174	唐	李白	觀元丹丘坐巫山屛風	長短句	166	153	164
175	唐	李白	三五七言	長短句	167	154	165
176	唐	李白	登梁王栖霞山	長短句	168	155	166
177	唐	李賀	將進酒	長短句	169	156	163
178	唐	李賀	高軒過	長短句	170	157	167
179	唐	盧仝	有所思	長短句	171	158	168
180	唐	張籍	行路難	長短句	172	159	169
181	宋	馬存	邀月亭	長短句	173	160	170
182	宋	馬存	馬淮謠	長短句	174	161	171
183	宋	蘇軾	贈何秀才	長短句	175	162	172
184	宋	蘇軾	薄薄酒	長短句	176	163	173
185	宋	蘇軾	大雪有懷東武園亭寄交代孔周翰	長短句	177		
186	宋	蘇軾	野翁亭	長短句	178	164	174
187	唐	白居易	太行路	長短句	179	165	175
188	唐	白居易	七德舞	長短句	180	166	176
189	宋	張耒	磨崖碑後	長短句	181	167	177
190	宋	張乖崖	勸酒惜別	長短句	182	168	178
191	唐	李白	蜀道難	長短句	183	170	180
192	宋	歐陽脩	廬山高	長短句	184	171	181
193	唐	釋貫休	古意	長短句		169	179
194	唐	王翰	古長城吟	吟類	185	206	231
195	唐	劉禹錫	百舌吟	吟類	186	207	232
196	六朝	諸葛亮	梁甫吟	吟類	187	208	233
197	唐	杜甫	丹靑引	引類	188	209	234
198	唐	杜甫	桃竹杖引	引類	189	210	235
199	唐	杜甫	觀畫鳥圖引	引類	190	211	236
200	漢	高祖	大風歌	歌類	191	172	182
201	唐	李白	襄陽歌	歌類	192	173	183
202	唐	杜甫	飮中八僊歌	歌類	193	174	184

203	唐	杜甫	醉時歌	歌類	194	175	185
204	唐	杜甫	徐卿二子歌	歌類	195	176	187
205	唐	杜甫	戲作花卿歌	歌類	196		199
206	唐	杜甫	題李尊師松樹障子歌	歌類	197		200
207	唐	杜甫	戲韋偃爲雙松圖歌	歌類	198		201
208	唐	杜甫	柳少府畫山水障歌	歌類	199		202
209	唐	杜甫	李潮八分小篆歌	歌類	200		203
210	唐	杜甫	天育驃騎歌	歌類	201		204
211	唐	白居易	江南遇天寶樂叟歌	歌類	202		205
212	宋	文天祥	六歌	歌類	203		207
213	唐	杜甫	戲題王宰畫山水歌	歌類	204	177	188
214	唐	杜甫	茅屋爲秋風所破歌	歌類	205	178	189
215	宋	王禹偁	觀聖上親試貢士歌	歌類	206	179	190
216	唐	吳融	畫山水歌	歌類	207	180	191
217	唐	韓愈	短檠歌	歌類	208	181	192
218	宋	馬存	浩浩歌	歌類	209	182	193
219	宋	張耒	七夕歌	歌類	210	183	194
220	唐	盧仝	茶歌	歌類	211	184	195
221	宋	謝枋得	菖蒲歌	歌類	212	185	196
222	唐	韓愈	石鼓歌	歌類	213	186	197
223	宋	蘇軾	後石鼓歌	歌類	214	187	198
224	唐	白居易	長恨歌	歌類	215	188	206
225	唐	杜甫	賓交行	行類	216	189	208
226	唐	杜甫	醉歌行	行類	217	190	209
227	唐	杜甫	麗人行	行類	218	191	210
228	唐	杜甫	古栢行	行類	219	192	211
229	唐	杜甫	兵車行	行類	220	193	212
230	唐	杜甫	洗兵馬行	行類	221	194	213
231	唐	杜甫	入奏行	行類	222	195	214
232	唐	杜甫	高都護驄馬行	行類	223	196	215
233	唐	杜甫	去矣行	行類	224	197	220
234	唐	王穀	苦熱行	行類	225	198	221

235	唐	白居易	琵琶行	行類	226	199	222
236	宋	唐庚廬	內前行	行類	227	200	223
237	宋	蘇軾	續麗人行	行類	228	201	224
238	唐	杜甫	莫相疑行	行類	229	202	225
239	宋	王安石	虎圖行	行類	230	203	226
240	宋	王安石	桃源行	行類	231	204	227
241	唐	杜甫	今夕行	行類	232	205	228
242	唐	杜甫	偪側行	行類	233		219
243	唐	杜甫	李鄠縣丈人胡馬行	行類			216
244	唐	杜甫	驄馬行	行類			217
245	唐	李白	草書歌行	行類			218
246	唐	李嶠	汾陰行	行類			229
247	唐	聶夷中	君子行	行類			230
248	宋	王安石	明妃曲一	曲類	234	212	237
249	宋	王安石	明妃曲二	曲類		213	238
250	宋	歐陽修	明妃曲	曲類	235	214	239
251	宋	歐陽修	明妃曲和王介甫	曲類		215	240
252	宋	黃庭堅	塞上曲	曲類	236	216	241
253	唐	李白	烏棲曲	曲類	237	217	242
254	漢	武帝	秋風辭	辭類	238		
255	先秦	屈平	漁父辭	辭類	239		
256	六朝	陶潛	歸去來辭	辭類	240		
257	唐	元稹	連昌宮辭	辭類	241		243
			계		241	217	243

　　대전본『전집』에는 홍치본『전집』에 수록된 손명복孫明復의「유학론學」, 석찬 자란子蘭의「음마장성굴飮馬長城窟」, 소식蘇軾의「주무숙선생렴게周茂叔先生濂溪」·「일일출동문日日出東門」·「독연명전탄기절식讀淵明傳嘆其絶識」·「사시사四時詞」·「곽상정가취화죽벽상郭祥正家醉畫竹壁上」·「대설유회동무원정기교대공주한大雪有懷東武園亭寄

交代孔周翰」, 소옹邵雍의 「한거閑居」, 두보杜甫의 「박계행縛鷄行」·「춘일희제뇌학사군형春日戱題惱郝使君兄」, 무제武帝의 「추풍사秋風辭」, 굴원屈原의 「어부사漁父辭」, 도잠陶潛의 「귀거래사歸去來辭」 등 14편이 제외되어 있다.

또한, 대전본 『전집』에는 홍치본 『전집』에는 수록되지 않은 유종원柳宗元의 「강설江雪」, 조경종曹景宗의 「경병운競病韻」, 도잠의 「음주飮酒」, 「칠월야행강릉도중작七月夜行江陵途中作」, 한유韓愈의 「악착齷齪」, 소식의 「양강공유상여취도楊康功有狀如醉道」, 장설張說의 「양양로봉한식襄陽路逢寒食」, 이백李白의 「송우림도장군送羽林陶將軍」·「초서가행草書歌行」, 석釋 관휴貫休의 「고의古意」, 두보의 「이호현장인호마행李鄠縣丈人胡馬行」·「총마행驄馬行」, 위魏 무제武帝의 「단가행短歌行」·「군자행君子行」, 이교李嶠의 「분음행汾陰行」, 왕안석王安石의 「명비곡이明妃曲二」, 구양수歐陽脩의 「명비곡화왕개보明妃曲和王介甫」 등 17편이 수록되어 있다.

그러나 대전본 『전집』에는 괴본에 수록된 217편이 모두 수록되어 있다. 이에 더하여 대전본 『전집』에는 괴본에는 수록되어 있지 않은 유종원의 「강설江雪」, 조경종曹景宗의 「경병운競病韻」, 두보의 「이호현장인호마행李鄠縣丈人胡馬行」·「희작화경가戱作花卿歌」·「제이존사송수장자가題李尊師松樹障子歌」·「희위언위쌍송도가戱韋偃爲雙松圖歌」·「유소부화산수장가柳少府畵山水障歌」·「이조팔분소전가李潮八分小篆歌」·「천육표기가天育驃騎歌」·「핍측행偪側行」·「이호현장인호마행李鄠縣丈人胡馬行」·「총마행驄馬行」, 도잠의 「칠월야행강릉도중작七月夜行江陵途中作」, 한유의 「악착齷齪」, 소식의 「양강공유상여취도楊康功有狀如醉道」·「괵국부인야유도虢國夫人夜遊圖」·「서임포시후書林逋詩後」, 장설의 「양양로봉한식襄陽路逢寒食」, 이백의 「송우림

陶將軍」・「초서가행草書歌行」, 형거실邢居實의 「이백시화도李伯時畵圖」, 백거이白居易의 「강남우천보락수가江南遇天寶樂叟歌」, 문천상文天祥의 「육가六歌」, 이교李嶠의 「분음행汾陰行」, 섭이중聶夷中의 「군자행君子行」, 원진元稹의 「연창궁사連昌宮辭」 등 26편이 추가되어 있다.

위와 같이 대전본에 추가되어 있는 26편에서 두보의 「이호현장인호마행李鄠縣丈人胡馬行」・「희작화경가戲作花卿歌」・「제이존사송수장자가題李尊師松樹障子歌」・「희위언위쌍송도가戲韋偃爲雙松圖歌」・「유소부화산수장가柳少府畵山水障歌」・「이조팔분소전가李潮八分小篆歌」・「천육표기가天育驃騎歌」・「픱측행偪側行」, 소식의 「괵국부인야유도虢國夫人夜遊圖」・「서임포시후書林逋詩後」, 형거실의 「이백시화도李伯時畵圖」, 백거이의 「강남우천보락수가江南遇天寶樂叟歌」, 문천상의 「육가六歌」, 원진의 「연창궁사連昌宮辭」 등 14편은 홍치본에 수록되어 있다.

위의 내용으로 보아 유염은 대전본 『전집』을 편집하면서 괴본을 저본으로 하여 이곳에 수록된 217편과, 홍치본에는 수록되어 있으나 괴본에서 제외시킨 두보의 「이호현장인호마행李鄠縣丈人胡馬行」 등 14편, 홍치본과 괴본에 모두 수록되어 있지 않은 유종원의 「강설江雪」 등 12편을 추가해 모두 243편을 수록한 것으로 추정된다.

(2) 내용 구성

앞서 살폈듯이 괴본 『전집』에 수록된 작품들은 시의 형식보다는 내용에 중점을 둔 고풍의 작품들로 구성되어 있다. 대전본 『전집』에는 이와 같은 고풍의 작품이 수록되어 있는 217편을 모두 수록하고 있는 것에서 알 수 있듯이, 유염이 대전본 『전집』의 선시 방향 또한 『고문진보』를 편찬한 황견이나 괴본을 편집한 임정의 선시 방향과 궤를 같이 하고 있다.

이를 구체적으로 확인하기 위한 방법의 하나가 바로 대전본 『전집』에 수록된 243편에서 홍치본과 괴본에 수록되지 않은 12편에 달려 있는 주석의 내용을 확인하는 것이다. 이에 해당하는 작품은 유종원의 「강설江雪」, 조경종曹景宗의 「경병운競病韻」, 도잠의 「칠월야행강릉도중작七月夜行江陵途中作」, 한유의 「악착齷齪」, 소식의 「양강공유상여취도楊康功有狀如醉道」, 장설의 「양양로봉한식襄陽路逢寒食」, 이백의 「송우림도장군送羽林陶將軍」・「초서가행草書歌行」, 두보의 「이호현장인호마행李鄠縣丈人胡馬行」・「총마행驄馬行」, 이교李嶠의 「분음행汾陰行」, 섭이중의 「군자행君子行」 등 12편이다.

앞의 12편에서 도잠이 지은 「칠월야행강릉도중작七月夜行江陵途中作」의 마지막 4구인 "투관선구허投冠旋舊墟, 불위호작영不爲好爵縈. 양진형모하養眞衡茅下, 서이선자명庶以善自名"에 달려 있는 주석에서 '이는 도잠이 스스로 돌아가 쉬려는 뜻을 펼친 것으로, 오직 영화와 이익을 탐하지 않고 스스로 천진天眞을 기르는 것이 선사善士의 모습을 보여준다'[58]고 하였다. 또한, 한유가 지은 「악착齷齪」의 마지막 2구인 "치군기무술致君豈無術, 자진성독난自進誠獨難"에 달려 있는 주석에서 '소인의 도가 커지고 군자의 도가 사라지니, 이것이 훌륭한 임금이 되게 하고 백성을 윤택하게 하는 선비가 스스로 나아가기 어려운 까닭'[59]이라고 하였다. 그리고 섭이중이 지은 「군자행君子行」의 두주에서 '이 시는 군자가 일을 행함에 마땅히 일어나

---

58) 일본 내각문고 소장, 『詳說古文眞寶大全前集』(갑인자번각본) 권3, 「七月夜行江陵途中作」註, 張7. "亦自述其歸休之趣. 惟不貪榮利, 自養天眞, 斯善士也."
59) 일본 내각문고 소장, 『詳說古文眞寶大全前集』(갑인자번각본) 권3, 「齷齪」註, 張21. "小人道長, 君子道消, 此致君澤民之士, 所以難於自進歟."

기 이전에 막아서 스스로 혐의로 자처하지 말아야 함을 말한 것'[60]
이라고 하였다.

위와 같이 유염이 대전본 『전집』을 편집하면서 추가한 12편의 시들은 홍치본과 괴본에 수록된 시들과 같이 시의 형식보다는 내용에 중점을 둔 고풍의 작품들로 구성되어 있다. 이로 보아 유염이 『전집』을 편집하면서 적용한 선시 기준은 시인의 내면에 자리한 본연의 양심을 질박하고 평이한 말로 꾸밈없이 펼친 작품을 위주로 『전집』의 시들을 선록한 황견의 선시 방향과 궤를 같이 하고 있는 것으로 판단된다.

2) 『후집』의 작품 및 내용

(1) 수록 작품

앞서 살폈듯이 대전본 『후집』은 유염이 진력의 『비점고문』에 수록된 100편에 『고문진보후집』에 수록된 30편을 더하여 편찬한 것이다. 대전본 『후집』은 문체별로 수록된 대전본 『전집』과는 달리 전국시대 굴원屈原의 「이소경離騷經」에서 시작해 송대 여대림呂大臨의 「극기명克己銘」에 이르기까지 130편이 시대별로 수록되어 있다.

대전본 『후집』 10권에 수록된 130편의 작자는 모두 68명이다. 작자별 작품수로는 한유 문이 30편으로 가장 많고, 이어 소식 16편, 유종원 10편, 구양수 9편, 소순 8편, 진사도陳師道 5편, 정이程頤 4편, 장뢰張耒 4편, 굴원 외 9명 2편, 이사 외 18명 1편의 순으로 수록되어

---

[60] 일본 내각문고 소장, 『詳說古文眞寶大全前集』(갑인자번각본) 권11, 「君子行」註, 張10. "此詩言君子擧事, 當防閑於未然之先, 不可以嫌疑自處也."

있다. 시기별 작품수로는 송대의 작품이 75편으로 반을 차지하고, 뒤이어 당대 59편, 육조 8편, 한대 5편, 선진 3편으로 구성되어 있다.

대전본 『후집』의 수록 작품을 구체적으로 알아보기 위해서는 『비점고문』에 수록된 100편이 무엇인가를 밝히는 작업이 중요하다. 이를 확인하기 위해 대전본 『후집』에 수록된 130편의 주석을 대상으로 괴본 『후집』과 『비점고문』에 수록된 작품과 주석을 비교해 보면 다음과 같다.

〈표 20〉 대전본 『후집』과 괴본 『후집』·『비점고문』 작품 및 주석 비교

	대전본		괴본		비점고문
차례	작자	작품	작품	주석	차례
1	屈原	離騷經			1
2	屈原	漁父辭	○	同	
3	李斯	上秦皇逐客書			2
4	武帝	秋風辭	○	同	
5	賈誼	過秦論	○	異	3
6	賈誼	弔屈原賦	○	異	4
7	王褒	聖主得賢臣頌	○	同	
8	仲長統	樂志論	○	同	
9	諸葛亮	出師表	○	異	5
10	諸葛亮	後出師表	○	同	
11	劉伶	酒德頌	○	同	
12	王羲之	蘭亭記	○	異	6
13	李密	陳情表	○	同	
14	陶潛	歸去來辭	○	異	7
15	陶潛	五柳先生傳	○	同	
16	孔稚圭	北山移文	○	同	
17	王勃	滕王閣序	○	同	
18	李白	春夜宴桃李園序	○	同	

19	李白	與韓荊州書	○	同	
20	張蘊古	大寶箴	○	同	
21	元結	大唐中興頌	○	異	8
22	韓愈	原人	○	同	
23	韓愈	原道	○	異	9
24	韓愈	重答張籍書	○	異	10
25	韓愈	上張僕射書	○	同	
26	韓愈	爲人求薦書	○	同	
27	韓愈	答陳商書	○	同	
28	韓愈	與孟簡尙書書			11
29	韓愈	送浮屠文暢師序			12
30	韓愈	平淮西碑			13
31	韓愈	南海神廟碑			14
32	韓愈	爭臣論(諫臣論)			15
33	韓愈	送窮文			16
34	韓愈	進學解	○	異	17
35	韓愈	鰐魚文			18
36	韓愈	柳州羅池廟碑			19
37	韓愈	送孟東野序	○	異	20
38	韓愈	送楊巨源少尹序			21
39	韓愈	送石洪處士序			22
40	韓愈	送溫造處士序			23
41	韓愈	送李愿歸盤谷序	○	異	24
42	韓愈	送陸歙州俊詩序			25
43	韓愈	師說	○	異	26
44	韓愈	雜說(3편-2)	○	同	
45	韓愈	獲麟解	○	異	27
46	韓愈	諱辯	○	同	
47	韓愈	藍田縣丞廳壁記			28
48	韓愈	上宰相第三書			29
49	韓愈	殿中少監馬君墓銘			30
50	韓愈	毛穎傳			31

51	韓愈	伯夷頌			32	
52	李漢	昌黎文集序	O	異	33	
53	柳宗元	梓人傳			34	
54	柳宗元	與韓愈論史書			35	
55	柳宗元	答韋中立書			36	
56	柳宗元	捕蛇者說			37	
57	柳宗元	種樹郭橐駝傳	O	異	38	
58	柳宗元	愚溪詩序			39	
59	柳宗元	桐葉封弟辯	O	異	40	
60	柳宗元	晉文公問守原議			41	
61	柳宗元	連州郡復乳穴記			42	
62	柳宗元	送薛存義序	O	異	43	
63	白居易	養竹記			44	
64	杜牧	阿房宮賦	O	異	45	
65	李華	弔古戰場文	O	同		
66	王禹偁	待漏院記	O	異	46	
67	王禹偁	黃州竹樓記	O	異	47	
68	范仲淹	嚴先生祠堂記	O	異	48	
69	范仲淹	岳陽樓記	O	異	49	
70	石介	擊蛇笏銘			50	
71	司馬光	諫院題名記	O	異	51	
72	司馬光	獨樂園記	O	同		
73	王安石	讀孟嘗君傳	O	同		
74	歐陽脩	上范司諫書			52	
75	歐陽脩	相州晝錦堂記	O	異	53	
76	歐陽脩	醉翁亭記	O	異	54	
77	歐陽脩	秋聲賦	O	異	55	
78	歐陽脩	憎蒼蠅賦	O	同		
79	歐陽脩	鳴蟬賦			56	
80	歐陽脩	送徐無黨南歸序			57	
81	歐陽脩	縱囚論			58	
82	歐陽脩	朋黨論			59	

83	蘇洵	族譜序			60
84	蘇洵	張益州畵像記			61
85	蘇洵	管仲論			62
86	蘇洵	木假山記			63
87	蘇洵	高祖論			64
88	蘇洵	上歐陽內翰脩序			65
89	蘇洵	上田樞密書			66
90	蘇洵	名二子說	○	同	
91	蘇軾	潮州韓文公廟碑	○	異	67
92	蘇軾	前赤壁賦	○	異	68
93	蘇軾	後赤壁賦	○	異	69
94	蘇軾	祭歐陽公文			70
95	蘇軾	六一居士集序			71
96	蘇軾	三槐堂銘			72
97	蘇軾	表忠觀碑			73
98	蘇軾	凌虛臺記			74
99	蘇軾	李君山房記			75
100	蘇軾	喜雨亭記	○	異	76
101	蘇軾	四菩薩閣記			77
102	蘇軾	田表聖奏議序			78
103	蘇軾	錢塘勒上人詩集序			79
104	蘇軾	稼說送同年張琥	○	異	80
105	蘇軾	王者不治夷狄論			81
106	蘇軾	范增論			82
107	蘇轍	上樞密韓太尉書			83
108	李覯	袁州學記	○	異	84
109	張耒	藥戒			85
110	張耒	送秦少章序			86
111	張耒	書五代郭崇韜傳後			87
112	張耒	答李推官書			88
113	陳師道	與秦少游書			89
114	陳師道	上林秀州書			90

115	陳師道	王平甫文集後序			91
116	陳師道	思亭記	○	異	92
117	陳師道	秦少游字書			93
118	馬存	子張游贈蓋邦式			94
119	唐庚	家藏古硯銘	○	異	94
120	唐庚	上席侍郞書			96
121	李格非	書洛陽名園記後			97
122	周惇頤	愛蓮說	○	異	98
123	周惇頤	太極圖說			99
124	程頤	視箴	○	同	
125	程頤	聽箴	○	同	
126	程頤	言箴	○	同	
127	程頤	動箴	○	同	
128	張載	西銘	○	異	100
129	張載	東銘	○	同	
130	呂大臨	克己銘	○	同	
		계	66	同30, 異36	100

　대전본 『후집』에 수록된 130편에서 괴본 『후집』과 동일한 작품은 66편이다. 따라서 이 66편을 제외한 64편이 『비점고문』에 수록되어 있던 작품일 것으로 추정된다. 또한, 대전본 『후집』과 괴본 『후집』에 모두 수록되어 있는 66편을 대상으로 대전본과 괴본의 주석을 비교하면, 대전본과 괴본의 주석이 같은 작품은 굴원의 「어부사」에서 여대림의 「극기명」에 이르기까지 30편이고, 대전본과 괴본의 주석이 같지 않은 작품은 같이 가의賈誼의 「과진론過秦論」에서 장재張載의 「서명西銘」에 이르기까지 36편이다. 따라서 이 대전본과 괴본의 주석이 같지 않은 36편이 『비점고문』에 수록되어 있던 작품일 것으로 추정된다. 이로 보아 진력이 편찬한 『비점고문』에 수록된

100편은 괴본『후집』에 수록되지 않은 64편과 대전본과 주석이 같지 않은 괴본『후집』의 36편으로 이루어진 것으로 추정된다.

김윤수 선생은『비점고문』에 수록된 작품을 101편으로 보았는데,[61] 이는 대전본과 괴본에 수록되어 있는 한유의「휘변諱辯」의 주석을 서로 다르게 파악한데 따른 것이다. 이를 확인하기 위해 괴본과 대전본의 수록된「휘변」의 주석을 비교하면 다음과 같다.

〈표 21〉 괴본과 대전본의「휘변」주석 비교

괴본	대전본
ⓐ東萊曰①洪云李賀父晉肅邊上從事賀年七歲以長短之製名動京華②他日舉進士或謗賀不避家諱文公時著諱辨一篇ⓑ又云③張昭論舊君諱云周穆王諱滿至定王時有王孫滿者厲王諱胡至莊王之子名胡其比甚多退之諱辨取此意 愈與進士李賀書勸賀舉進士賀舉進士有名與賀爭名者毀之曰賀父名晉肅賀不舉進士爲是勸之舉者爲非聽者不察和而唱之同然一辭皇甫湜曰若不明白子與賀且得罪愈曰然律曰二名不偏諱釋之者曰謂若言徵不稱在言在不稱徵是也律曰不諱嫌名釋之者曰謂若禹與雨丘與蓲ⓚ烏蓲草名詩音義江東呼爲烏蓲之類是也ⓒ記曲	①洪曰李賀父晉肅邊上從事賀年七歲以長短之製名動京華ⓐ時愈與皇甫湜覽賀所業奇之會有以晉肅行上言者二公聯騎造門請見其子旣而總角荷衣而出面試一篇承命欣然傍若無人仍日日高軒過二公大驚命聯鑣而還所居親爲束髮年未弱冠丁內艱②他日舉進士或謗賀不避家諱文公時著諱辨一篇③張昭論舊君諱云周穆王諱滿至定王時有王孫滿者厲王諱胡至莊王之子名胡其比甚多退之諱辨取此意愈與進士李賀書勸賀舉進士賀舉進士有名與賀爭名者毀之曰賀父名晉肅賀不舉進士爲是勸之舉者爲非聽者不察和ⓘ去聲而唱之同然一辭皇甫湜曰若不明

---

61) 金崙壽,「『詳說古文眞寶大全』과 批點古文」,『중국어문학』제15집, 193~197쪽.

禮不諱嫌名二名不偏諱註爲甚難避也嫌名謂音聲相近若禹與雨丘與蓲也偏謂二名不一一諱也孔子之母名徵在言在不稱徵言徵不稱在今賀父名晉肅舉進士爲犯二名律乎爲犯嫌名律乎父名晉子不得舉進士若父名仁子不得爲人乎㊤有議論夫諱始于何時作法制以教天下者非周公孔子歟㊁引古人以證一篇之意周公作詩不諱謂文王名昌武王名發④若曰克昌厥後又曰駿發爾私㊂則不諱也孔子不偏諱二名⑤若曰宋不足徵又曰某在斯春秋不譏不諱嫌名⑥若衛桓公名完康王釗之孫實爲昭王㊃周康王名釗書用敬保元子釗曾參之父名晳曾子不諱昔⑦若曰昔者吾友又曰楊裘而弔周之時有騏期漢之時有杜度⑧杜操字伯度曹魏時人以其名同武帝故因以其字呼之又去其伯字呼爲杜度此于其字宜如何諱將諱其嫌遂諱其姓乎將不諱其嫌者乎漢諱武帝名徹爲通不聞又諱車轍之轍爲某字也諱呂后名雉爲野雞不聞又諱治天下之治爲某字也今上章及詔不聞諱滸勢秉饑也⑨滸近太祖廟諱勢近太宗廟諱秉近代宗廟諱饑近玄宗廟諱惟宦官宮妾㊄此一段盡是不諱嫌名事再用宦官宮妾承上二段有力乃不敢言諭及機以爲觸犯抑揚士君子立言行事宜何所法守也㊅將要收歸周孔曾參

白子與賀且得罪愈曰然律曰二名不偏諱釋之者曰謂若言徵不稱在言在不稱徵是也律曰不諱嫌名釋之者曰謂若禹與雨丘與蓲之類是也ⓒ此說用鄭氏禮記註今賀父名晉肅舉進士爲犯二名律乎爲犯嫌名律乎父名晉子不得舉進士若父名仁子不得爲人乎夫諱始于何時作法制以教天下者非周公孔子歟周公作詩不諱④若曰克昌厥後又曰駿發爾私孔子不偏諱二名⑤若曰宋不足徵又曰某在斯春秋不譏不諱嫌名⑥若衛桓公名完康王釗之孫實爲昭王曾參之父名晳曾子不諱昔⑦若曰昔者吾友又曰楊裘而弔周之時有騏期漢之時有杜度⑧杜操字伯度曹魏時人以其名同武帝故因以其字呼之又去其伯字呼爲杜度此于其字宜如何諱將諱其嫌遂諱其姓乎將不諱其嫌者乎漢諱武帝名徹爲通不聞又諱車轍之轍爲某字也諱呂后名雉爲野雞不聞又諱治天下之治爲某字也今上章及詔不聞諱滸勢秉饑也⑨滸近太祖廟諱勢近太宗廟諱秉近代宗廟諱饑近玄宗廟諱㊇唐高祖之祖名虎父名晒太宗名世民文宗名隆莘大宗名豫惟宦官宮妾乃不敢言諭及

事且問起何所法守句已含周孔曾參意今考之於經質之于律稽之于國家之典賀擧進士爲不可耶凡事父母得如曾參可以無譏也㉑收意不衰作人得如周公孔子亦可以止也今世之事不務行曾參周公孔子之行而諱親之名則務勝于曾參周公孔子亦見其惑也㉒亦以人情反說夫周公孔子曾參卒不可勝勝周公孔子曾參乃比于宦官宮妾㉓警策則是宦官宮妾之孝于其親賢于周公孔子曾參者耶[62]	機以爲觸犯ⓒ以論爲近大宗廟諱以機爲近玄宗廟諱士君子立言行事宜何所法守也今考之於經質之于律稽之于國家之典賀擧進士爲不可耶凡事父母得如曾參可以無譏也作人得如周公孔子亦可以止也今世之事不務行曾參周公孔子之行而諱親之名則務勝于曾參周公孔子亦見其惑也夫周公孔子曾參卒不可勝勝周公孔子曾參乃比于宦官宮妾則是宦官宮妾之孝于其親賢于周公孔子曾參者耶[63]

　　표에서 보듯이 밑줄 친 ①~⑨는 괴본과 대전본의 주석이 동일하다. 밑줄 친 Ⓐ와 Ⓑ는 괴본에 추가된 것이고 ⓐ는 대전본에 추가된 것이다. Ⓒ는 괴본에서 원문을 그대로 수록한 것이고, ⓒ는 대전본에서 원문의 출전만 표기한 것이다. 밑줄 친 ㉑~㉓는 괴본에만 달려 있는 주석이고, 밑줄 친 ㉠~㉢은 대전본에만 달려 있는 주석이다. 이와 같이 괴본과 대전본에 수록된「휘변」의 주석은 서로 같은 부분과 다른 부분이 혼재되어 있는데, 진력이 편찬한『비점고문』의 본래 이름이『비점백편고문』이었다는 사실을 고려해 유염이 대전본『후집』을 편찬하면서 괴본에 수록되어 있는「휘변」의 주석을 표의 내용

---

[62] UC Berkeley도서관 소장,『魁本大字諸儒箋解古文眞寶後集』卷下, 張138~141.
[63] 국립중앙도서관 소장,『詳說古文眞寶大全後集』(정유자본) 권4, 張8~10.

과 같이 변형한 것으로 추정된다.

(2) 내용 구성: 도문일치의 구현

대전본 『후집』에 수록된 작품의 내용과 관련해 주목되는 것은 「태극도설」을 주석한 부분이다. 이곳에는 "대개 문장과 도리는 실제 두 이치가 아니다. 배우려 하는 사람은 한유·유종원·구양수·소식의 사장詞章의 문을 통해 나아가 주돈이·정이·장재·주희의 이학理學의 문으로 순수하게 해야 한다. 도리로써 그 연원을 깊게 하고 사장으로써 그 기골을 왕성하게 하면, 문은 이에서 폐단이 없게 된다."[64]라고 하였다. 이로 보아 진력이 『비점고문』에 수록할 100편의 작품을 선정하면서 적용한 기준은 도덕과 문장이 합일된 도문일치의 문장임을 알 수 있다.

대전본 『후집』에는 이러한 기준에 근접하는 작품으로 한유의 글 30편이 수록되어 있다. 그러나 한유는 도에 있어서 그 쓰임이 만사에 두루 미치는 것은 알았지만, 그 본체가 나의 마음에 갖추어져 있음을 알지 못했다. 또한, 그는 비록 문과 도가 내외內外·심천淺深의 차이가 있음을 알았으나, 끝내 완급과 경중의 순서를 살펴 취사를 결정하지 못하였다.[65]

『비점고문』을 편찬한 진력은 진정한 의미의 도문일치는 천 년

---

64) 국립중앙도서관 소장, 『詳說古文眞寶大全後集』(정유자본) 권10, 「太極圖說」註, 張23. "盖文章道理, 實非二致. 欲學者, 由韓柳歐蘇詞章之文進, 而粹之以周程張朱理學之文也. 以道理深其淵源, 以詞章壯其氣骨, 文於是乎無弊矣."
65) 국립중앙도서관 소장, 『詳說古文眞寶大全後集』(정유자본) 권2, 「原道」註, 張16. "盖韓公於道, 知其用之周於萬事, 而未知其體之具於吾之一心, 知其可行於天下, 而未知其本之當先於吾之一身也. … 雖知文與道, 有內外淺深之殊, 而終未能審其緩急重輕之序, 以決取舍."

동안 끊어져 있던 학문을 이은 주돈이에 이르러서야 완성을 보게 된 것으로 이해하였다. 이 때문에 그는 먼저 한유를 비롯한 고문가의 글을 실어 문장의 기골을 왕성하게 하고, 마지막에 주돈이를 비롯한 도학자의 글을 통해 내용을 순수하게 하고자 했던 것이다.

이편은 반복해 객이 진나라에 공이 있음을 말하였다. 진의 이미 지난 명효明效를 끌어다 사실로 삼았고, 가벼운 것을 들어 무거운 것을 밝힌즉 진보珍寶·복완服玩·성색聲色의 일로 증명하였으니 문이 또한 기이하다. 이사는 '객이 진에 무슨 부담이 되는가?'라고 하였다. 그러나 진이 마침내 이사를 재상으로 삼았는데, 이사는 이에 조고趙高에게 아부하여 부소扶蘇를 죽이고 호해胡亥를 세워 끝내 진이 천하를 잃게 하였다. 이것은 진이 객에게 부담을 준 것이 없으나, 객이 참으로 진에게 부담을 준 것이 크다. 한비 또한 진에게 객이었을 뿐이다. 진왕이 그를 좋아하고 아직 등용하지 않았는데, 이사가 이에 참소하기를 '한비는 끝내 한나라를 위해 일하고, 진을 위해 일하지 않을 것이다'라고 하였다. 이미 객으로써 쫓긴즉 글로 다투고, 한비가 객으로써 오자 참소해 죽였으니, 이사는 참으로 경험傾險·불충不忠한 사람이다. 어떤 사람이 말하길 "지금 고문을 선집하면서 이사의 「상진황축객서」로서 『초사』의 다음에 두었으니, 그 문은 비록 아름답지만 그 사람을 어찌 하겠습니까?"라고 하였다. 말하기를 "그 사람 때문에 그 문을 폐할 수는 없다. 또한, 「이소」로 압권하여 충신으로써 만세의 권면으로 삼고, 이 글을 다음에 두어 간신으로써 만세의 경계로 삼았으니, 권면과 경계가 분명하다. 고문을 읽으면서 먼저 이것을 밝히면 어찌 도움이 적겠는가?"라고 하였다.[66]

이사의 「상진황축객서上秦皇逐客書」의 두주에 수록된 내용이다. 대전본 『후집』에서 이 글을 굴원의 「이소」 다음에 수록한 이유는 두 가지이다.

첫째, 이 글이 지닌 문체이다. 인용 글에서 진력이 '사람 때문에 문을 폐할 수는 없다'고 말했듯이 대전본 『후집』은 작자의 인품이나 행위와는 별도로 작품의 문학적 성취도에 깊은 관심을 보여주었다. 이사는 지난 일을 교묘히 끌어와 자신을 포함한 객이 진나라에 공이 있음을 증명하거나, 자신을 등용하지 않을 경우 진나라가 위험할 것이라는 협박성의 논조를 조리 있게 펼쳤다. 이에 대해 진력은 누방의 『숭고문결』에 실린 주석을 그대로 끌어와 "중간 2-3절은 한 번씩 반복하고 한 번씩 기복起伏하되, 문을 전환시키는 몇 자를 보태 정신이 더욱 드러나고 의사가 더욱 분명해져, 곡절과 변태가 무한하다."67)고 하였다. 이와 같이 「상진황축객서」는 전국시대 유세가들이 펼친 문체의 특징을 잘 보여주고 있어 대전본 『후집』에 수록했던 것이다.

둘째, 이 글에 담긴 교훈이다. 이사는 진시황이 죽자 조고趙高에게 아부하여 부소扶蘇를 죽이고 호해胡亥를 세워 진이 천하를 잃게

---

66) 국립중앙도서관 소장, 『詳說古文眞寶大全後集』(정유자본) 권1, 「上秦皇逐客書」 註, 張15. "此篇反覆言客之有功於秦. 援秦旣往之明效以爲事實, 而擧輕明重, 卽珍寶服玩聲色之事以證之, 文亦奇矣. 斯謂客何負於秦. 然秦卒相斯, 斯乃附趙高, 殺扶蘇, 立胡亥, 卒使秦喪天下. 是秦無負於客, 而客眞有負於秦大矣. 且韓非亦客于秦耳. 秦王悅之未用, 斯乃譖之, 以爲非終於爲韓計, 不爲秦也. 旣以客逐, 則以書爭之, 非以客來, 則以讒殺之, 斯眞傾險不忠之人哉. 或曰, 今選古文, 卽以李斯上秦皇逐客書, 次於楚辭, 其文雖美, 如其人何. 曰, 不可以其人廢其文也. 且以離騷壓卷, 以忠臣爲萬世勸也. 以此書次之, 以姦臣爲萬世戒也. 勸戒昭然. 讀古文而首明此, 豈無小補云."

67) 국립중앙도서관 소장, 『詳說古文眞寶大全後集』(정유자본) 권1, 「上秦皇逐客書」 註, 張15. "汪齋云, 此先秦古書也. 中間兩三節, 一反一覆, 一起一伏, 略加轉換數个字, 而精神愈出, 意思愈明, 無限曲折變態."

만든 장본인이다. 또한, 그는 객으로 온 한비자를 참소해 죽인 것에서 보듯이 경험傾險·불충한 사람이다. 이와 달리 굴원은 「이소」를 지어 위로는 당우唐虞·삼대三代의 제도를 펼치고 아래로는 걸桀·주紂·예羿·요澆의 패덕을 서술하여, 임금이 잘못을 깨달아 정도가 회복되기를 희구하였다.[68] 그는 뜻을 이루지 못하자 결국 상수에 몸을 던져 난세에 스스로를 깨끗하게 하였다. 이러한 그의 뜻은 매미가 더러운 곳에서 허물을 벗고 나와 세상 밖에서 날아다니는 것과 같아 일월과 빛을 다툴 만하다.[69] 이와 같이 대전본『후집』은 「이소」로써 압권하여 굴원을 충신의 전형으로 삼아 후세에 권면하고, 「상진황축객서」를 다음에 두어 이사를 간신의 전형으로 삼아 후세에 경계하고자, 권계의 내용을 극명하게 보여주고 있는 두 작품을 머리에 나란히 수록하였다.

대전본『후집』에는 위와 같이 문체가 뛰어나고 교훈적인 내용을 갖춘 작품들이 고르게 수록되어 있다. 소식이 초년에 지은 여러 의론 중에서 문체가 가장 평정平正한 「왕자불치이적론王者不治夷狄論」과, 만년의 의론 중에서 「범증론范增論」을 뽑아 차례로 수록하였다.[70] 그리고 진사도의 글은 대부분 주제가 표면에 드러나지 않아 작자의 의도를 알기가 쉽지 않으나, 유독 웅위한 기상을 문면에서 맛볼 수 있는 「진소유자서秦少游字敍」 한 편을 뽑았다.[71]

---

68) 국립중앙도서관 소장,『詳說古文眞寶大全後集』(정유자본) 권1,「離騷經」註, 張1. "原被讒憂煩, 乃作離騷, 上述唐虞三后之制, 下序桀紂羿澆之敗, 冀君覺悟, 反於正道而還己也."
69) 국립중앙도서관 소장,『詳說古文眞寶大全後集』(정유자본) 권1,「離騷經」註, 張1. "蟬蛻於濁穢之中, 以浮游塵埃之外, 推此志也, 雖日月爭光可也."
70) 국립중앙도서관 소장,『詳說古文眞寶大全後集』(정유자본) 권9,「王者不治夷狄論」註, 張13. "此初年程試論之體面平正者, 諸論它不可盡選, 更於晩年論中, 選范增一篇云."
71) 국립중앙도서관 소장,『詳說古文眞寶大全後集』(정유자본) 권10,「秦少游字敍」註, 張14. "後山之文, 如其詩, 味悠然以長, 色幽然以光, 不一索而竭, 而亦初不自表襮也. 故其詩其文, 皆不

또한, 한유의「원도」다음에「중답장적서重答張籍書」를 수록한 것은 한유가 40세 이전에 용맹하게 도를 지킨 것이「원도」와 서로 관련이 있기 때문이고,[72]「송육흡주참시서送陸歙州參詩序」를 수록한 것은 진력의 고향일인 동시에 군수에게 펼친 것이 너무 사치했기 때문이다.[73] 그리고 한유의 많은 묘지명에서 문장이 간략하면서도 후세에 교훈을 줄 수 있는「전중소감마군묘지명殿中少監馬君墓誌銘」을 실거나,[74] 후생들이 글을 읽고 스스로를 경책할 수 있도록 소순의「상구양내한수서上歐陽內翰脩書」를 실었다.[75] 특히 수많은 학기學記 가운데 의론이 엄정하고 문기文氣가 노장老壯하여 권계가 큰 이백의「원주학기袁州學記」를 뽑았다.[76]

위와 같이 대전본『후집』에 수록된 작품들은 문체가 뛰어나고 교훈성이 강한 문장가와 도학자의 글로 구성되어 있다. 따라서 사람들이 이들 글을 읽으면 문의 기골이 크게 되고 문의 내용이 순수해져 도덕과 문장이 합일된 도문일치를 구현할 수 있게 된다.

易看. 所選後山文, 它篇皆然, 唯此篇文氣壯浪, 雄偉秀傑, 殆不可掩, 此公之文能讀而眞嗜之, 則亦長一格矣."
[72] 국립중앙도서관 소장,『詳說古文眞寶大全後集』(정유자본) 권2,「重答張籍書」註, 張23. "按公是時, 年未四十, 蓋未著原道以前文字也. 衛道之勇也, 若是, 至著原道時, 所見又進一格矣. … 以其與原道相關, 故選以次之."
[73] 국립중앙도서관 소장,『詳說古文眞寶大全後集』(정유자본) 권4,「送陸歙州參詩序」註, 張3. "此吾州事, 不可不知, 兼文字中, 以此意施之郡守者, 甚侈, 故選之."
[74] 국립중앙도서관 소장,『詳說古文眞寶大全後集』(정유자본) 권4,「殿中少監馬君墓誌銘」註, 張14. "退之墓誌銘, 最多最古雅, 敍事有法, 得史筆, 眞西山選在文章正宗者稍多. 今以他篇長不可選, 姑選其簡者, 此篇所以簡略, 亦以其人勳臣子孫, 生平自無可見者, 故只敍其家世及我所感慨耳."
[75] 국립중앙도서관 소장,『詳說古文眞寶大全後集』(정유자본) 권7,「上歐陽內翰脩書」註, 張18. "選此篇, 又有一說. 老泉二十五歲, 方知讀書學文, 彼其用力精專, 後來成就, 高卓如此. 後生徒以過時自棄, 而不肯用力者, 尤宜讀此以自鞭策焉."
[76] 국립중앙도서관 소장,『詳說古文眞寶大全後集』(정유자본) 권9,「袁州學記」註, 張18. "學記多矣, 意正說嚴, 文老氣壯, 未有過此者. 明倫而敦忠孝, 此學之大本, 爲文以徹利達, 此學之流弊, 一勸一戒, 凜凜如秋霜烈日."

3. 주석 및 문체

1) 『전집』의 주석 및 교감

대전본 『전집』 12권에 수록된 236편에는 대부분 주석이 달려 있다. 그 중 제목 아래에 달린 주석은 작자를 소개하거나 작품을 해설한 내용이 실려 있고, 시구 아래에 달린 주석은 전고를 제시하거나 지명이나 인명을 해설한 내용이 실려 있다. 대전본 『전집』의 주석에는 구주舊註에 송백정이 음석한 것과 유염이 교정한 것이 첨가되어 있다. 한 예로 도연명시 「귀전원歸田園」의 '일모건시거日暮巾柴車'에 달린 주에는 "구주는 『주례』에 건거씨巾車氏가 있었다고 하였으나, 도연명이 사용한 뜻은 아니니 결속結束 등의 글자로 풀이하는 것이 당연하다."[77]라고 하여, 구주와 유염의 신주新註가 함께 실려 있는 것을 들 수 있다.

위와 같이 서로 뒤섞여 있는 두 주석을 구별하기 위해 만력본 『전집』과 대전본 『전집』 권1에 첫 작품으로 수록된 「진종황제권학 李眞宗皇帝勸學」의 주석을 비교하면 다음과 같다.

〈표 22〉 만력본과 대전본 『전집』 수록 「진종황제권학」의 주석

제유전해고문진보전집	상설고문진보대전전집
言人能勤學則榮貴後自有良田好宅僕從妻室之類也. 富家不用買良田書中自有千	①名恒宋太宗之子言人能勤學則榮貴後自有良田好宅僕從妻妾之奉也. 富家不用買良田書中自有千種

---

[77] 일본 내각문고 소장, 『詳說古文眞寶大全前集』(갑인자번각본) 권2, 張10. "舊註, 周禮, 有巾車氏, 然非淵明所用意, 當訓結束等字."

種粟安居不用架高堂書中自 有黃金屋漢武故事漸臺高三十丈 飾以黃金鏤屋上出門莫恨無人 隨書中車馬多如簇娶妻莫恨 無良媒詩南山娶妻如之何匪媒不 得書中有女顏如玉詩其人如 玉男兒欲遂平生志六經動向 窓前讀六經謂易詩書禮記周禮春 秋也.78)	粟②量名六斛四斗曰鍾千鍾計六千四 百斛安居不用架高堂書中自有 黃金屋漢武故事漸臺高三十丈飾以 黃金鏤屋上出門莫恨Ⓐ痕去無人 隨書中車馬多如簇聰人娶妻莫 恨無良媒Ⓑ音梅 ○ 詩南山娶妻如 之何匪媒不得書中有女顏如玉詩 其人如玉男兒欲遂平生志六經 動向窓前讀六經謂易詩書禮記周禮 春秋也.79)

　위의 두 책에 실린 「진종황제권학」의 주석이 서로 다른 부분은 네 곳이다. 이 중 '한恨'에 달린 Ⓐ "흔痕, 거去"와 '매媒'에 달린 Ⓑ "음音, 매梅"는 모두 송백정이 음석한 것이다. 그리고 두주에 추가된 ① '명항名恒, 송태종지자宋太宗之子'와 '천종千鍾'을 풀이한 ② "양명量名, 육곡사두왈종六斛四斗曰鍾, 천종千鍾, 계육천사백곡計六千四百斛"은 유염이 교정한 것이다.

　이 밖에 대전본 『전집』 권1에 수록된 황정견 시 「금릉신정金陵新亭」의 두주에는 "금릉金陵은 수나라가 승주昇州로 고쳤고, 송나라가 다시 건강建康으로 고쳤으며, 원나라 문종이 집경集慶이라고 고쳤으나 지금은 응천부應天府로 삼았다."80)라고 하여, 금릉을 주석자가 당시의 지명인 응천부로 풀이한 것이 있다. 응천부는 유염이 살았던 명나라가 초기에 이곳에 도읍을 정하고 부른 지명으로, 이곳도 유염

---

78) Princeton대도서관 소장, 『諸儒箋解古文眞寶前集』(만력본) 권1, 張1.
79) 일본 내각문고 소장, 『詳說古文眞寶大全前集』(갑인자번각본) 권1, 張1.
80) 일본 내각문고 소장, 『詳說古文眞寶大全前集』(갑인자번각본) 권1, 張19. "金陵, … 隋改昇州, 宋復改建康, 元文宗改集慶, 今爲應天府."

이 주석을 단 것으로 추정된다.

한편 유염은 두보시를 주석한 구주는 송의 이가李哥가 소식蘇軾의 주라고 속여 성명을 두찬杜撰하고 사실을 날합捏合하여 후인을 미혹시킨 것을 그대로 수록한 것으로 보고, 그 예로 「하일이공견방夏日李公見訪」의 '장두과탁료墻頭過濁醪'에서 말한 도간陶侃, 「증위팔처사贈衛八處士」의 '아녀라주장兒女羅酒漿'에서 말한 곽육郭育, 같은 시 '야우전구취량夜雨剪韭炊粱'에서 말한 곽림종郭林宗, 「가인시佳人詩」의 '만사전촉萬事轉燭'에서 말한 서막徐邈 등 모두 12편에 명시된 22명의 고사를 들었다.[81] 이와 같이 유염은 황견이 『고문진보』를 편찬하면서 저본에 달려 있는 주석을 그대로 전제한 것에 주목하고, 이들 주석의 진위에 대한 정밀한 교감을 거쳐 『상설고문진보대전』을 편찬하면서 그 진위를 밝혀 놓았다.

2) 『후집』의 주석 및 문체

『후집』에 실려 있는 주석의 내용을 파악하려면, 진력의 『비점고문』에 수록된 것으로 추정되는 100편을 대상으로 그가 이 책을 편찬하면서 사용한 주석과 저본을 확인하는 작업이 필요하다. 이를 위해 대전본 『후집』에 수록된 『비점고문』 100편과 당시에 유통되고 있던 4종의 선문집選文集에 수록된 작품에 인용된 주석을 제시하면 다음과 같다.

---

81) 일본 내각문고 소장, 『詳說古文眞寶大全前集』(갑인자번각본) 권3, 張9. "宋時, 李哥僞爲東坡注, 杜撰姓名, 捏合事實, 穿鑿詆妄, 迷誤後人, 考亭朱子及諸賢, 嘗力辨其非矣, 而古文眞寶所引類, 用舊註, 或亂初學, 故不可不辨. 如此詩墻頭過濁醪, 以爲陶侃事, 贈衛八處士, 兒女羅酒漿, 以爲郭育事, 夜雨剪韭炊粱, 以爲郭林宗事, 佳人詩, 萬事轉燭, 以爲徐邈徐邈之言…."

〈표 23〉『비점고문』과 4종 선문집의 작품과 주석

비점고문			선문집				대전본 인용 주석*
차례	작자	작품	숭고문결	문장궤범	고문관건	문장정종	
1	屈原	離騷經					(朱)
2	李斯	上秦皇逐客書	○				○(樓)
3	賈誼	過秦論	○			○	○(樓)
4	賈誼	弔屈原賦	○				○(樓)
5	諸葛亮	出師表	○	○		○	○
6	王羲之	蘭亭記					
7	陶潛	歸去來辭					(朱)
8	元結	大唐中興頌		○			
9	韓愈	原道	○	○	○	○	○(樓,朱)
10	韓愈	重答張籍書			○	○	
11	韓愈	與孟簡尙書			○	○	○(樓,朱)
12	韓愈	送浮屠文暢師序		○	○	○	
13	韓愈	平淮西碑	○			○	○(樓)
14	韓愈	南海神廟碑	○			○	○(樓)
15	韓愈	爭臣論	○	○	○	○	○(樓,呂)
16	韓愈	送窮文	○				○(樓)
17	韓愈	進學解	○				○(樓)
18	韓愈	鱷魚文	○				○(樓)
19	韓愈	柳州羅池廟碑	○			○	○(樓)
20	韓愈	送孟東野序	○	○			○(樓)
21	韓愈	送楊巨源少尹序		○		○	
22	韓愈	送石洪處士序	○	○		○	○(樓)
23	韓愈	送溫造處士序		○		○	
24	韓愈	送李愿歸盤谷序	○	○		○	○(樓)
25	韓愈	送陸歙州儉詩序					(朱)
26	韓愈	師說		○	○	○	
27	韓愈	獲麟解		○	○	○	(朱)
28	韓愈	藍田縣丞廳壁記				○	
29	韓愈	上宰相第三書				○	(樓)
30	韓愈	殿中少監馬君墓銘	○			○	○樓
31	韓愈	毛穎傳	○				○(樓,朱)

32	韓愈	伯夷頌					(朱)
33	李漢	昌黎文集序	○				○
34	柳宗元	梓人傳	○		○	○	○(樓)
35	柳宗元	與韓愈論史書	○	○	○	○	○(樓)
36	柳宗元	答韋中立書	○				○(樓)
37	柳宗元	捕蛇者說	○		○		○(樓)
38	柳宗元	種樹郭橐駝傳	○		○		○(樓)
39	柳宗元	愚溪詩序	○				○(樓)
40	柳宗元	桐葉封弟辯		○	○		
41	柳宗元	晉文公問守原議		○			
42	柳宗元	連州郡復乳穴記				○	
43	柳宗元	送薛存義序		○	○	○	(呂)
44	白居易	養竹記					
45	杜牧	阿房宮賦		○			
46	王禹偁	待漏院記	○				○(樓)
47	王禹偁	黃州竹樓記					
48	范仲淹	嚴先生祠堂記	○				○(樓)
49	范仲淹	岳陽樓記	○				○(樓)
50	石介	擊蛇笏銘					
51	司馬光	諫院題名記	○				○(樓)
52	歐陽脩	上范司諫書	○	○	○		○(樓)
53	歐陽脩	相州晝錦堂記	○				○(樓)
54	歐陽脩	醉翁亭記	○				○(樓)
55	歐陽脩	秋聲賦	○				○(樓)
56	歐陽脩	鳴蟬賦					
57	歐陽脩	送徐無黨南歸序	○		○		○
58	歐陽脩	縱囚論		○	○		
59	歐陽脩	朋黨論		○	○		
60	蘇洵	族譜序	○				○(樓)
61	蘇洵	張益州畫像記	○				○(樓)
62	蘇洵	管仲論	○	○	○		○(樓,呂)
63	蘇洵	木假山記	○				○(樓)
64	蘇洵	高祖論		○	○		
65	蘇洵	上歐陽內翰脩序					

66	蘇洵	上田樞密書	○	○	○		○(呂)
67	蘇軾	潮州韓文公廟碑		○	○		
68	蘇軾	前赤壁賦		○			(朱)
69	蘇軾	後赤壁賦		○			
70	蘇軾	祭歐陽公文	○				○(樓)
71	蘇軾	六一居士集序			○		(呂)
72	蘇軾	三槐堂銘	○	○			○(樓)
73	蘇軾	表忠觀碑		○			(樓,謝)
74	蘇軾	凌虛臺記					
75	蘇軾	李君山房記					
76	蘇軾	喜雨亭記	○				○(樓)
77	蘇軾	四菩薩閣記					
78	蘇軾	田表聖奏議序					
79	蘇軾	錢塘勒上人詩集序			○		
80	蘇軾	稼說送同年張琥	○				○(樓)
81	蘇軾	王者不治夷狄論		○			
82	蘇軾	范增論	○		○		○(樓)
83	蘇轍	上樞密韓太尉書	○				○(樓)
84	李覯	袁州學記	○	○			○
85	張耒	藥戒					
86	張耒	送秦少章序	○				○(樓)
87	張耒	書五代郭崇韜傳後	○				○(樓)
88	張耒	答李推官書	○				○(樓)
89	陳師道	與秦少游書	○				○(樓)
90	陳師道	上林秀州書	○				○(樓)
91	陳師道	王平甫文集後序	○				○(樓)
92	陳師道	思亭記	○				○(樓)
93	陳師道	秦少游字書	○				○(樓)
94	馬存	子張游贈蓋邦式					
95	唐庚	家藏古硯銘	○				○
96	唐庚	上席侍郎書	○				○(樓)
97	李格非	書洛陽名園記後	○	○			○(樓)
98	周惇頤	愛蓮說					
99	周惇頤	太極圖說					(葉,朱)

100	張載	西銘					(葉,朱)
		계	57	35	26	29	69

* (朱)는 朱憙, (樓)는 樓昉, (呂)은 呂祖謙, (謝)는 사방득(謝枋得), (葉)은 葉夢得의 약자임.

    대전본 『후집』에 수록된 130편 가운데 진력의 『비점고문』에 수록된 것으로 추정되는 100편의 저본과 관련해 가장 주목되는 것은 누방樓昉의 『숭고문결崇古文訣』, 사방득謝枋得의 『문장궤범文章軌範』, 여조겸呂祖謙의 『고문관건古文關鍵』, 진덕수陳德秀의 『문장정종文章正宗』 등 4종의 선문집이다. 『비점고문』에 수록된 것으로 추정되는 100편은 『숭고문결』에 수록된 작품이 57편으로 가장 많고, 이어 『문장정종』에 29편, 『문장궤범』에 35편, 『고문관건』에 26편의 순으로 수록되어 있다.

    또한, 한유의 「원도」와 「여맹간상서서與孟簡尙書書」, 유종원의 「여한유논사서與韓愈論史書」는 4종의 선문집에 모두 실려 있고, 제갈량의 「출사표出師表」를 포함한 15편은 3종의 선문집에 실려 있다. 그리고 대전본 『후집』 권10의 첫 작품으로 수록된 장뢰의 「송진소장서送秦少章序」에서 진사도의 「진소유자서秦少游字書」에 이르는 8편은 모두 『숭고문결』에 실려 있고, 대전본 『후집』의 말미에 수록된 주돈이의 「태극도설」과 장재의 「서명西銘」과 「동명東銘」은 모두 『근사록』에 실려 있다. 이로 보아 대전본 『후집』에 실린 『비점고문』 100편은 주로 『근사록』을 포함해 위의 4종의 선집을 저본으로 삼았으며, 그 중에서 특히 『숭고문결』을 가장 중시했음을 알 수 있다.

    대전본 『후집』 10권에 실린 130편의 작품에서 진력의 『비점고문』에 수록된 것으로 추정되는 100편에는 모두 69편에 주석이 달려 있는데, 이들 주석 가운데 53편에서 누방의 주석을 인용하였다. 이 밖에 주희의 주석 11편, 여조겸의 주석 5편, 섭몽득葉夢得의 주석 2편, 사방득의 주석 1편을 인용하였다.

주석은 제목 아래와 작품 끝에 달린 두주와 미주, 원문의 아래에 달린 주석으로 구성되어 있다. 두주와 미주에서는 주로 작자 소개나 작품을 해설하고, 원문 아래에 달린 주석은 전고를 제시하거나 지명, 인명을 해설하였다. 그러나 이러한 기준이 철저히 적용된 것은 아니다. 백거이의 「양죽기養竹記」와 왕우칭의 「황주죽루기黃州竹樓記」 등은 두주와 미주가 전혀 없고, 한유의 「남해신묘비南海神廟碑」는 본문 내용에 대한 주석이 전혀 없다. 한유 문 「송육흡주참시서送陸歙州傪詩序」의 두주에서 흡주歙州를 '오주吾州'라고 하였는데, 흡주는 진력의 고향인 신안의 옛 이름이다.[82]

주석의 분량 또한 일정한 원칙 없이 다양하게 달려 있다. 한유의 「남해신묘비」는 두주에서 단지 "사물을 펼친 것이 오묘하다."[83]라고 주를 달았으나, 제갈량의 「출사표」나 도잠의 「귀거래사」 등은 두주와 미주가 본문의 내용보다 훨씬 많다. 본문 주석의 양에 있어서도 대부분은 간략하게 주가 달려 있으나,[84] 굴원의 「이소離騷」와 한유의 「원도原道」는 많은 지면을 할애하여 상세하게 주를 달았다. 이로 보아 『후집』의 주석은 일정한 기준이나 형식에 구애 받지 않고 필요에 따라 자유롭게 달았음을 알 수 있다.

---

[82] 국립중앙도서관 소장, 『詳說古文眞寶大全後集』(정유자본) 권4, 「送陸歙州傪詩序」註, 張3. "此吾州事, 不可不知." 『讀史方輿紀要·江南』(『中文大辭典』 제18책, 141쪽)에는 "隋廢郡置歙州, 大業初改爲新安郡, 唐復曰歙州. 天寶初曰新安郡, 乾元初復故. 宋宣和三年改曰徽州."라고 하여, 진력의 고향인 新安과 歙州, 徽州가 모두 같은 지역임을 밝혔다.

[83] 국립중앙도서관 소장, 『詳說古文眞寶大全後集』(정유자본) 권3, 「南海神廟碑」註, 張7. "敍事狀物之妙."

[84] 한 예로 白居易의 「養竹記」(『詳說古文眞寶大全後集』(정유자본) 권5, 張23)는 단지 "君子思善建不拔者" 아래에 "老子曰 善建者不拔."라는 주만 달려 있다.

대전본『후집』10권에 수록된 130편의 문체별 작품수로는 서序가 21편으로 가장 많고, 이어 기記 20편, 서書 18편, 논論 9편, 부賦 7편, 설說 7편, 명銘 7편, 전傳 5편, 문文 5편, 잠箴 5편, 비碑 5편, 사辭 4편, 송頌 4편, 표表 3편, 원原 2편, 해解 2편, 변辯 2편, 서후書後 2편, 의議 1편, 계戒 1편, 증서贈序 1편 등 모두 21종의 문체로 구성되어 있다.

대전본『후집』속에 한유의 문이 가장 많이 선록된 것은 주희가 한유의 문은 의론이 바르고 규모가 크다고 생각하여 편찬한『한문고이韓文考異』[85]에 영향을 받은 것으로 생각된다. 그러나 대전본『후집』의 체제는 대전본『전집』과는 달리 시대별로 작품을 수록한 것에서 보듯이, 편자가 문체에 대해 깊은 안목을 가지고 있는 것으로는 보기 어렵다.

4. 문학사적 의의

앞서 살폈듯이 명나라의 예겸은 1450년 조선에 사신으로 오면서『상설고문진보대전』을 가져왔다. 예겸은 조선의 역사를 기록한『조선기사朝鮮紀事』를 편찬하거나 조선에 봉사奉使하며 지은 시를 묶은『요해록遼海錄』을 남겼으며,[86] 명나라에 사신으로 온 박원형朴元亨에게 시를 지어 주기도 하였다.[87] 그는 「반곡시집서盤谷詩集序」

---

[85] 李光地・熊賜履,『朱子全書』(『문연각사고전서』720~721책) 권65,「論文」, 張2. "先生方脩韓文考異, 而學者至, 因日, 韓退之, 議論正, 規模闊."
[86]『四庫全書總目』(『문연각사고전서』1~5책) 권170,「倪文僖集三十二卷」, 張36. "明倪謙撰. 謙有朝鮮紀事, 已著錄. … 又有奉使朝鮮之作, 爲遼海編, 別行於世."

에서 "시란 말에 음절이 있는 것이다. 말에 음절이 있는 것은 모두 자연에서 근본하고 사욕을 용납하지 않는다."[88]라고 하고, 오직 도연명과 위응물韋應物의 충일冲逸함과 이백과 두보의 전칙典則함만이 인구에 회자하고 음절이 자연스러워 풍아의 남음이 있다[89]고 하였다.

또한, 그는 「간암문집서艮菴文集序」에서 "도는 말에 의탁하지 않으면 이理가 스스로를 밝히지 못하고, 말은 도를 싣지 않으면 문이 멀리 가지 못한다."[90]라고 하고, 먼저 선진・양한・위진・당송에서 근대 여러 명가들의 문을 깊이 맛보아 순수한 것은 삼키고 잘못된 것은 뱉어, 경에 어긋나지 않고 도에 벗어나지 않아야 한다[91]고 하였다. 이와 같이 예겸은 『고문진보』에 수록된 작품들이 위와 같이 자신이 지향했던 도학적 문학관을 충실히 반영하고 있는 것으로 생각하고 이를 조선에 전하였다.

김종직은 「고문진보발」에서 시는 삼백 편으로 조祖를 삼고 양한兩漢으로 종宗을 삼는데 성률과 우려偶儷가 일어나면서 문장이 병들었고, 양나라 소통蕭統의 『문선文選』이래 역대 시문을 선록한 책들은 옥석을 가리지 못했으나, 오직 『고문진보』만이 채집한 것이 자못 진덕수의 『문장정종』의 유법을 얻었다[92]고 하였다. 또한, 그는 『고

---

87) 倪謙, 『倪文僖集』(『문연각사고전서』 1245책) 권8, 「贈朝鮮陪臣工曹判書朴元亨還國」, 張16.
88) 倪謙, 『倪文僖集』 권19, 「盤泉詩集序」, 張18. "詩者言之有音節者也, 言之有音節, 一皆本於自然, 而不容已焉."
89) 倪謙, 『倪文僖集』 권19, 「盤泉詩集序」, 張18. "惟陶韋之冲逸, 李杜之典則, 膾炙人口, 世爭傳誦之, 以至於今, 豈不以其音節自然, 有得於風雅之遺者乎."
90) 倪謙, 『倪文僖集』 권16, 「艮菴文集序」, 張17. "言之成章者也, 道理之無形者也. 道非託于言, 其理不能自明, 言非載夫道, 其文不能行遠."
91) 倪謙, 『倪文僖集』 권16, 「艮菴文集序」, 張17. "用志古學, 自先秦兩漢魏晉唐宋, 近代諸名家之文, 靡不沉酣咀嚼, 茹其粹, 吐其疵, 於經不悖, 於道不畔."
92) 金宗直, 「古文眞寶跋」, 『詳說古文眞寶大全後集』 권10, 張28. "詩以三百篇爲祖, 以兩漢爲宗, 聲律偶儷興, 而文章病焉. 梁蕭統以來, 類編諸家者多矣. 率皆誇富鬪博, 咸池之與激楚, 壘洗之

『문진보』는 한·진·당·송의 한가롭고 준월儁越한 작품을 수록하고, 변려 사륙문이나 성률을 중시한 글은 비록 아름답거나 호장豪壯하더라도 취하지 않았으며, 주돈이·장재·이정의 성명지설性命之說을 붙여 문장을 배우는 자들이 근저로 삼도록 하였다[93]고 하였다.

김종직이 말한 진덕수의 『문장정종』은 의리를 밝히고 쓰임에 절실한 것을 위주로 하여, 문체가 옛 것에 근본하고 논지가 경서에 가까운 작품을 수록한 선집이다.[94] 그러나 『문장정종』은 이리를 위주로 하여 지론이 바르지 않은 것은 아니나, 그 설이 끝내 중국에서 널리 행해지지는 못하였다.[95] 『고문진보』 또한 대전본 『후집』에서 진덕수의 말을 인용한 것은 제갈량의 「출사표」 한 편에 불과하고,[96] 주로 문체적 특징을 설명한 누방의 『숭고문결』을 인용한 것은 56편에 이른다.

우리는 김종직이 『고문진보』에 수록된 작품들의 문체적 특징보다는 『문장정종』의 유법을 말하거나 도학자의 성명지설을 강조한 것을 통해, 조선시대 문인 학자들이 지향했던 도학적 문학관의 일단을 엿볼 수 있다. 중국에서는 널리 익히지 못한 『문장정종』이 세종 10년(1428)에 처음 간행된 이래 여러 번 중간된 것[97]도 같은 맥락으

與康瓠, 隋珠之與魚目, 俱收並撫, 不厭其繁, 文章之病, 不可論也. 惟眞寶一書不然, 其採輯頗得眞西山正宗之遺法."

93) 金宗直, 「古文眞寶跋」, 『詳說古文眞寶大全後集』 권10, 張29. "漢晉唐宋, 寄閑儁越之作, 會稡于是, 而騈四儷六, 排比聲律者, 雖雕繢如錦繡, 豪壯如敲吹, 亦有所不取. 又參之以濂溪關洛性命之說, 使後之學爲文章者, 知有所根抵焉."

94) 陳振孫, 『直齋書錄解題』(『문연각사고전서』 674책) 권15, 「文章正宗二十卷」, 張29. "今所集以明義理切世用爲主, 其體本乎古, 而旨近乎經者, 然後取焉."

95) 樓昉, 『崇古文訣』(『문연각사고전서』 1354책) 卷頭, 「提要」, 張1. "眞德秀文章正宗, 以理爲主, … 持論不爲不正, 而其說終不能行於天下."

96) 국립중앙도서관 소장, 『詳說古文眞寶大全後集』(정유자본) 권1, 「出師表」註, 張32. "眞西山曰, 當時有此數人, 故孔明得以專討賊之任, 所謂張仲孝友也."

로 이해된다. 이렇듯 도학적 문학관에 기초해 중국 역대의 시문을 수록한 『상설고문진보대전』은 조선 시대의 문장가는 물론 도학자에게 큰 영향을 주었다.

퇴계는 이 책이 육경을 근본으로 하고 고문을 참고해 글을 지어 화실華實이 서로 어울리고 문질文質이 꼭 맞았으며,[98] 비록 인간의 이욕을 말한 진종의 「권학문」을 제외시켰지만 『고문진보』를 후학들에게 교수하였다. 이이 또한 선조와 문답하는 가운데 한유의 문장과 『고문진보』, 『시경』, 『서경』의 본문을 읽어 문리를 이루었다[99]고 하였다.[100]

위와 같이 예겸이 조선에 전한 『상설고문진보대전』은 고도의 철학적 사유에 기초한 도학적 문학관이 주도면밀하게 적용되어 있어, 문이재도文以載道를 중심으로 한 도문일치道文一致를 지향했던 조선시대의 문인 학자들이 문장을 익히는 교재로 삼기에 적합하였다. 따라서 본 연구를 통해 밝혀진 『상설고문진보대전』의 편자와 구성 체제, 그리고 작품의 내용은 중국이나 일본과는 차별화된 조선시대 한문학의 특징을 이해하는데 적지 않은 도움을 줄 것으로 판단된다.

---

97) 김학주, 『조선시대 간행 중국문학 관계서 연구』(서울대 출판부, 2000), 119쪽.
98) 李滉, 『退溪先生言行錄』 권6, 「言行通述」, 張14. "爲文本諸六經, 參之古文, 華實相兼, 文質得中."
99) 『宣祖實錄』(『조선왕조실록』 21책, 국사편찬위원회) 권9, 「八年六月條」, 張26. "今爲文詞, 粗成文理者, 亦別無用工之由, 但嘗讀韓文古文眞寶及詩書大文而已."
100) 이밖에 高尙顔이 『泰村集』(『한국문집총간』 59책)에서 『고문진보전집』의 주석에 문제점을 지적하거나, 李德弘이 『艮齋集』(『한국문집총간』 51책)에서 『고문진보』의 의문처에 대한 견해를 피력하는 등 『고문진보』의 본문 및 주석과 관련된 논의가 활발히 전개되었다. 이에 대해서는 이종묵 교수가 『한국한시의 전통과 문예미』(태학사, 2002)에서 고찰하였다.

03
퇴계일문의 『고문진보』 수용

　퇴계의 언행을 모아 놓은 『퇴계선생언행록退溪先生言行錄』의 「범례」에서 "화산본花山本에 수록된 『전집강해前集講解』는 선생의 수본手本에서 나왔다."[1]라고 말한 것이 있어 주목된다. 화산본은 천장보天章甫 권두경權斗經(1654-1726)이 모두 33권의 책에 산재해 실려 있던 퇴계의 언행을 한 곳에 모아 놓은 『퇴도선생언행통록退陶先生言行通錄』을 가리킨다. 이 책은 화산花山 선성宣城에서 문학을 하는 선비들이 서당에 모여 교정을 거친 후 임자년(1672) 가을에 간행하였으므로[2] 이를 화산본이라고 하였다. 그리고 이 책의 「범례」에서 말한

---

[1] 편자미상, 『退溪先生言行錄』(『退溪全書四』, 성균관대 대동문화연구원), 「退溪先生言行錄凡例」, 167쪽. "花山本所載前集講解, 出於先生手本."
[2] 權斗經 編, 『退陶先生言行通錄』(『退溪全書四』, 성균관대 대동문화연구원) 권8, 「退陶先生言行通錄誌」, 164쪽. "花山宣城, 有文學之事, 合集于黌堂, 更加校讐商確, 以壬子仲夏始, 事越數朔, 孟秋功告訖."

『전집강해』는 퇴계가 문인 물암勿巖 김융金隆(1525-1594)의 질의에 응하여 대전본『전집』에 수록된 시를 해석한 것[3]을 모아『고문전집강해古文前集講解』라고 제목을 달아 놓은 것을 줄여 말한 것이다.

퇴계의 수본『고문전집강해』는 현재 그 존재여부를 알 수 없고, 다만 화산본『퇴도선생언행통록』에 출전을『전집강해』라고 명기하여 모두 18항목에 달하는 강해 내용이 수록되어 있을 뿐이다.[4] 그러나 앞서 퇴계에게 대전본『전집』의 내용을 질의했던 김융의 문집인 『물암집勿巖集』에는『고문전집강록古文前集講錄』이라는 이름으로 모두 82항목의 강록이 일부 원문에 대한 한글 언해와 함께 실려 있는데,[5] 이 책은 퇴계의 수본『고문전집강해』의 원형을 파악할 수 있는 실마리를 제공하고 있다는 점에서 매우 중요한 자료이다. 그리고 퇴계의 문인인 간재艮齋 이덕홍李德弘(1541-1596)의『간재집艮齋集』에도 『고문전집질의古文前集質疑』라는 이름으로 모두 76항목의 질의가 수록되어 있는데,[6] 이 책 또한 퇴계의 수본『고문전집강해』의 내용을 확인할 수 있는 자료의 하나이다.

퇴계가 대전본『전집』과 같이 대전본『후집』을 문인들에게 직접 강해했다는 기록은 보이지 않는다. 그런데 퇴계의 문인인 이덕

---

3) 權斗經 編,『退陶先生言行通錄』,「退陶先生言行通錄採摭諸家書目錄」, 5쪽. "古文前集講解:先生因勿巖質疑而解釋者."
4) 權斗經 編,『退陶先生言行通錄』권5, 104~106쪽,「類編」. 이곳에 수록된『古文前集講錄』의 내용을 분석한 것으로는 王甦 교수의『退溪詩學』(李章佑 역, 중문, 1997)이 있다. 왕 교수는 이 책 '제7장 詩敎(216~226쪽)'에서『퇴도선생언행통록』에 실린 18항목의 내용을 내용별로 모아놓고 간략하게 필자의 의견을 더하였다.
5) 金隆,『勿巖集』(『韓國文集總刊』38책, 한국고전번역원, 1988) 권4,『古文前集講錄』, 535~541쪽.
6) 李德弘,『艮齋集』(『韓國文集總刊』51책, 한국고전번역원, 1988) 권4,『古文前集質疑』, 206~212쪽.

홍의 문집 속에 『사서질의四書質疑』·『심경질의心經質疑』·『고문전집질의』와 함께 『고문후집질의古文後集質疑』[7]가 수록되어 있어 주목된다. 간재는 19세인 명종 14년(1559)에 금란수琴蘭秀의 소개로 퇴계의 문하로 들어와 퇴계가 세상을 떠날 때까지 10년 이상을 퇴계의 신변에 머물며 학문에 정진하였다. 그가 편찬한 『고문후집질의』는 퇴계의 문하에서 대전본 『후집』에 수록된 130편의 작품에서 난해한 구절을 주석식註釋式으로 기록하거나, 의심나는 부분을 퇴계에게 질의하고 그 답변을 모아 놓은 것이다.

본 연구에서는 퇴계가 대전본 『전집』에 수록된 236편의 중국시를 스스로 체계화한 도학적 사유에 따라 원문과 주석을 강해한 사실에 주목하고, 이에 대한 면밀한 분석을 통하여 그의 대전본 『전집』에 대한 관심의 소재를 밝혀보고자 한다. 이어 퇴계와 그의 문인들이 문장 공부를 위해 대전본 『후집』을 학습하거나, 간재가 퇴계와의 문답을 통해 이 책에 실린 작품과 주석을 재해석한 사실에 유의하고, 간재가 편찬한 『고문후집질의』의 구성과 내용을 면밀히 분석하여 퇴계일문退溪一門이 지향했던 고문인식의 일단을 밝혀보기로 한다.

---

[7] 李德弘, 『艮齋集·續集』 권4, 『古文後集質疑』, 212~222쪽.

1. 퇴계의 『고문전집강해』 연구

1) 『전집』의 강해 목적

퇴계의 문집 속에는 그가 학문 과정에서 문장 공부를 소홀히 여기지 않았음을 강조한 글이 산재해 있다. 그는 "시가 사람을 그르치는 것이 아니고 사람 스스로가 잘못되는 것으로, 흥이 일고 정이 알맞으면 억제하기 어렵다."[8]고 하거나, "문장을 소기小技라 비웃지 마소, 가슴속 오묘한 곳의 진실을 형상해 낸다오."[9]라고 하여, 논리적 진실이 감당하지 못할 영역을 감당하는 시의 의의를 적극 긍정했다. 때문에 그의 시들은 도학자로서의 도학 이론의 성향·체질의 이해에 기여한다.[10]

특히 퇴계는 자신의 학문을 구축해 나가는 과정에서 『시경』을 심도 있게 탐구하였다. 이러한 사실은 퇴계가 주자서朱子書를 읽는 방법을 물어온 이굉중李宏仲에게 답하면서 양이 많은 주자서를 읽기에 앞서 『시경』을 읽을 것을 권유하면서, 공자가 이남二南을 배우지 않으면 벽을 마주하고 있는 것이라고 말하거나, 한유가 시서를 배우지 않으면 배속이 비게 된다고 한 말을 예로 들며, 심학心學에 절실하지 못하다고 생각해 시를 읽지 않는 것은 잘못으로 시서詩書를 배우지 않은 이학理學이 없다[11]고 말한 것을 통해 확인할 수 있다.

---

8) 李滉, 『退溪集Ⅰ』(『한국문집총간』 29책, 한국고전번역원, 1988) 권3, 「和子中閑居十二詠·吟詩」, 110쪽. "詩不誤人人自誤, 興來情適已難禁."
9) 李滉, 『退溪全書三』(성균관대 대동문화연구원) 권2, 「復用前韻」, 108쪽. "莫笑文章爲小技, 胸中妙處狀來眞."
10) 이동환, 「退溪의 道德的 詩世界」, 『퇴계와 함께 미래를 향해』(안동대 퇴계학연구소, 2001), 438쪽.

한편 퇴계는 『시경』에 관한 속유들의 훈석이 본지를 잃어 후학을 그르치는 것이 많다고 생각하고, 여러 사람들의 훈석을 모아 구두를 분석하고 그 뜻을 풀이하여 『시석의詩釋義』를 편찬하였다. 모두 732건의 석의가 수록된 이 책은 주자의 주석에 대한 심도 있는 이해를 바탕으로 하여 여러 가지 설이 제기된 주자의 주에 대해 정설定說을 확정한 것에 의의가 있다.[12] 그 한 예로 「소아小雅·면수沔水」제3장의 '아우경의我友敬矣' 구의 해석에 대한 퇴계의 석의를 들 수 있다. 종래 이 구에 대한 석의는 ① '우리 우友를 경敬ᄒᆞ면' ② '우리 우友호믈 경敬ᄒᆞ면' ③ '아我ㅣ 우友ㅣ 경敬ᄒᆞ면' 등 3종이 있었다.

퇴계는 이에 대해 먼저 주희가 『시집전詩集傳』에서 "아지우, 성능경이자지의我之友, 誠能敬以自持矣"라고 주석한 내용을 면밀하게 검토하고, 이 구의 핵심은 충후하고 간측懇惻한 시인의 의사를 이해하는 것에 있는데, '아우경我友敬'을 '내가 벗을 공경하는 도리'라고 바꾸어 읽는 것은 『시집전』의 본뜻과는 어긋나므로 ③의 설을 따라야 한다[13]고 하였다. 퇴계는 이와 같이 주희의 주석에 담긴 섬세한 의미를 살펴 『시석의』를 편찬하였으며, 아래에서 보듯이 그는 문학에 대한 인식에 있어서도 주자의 그것과 괘를 같이하였다.

---

11) 李滉, 『退溪集Ⅱ』(『한국문집총간』 30책, 한국고전번역원, 1988) 권36, 「答李宏仲」, 316쪽. "今間欲讀朱書, 此書固不可不讀, 然卷帙不少, 時月之間, 所不能了. 願公姑且停之, 須先讀詩, 至佳至佳. 孔子以不爲二南爲墻面, 韓公以不學詩書爲腹空, 假使公專意此學, 自古安有不學詩書底理耶. … 前日面勸讀詩, 今間讀何書, 是公意以讀詩爲不切於心學, 而不欲讀之, 此大誤也. 故索言之耳."

12) 崔錫起, 「退溪의 『詩釋義』에 대하여-釋義 內容을 중심으로-」, 『퇴계학보』(퇴계학연구소, 1997) 제95집, 49쪽.

13) 李滉, 『詩釋義』, 「小雅·沔水」(崔錫起, 「退溪의 『詩釋義』에 대하여-釋義 內容을 중심으로-」, 34쪽, 재인용). "讀者, 以是認得詩人忠厚懇惻之意則善矣. 若遂變我友敬本意, 解作吾敬友之道看, 則非傳意也. 當從後一說."

대저 시는 비록 말기末技이지만 성정에 근본하여 체體가 있고 격格이 있어 실로 쉽게 지을 수 있는 것이 아니다. 그대는 오로지 많은 것을 과시하고 화미함을 겨루며 기氣를 드러내고 이기기를 다투는 것을 숭상하여, 말이 혹 방탄함에 이르고 뜻이 혹 방잡庬雜함에 이르렀는데도 일절 불문하고 말을 믿고 붓에 맡겨 어지럽게 써대니, 비록 한 때에 쾌감을 취할 수 있지만 만세에 전하기 어려울까 두렵다. 하물며 이러한 일을 능사로 여겨 습관적으로 익숙해져서 그치지 않으면, 더욱 말하기를 삼가고 풀어진 마음을 거두는 도에 방해가 되므로 절실히 경계해야 한다.[14]

퇴계가 문인 정탁鄭琢(1526-1605)이 보낸 시를 읽고 써준 답장의 일부이다. 퇴계는 시가 비록 말기이지만 성정에 근본을 둔 것으로 체가 있고 격이 있어 쉽게 지을 수 있는 것이 아니라고 하였다. 그러나 퇴계는 정탁의 시가 많은 것을 과시하고 화미함을 겨루며 기를 드러내고 뛰어나기를 다투는 것을 숭상하여, 방탄한 말과 방잡한 뜻을 어지럽게 적어 일시의 쾌감을 취했을 뿐이라고 비판하였다.

사실 정탁의 위와 같은 작시태도는 당시 사람들 모두에게 습관적으로 익숙해져 있었던 것으로, 이러한 풍조는 퇴계가 문인들에게 시를 통해 심학의 요체를 체현하고 성인의 학문을 익히도록 하는데 심각한 장해물이 되었다. 이에 퇴계는 『시경』 이후에 지어진 시 가운데 온유돈후한 시인의 성정에 근본하지 못하고 사람의 욕망이 그

---

14) 李滉, 『退溪集 Ⅱ』 권35, 「與鄭子精琢(丙寅)」, 290쪽. "夫詩雖末技, 本於性情, 有體有格, 誠不可易而爲之. 君惟以誇多鬪靡, 逞氣爭勝爲尙, 言或至於放誕, 義或至於庬雜, 一切不問, 而信口信筆, 胡亂寫去, 雖取快於一時, 恐難傳於萬世. 況以此等事爲能, 而習熟不已, 尤有妨於謹出言收放心之道, 切宜戒之."

대로 표출된 작품이 많이 있는 것을 깊이 우려하고, 성정의 바름을 보여주고 체제와 격조를 충실히 갖춘 명가의 시를 직접 교수하여 문인들이 타락에 이르지 않도록 하였던 것이다.

퇴계가 문인들에게 시를 교수하여 그들의 마음을 바로잡는데 도움을 줄 수 있다고 생각한 책이 바로 대전본『전집』이다. 앞서 살폈듯이 이곳에는 무명씨를 포함한 76명의 작품 236편이 권학문勸學文에서 사류辭類에 이르기까지 모두 12유형으로 나누어져 있는데, 이 시들은 형식보다는 내용에 중점을 둔 고풍의 작품들이 주조를 이루고 있는 것이 특징이다. 그 예로 도의 전체와 중화의 묘용, 자득의 즐거움을 말한 소옹의 「청야음淸夜吟」[15]과, 군자가 포학한 때를 만나 환란 중에도 홀로 우뚝 서서 변하지 않는 모습을 읊은 두보의 「추우탄秋雨歎」[16]을 들 수 있다. 또한, 이 책의 마지막에 수록된 원진의 「연창궁사」는 의론이 격발하여 마음에 가득한 충애의 성심이 말 밖에 넘쳐 있다.[17]

이와 같이 대전본『전집』은 시인의 내면에 자리한 본연의 양심을 질박하고 평이한 말로 꾸밈없이 펼친 시로 구성되어 있어, 이를 읽으면 마음속에 선한 감정이 저절로 일어나 성정의 바름을 회복하게 되어 어떠한 세상의 이익에도 마음이 흔들리지 않게 하는데 도움이 된다. 그러나 주자의『시집전』에 기초해『시석의』를 편찬했던 퇴계의 도학적 심미안으로 볼 때, 이곳에 실린 시의 원문과 주석을

---

15) 일본 내각문고 소장,『詳說古文眞寶大全前集』(갑인자번각본) 권1,「淸夜吟」註, 張6. "言道之全體, 中和之妙用, 自得之樂, 少有人之此味也."
16) 일본 내각문고 소장,『詳說古文眞寶大全前集』(갑인자번각본) 권4,「秋雨歎」註, 張7. 此詩刺時之暴虐, 君子在患亂之中, 以特立獨行不變也."
17) 일본 내각문고 소장,『詳說古文眞寶大全前集』(갑인자번각본) 권12,「連昌宮辭」註, 張10. "議論激發, 滿襟忠愛之誠, 溢於語外, 眞確論也."

가감 없이 문인들에게 교수하기에는 작품의 선정 기준이나 주석의
내용 등에 있어 문제가 적지 않았다.

> 본주本註에서 인용한 최상崔祥의 말은 매우 이치에 맞지 않는
> 데, 이는 바로 두시 소주蘇註의 설이다. 내가 예전에 두보시를 읽
> 으면서 소주라고 말한 것은 천착하거나 두찬한 것이 많고, 또한
> 그 문자가 비용卑冗하여 결코 소식의 문자와는 어울리지 않았으
> 며, 인용한 사람의 성명도 대부분 앞 시대에 없는 사람을 찬조한
> 것임을 알고, 이로써 마음속으로 그것이 응서贗書라고 의심하였
> 다. 후에 선유先儒의 제설에서 이미 소주는 소식이 찬술한 것이
> 아님을 논증하고, 이에 '어떤 사람이 이 글을 위작하고 소식에 의
> 탁해 세상을 속였는지 모르겠다'고 말한 것을 보았다. 지금 이
> 주에 의거하면 본래 최상은 없고 완궁阮兢 또한 본래 없다. 이 두
> 설은 단지 주석자가 멋대로 이러한 말과 이들의 성명을 만들어
> 사람들을 속인 것으로 기탄하지 않음이 심하다고 이를 만한데,
> 『고문진보』를 주석한 자가 또 취하여 전하였으니 또한 그릇된
> 것을 따르기만 하고 고증에는 자세하지 못했다고 이를 만하다.[18]

퇴계가 대전본 『전집』 권8에 수록된 두보의 「취시가醉時歌」 가운
데 "유술어아하유재儒術於我何有哉, 공구도척구진애孔丘盜跖俱塵埃" 아

---

18) 金隆, 『勿巖集』 권4, 『古文前集講錄』, 537쪽. "本註所引崔祥之言, 殊無理, 此乃杜詩蘇註之
說. 余舊讀杜詩, 見所謂蘇註多穿鑿杜撰, 且其文字卑冗, 絶不類東坡文字, 而其引用之人姓名,
率多撰造前世所無者. 以是心竊疑其贗書. 後見先儒諸說, 已論蘇註非坡翁所撰, 乃不知何人僞
作此書, 託坡以欺世云云. 今據此註, 本無崔祥, 阮兢亦本無. 此兩說, 只是註者妄有此言此姓名
以誣人, 可謂無忌憚之甚, 而註古文眞寶者, 又取而傳之, 亦可謂踵謬襲訛, 而不審於援證矣."

래에 달려 있는 주석[19]의 진위를 가린 내용이다. 두보의 「취시가」는 자신의 궁벽한 처지를 술에 의지해 토로한 것에 불과한 시이다. 그런데 최상崔祥은 이 시구를 "유술이 나에게 무슨 보탬이 있는가?"라고 풀이하면 이는 유학의 무용론을 표현한 것으로 성정지정에 맞지 않는다고 생각하였고, 따라서 그는 두보의 본의를 왜곡하여 "유술이 나에게 어찌 손해가 있겠는가?"라고 풀이하였다.

퇴계는 이에 대해 「취시가」에 달려 있는 주석에서 최상과 완궁의 설 또한 주석자가 멋대로 만들어 사람들을 속이기를 꺼려하지 않은 것인데, 『고문진보』에 주석을 단 사람이 세밀하게 고증하는 과정 없이 그릇된 것을 그대로 베꼈다고 하였다. 결국 그는 두시 소주는 천착하거나 두찬한 것이 많고, 문장이 비용卑冗하여 소식의 글에 어울리지 않으며, 인용한 사람의 성명도 대부분 새로 찬조한 것이라고 단정하였다. 그는 뒤에 선유의 제설에서 이미 소주는 소식이 찬술한 것이 아님을 논증한 내용[20]을 통하여 자신의 견해가 사실임을 확인하였다.

퇴계는 위와 같이 대전본『전집』을 문인들에게 교수하기에는 이 책에 선록된 작품이나 주석의 내용에 있어 적지 않은 문제가 있다고 생각하고, 도학적 사유를 바탕으로 한 심미의식에 기초해 시의 원문과 주석을 재해석하여『고문전집강해』를 편찬하였다.

---

19) 崔祥曰, 男兒當壯卽仕, 儒術於我, 焉有所損哉. 阮兢曰, 孔丘盜跖, 今爲塵人, 生不樂, 胡爲解憂.
20) 퇴계가 확인한 先儒의 諸說은 대전본『상설고문진보대전전집』(정유자본) 권3, 張9에 실린 「夏日李公見訪」의 "庭戶布濬留, 頹恐櫨中蠹"구에 달려 있는 주석으로 생각된다. 이곳에 수록된 두보의 시는 宋나라 때에 李哥가 東坡注라고 꾸민 僞註를 인용한 것으로 보았는데, 그 예로「夏日李公見訪」의 '墻頭過濁醪'를 陶侃의 일로 보거나「入奏行」의 '必俯拾'을 薛光의 말로 여기는 등 모두 12편에 명시된 22명의 사람을 열거하고, 이들의 고사는 諸子書나 史書에 나오지 않고 雜書에서 찾아볼 수 없는데도 개정해 제거하지 않았다고 하였다.

2) 『고문전집강해』의 구성

『퇴도선생언행통록』과 김융의『고문전집강록』, 이덕홍의『고문전집질의』에 수록된 내용을 표로 제시하면 다음과 같다.

〈표 24〉『퇴도선생언행통록』·『고문전집강록』·『고문전집질의』 수록 내용

차례	작품명	작자	통록	강록	질의
1	傷田家	聶夷中	○	○	○
2	王右軍	李白		○	
3	對酒憶賀監	李白			○
4	戲贈鄭溧陽	李白		○	○
5	嘲王歷陽不肯飮酒	李白		○	
6	遊龍門奉先寺	杜甫		○	○
7	和韋蘇州詩寄鄧道士	蘇軾		○	
8	少年子	李白		○	
9	遊東園	謝玄暉			○
10	古詩	無名氏		○	○
11	綠筠軒	蘇軾			○
12	靑靑水中蒲	韓愈		○	○
13	幽懷	韓愈		○	○
14	歸田園	陶潛		○	○
15	責子	陶潛		○	
16	田家	柳宗元			○
17	直中書省	謝靈運			
18	讀山海經	陶潛		○	
19	夢李白	杜甫	○	○	○
20	贈東坡	黃廷堅	○	○	○
21	田家	柳宗元	○	○	○
22	樂府上	無名氏		○	○
23	歸田園居	陶潛		○	○

24	夏日李公見訪	杜甫	○		○
25	石壕吏	杜甫		○	
26	佳人	杜甫	○	○	○
27	送諸葛覺往隨州讀書	韓愈		○	○
28	司馬溫公獨樂園	蘇軾	○		
29	上韋左相二十韻	杜甫		○	○
30	寄李白	杜甫		○	○
31	投贈哥舒開府	杜甫		○	○
32	贈韋左丞	杜甫		○	○
33	醉贈張秘書	韓愈		○	○
34	戲和答禽語	黃廷堅	○		○
35	送羽林陶將軍	李白		○	○
36	清江曲	蘇庠			○
37	登金陵鳳凰臺	李白	○		○
38	二月見梅	唐庚瀘			○
39	水仙花	黃廷堅		○	
40	醉後答丁十八…	李白		○	○
41	采石月贈郭功甫	梅聖俞		○	○
42	桐木爲風雨所拔歎	杜甫			○
43	哀江頭	杜甫	○		○
44	燕思亭	馬存			
45	明河篇	宋之問	○		○
46	題磨崖碑	黃廷堅			○
47	有所思	宋之問			○
48	荔枝歎	蘇軾		○	○
49	定惠院海棠	蘇軾		○	
50	陶淵明寫眞圖	謝幼槃			○
51	桃源圖	韓愈		○	○
52	書王定國所藏…	蘇軾		○	
53	寄盧仝	韓愈		○	○
54	將進酒	李白		○	
55	高軒過	李長吉		○	

56	邀月亭	馬存		○	○
57	贈寫眞何秀才	蘇軾		○	
58	於潛令刁同年…	蘇軾		○	○
59	太行路	白居易		○	○
60	蜀道難	李白		○	
61	廬山高	歐陽脩	○		○
62	襄陽歌	李白	○		
63	醉時歌	杜甫	○	○	○
64	徐卿二子歌	杜甫		○	○
65	戲題王宰畫山水歌	杜甫	○	○	○
66	茅屋爲秋風所破歌	杜甫		○	
67	短檠歌	韓愈		○	○
68	浩浩歌	馬存		○	○
69	茶歌	盧仝		○	○
70	菖蒲歌	謝枋得		○	○
71	石鼓歌	韓愈		○	○
72	後石鼓歌	蘇軾		○	○
73	戲作花卿歌	杜甫		○	○
74	題李尊師松樹…	杜甫		○	○
75	戲韋偃爲雙松圖歌	杜甫		○	○
76	劉少府畫山水障歌	杜甫		○	
77	天育驃騎歌	杜甫		○	
78	江南遇天寶樂叟歌	白居易		○	
79	長恨歌	白居易		○	
80	六歌	文天祥		○	○
81	麗人行	杜甫		○	
82	古栢行	杜甫		○	○
83	兵車行	杜甫		○	○
84	洗兵馬行	杜甫	○	○	○
85	入秦行	杜甫		○	○
86	高都護驄馬行	杜甫		○	
87	驄馬行	杜甫		○	○

88	偪側行	杜甫	○	○	○
89	琵琶行	白居易		○	
90	內前行	唐庚廬		○	
91	今夕行	杜甫		○	○
92	君子行	聶夷中		○	
93	汾陰行	李嶠			○
94	百舌吟	劉禹錫		○	○
95	梁浦吟	諸葛亮		○	○
96	丹靑引	杜甫		○	○
97	桃竹杖引	杜甫		○	○
98	韋諷錄事宅觀…	杜甫			○
99	明妃曲(1)	王安石	○	○	
100	明妃曲(2)	王安石		○	
101	連昌宮辭	元稹		○	○
	계		18	82	75

* 「통록」은 「퇴도선생언행통록」, 「강록」은 김융의 「고문전집강록」, 「질의」는 이덕홍의 「고문전집질의」를 가리킴.

『퇴도선생언행통록』과 『고문전집강록』, 그리고 『고문전집질의』에 수록된 항목을 모두 합치면 28명의 작자 101편에 이른다. 작가별 작품수로는 두보杜甫 시가 32편으로 가장 많고, 이어 이백李白 시 11편, 소식蘇軾 시 9편, 한유韓愈 시 8편, 도잠陶潛 시, 백거이白居易 시, 황정견黃庭堅 시 등 4편, 마존馬存 시 3편, 왕안석王安石 시, 유종원柳宗元 시, 송지문宋之問 시, 섭이중聶夷中 시, 당경로唐庚廬 시, 무명씨無名氏 시 등 2편, 구양수歐陽脩 시 외 13명 1편의 순이다.

이 중에서 특히 두보 시가 32편을 차지하고 있는 것이 눈에 띈다. 이는 대전본『전집』12권에 수록된 236편 가운데 두보가 44편, 이백이 38편, 소식이 18편을 차지하고 있는 것과 비교할 때 더욱 그렇다. 퇴계는 젊었을 때에 두보 시를 익히고 만년에 주회 시를 좋아하여 시의 격조가 한 손에서 나왔다[21]는 평을 들을 정도로 두보 시에 정통하였다. 특히 그는 두보 시가 풍아風雅를 추종하고 굴원과 송옥을 능가하며 충애忠愛의 정성이 천성에서 나와 시절을 근심하고 인사를 감개하는 내용을 갖추고 있다[22]고 보고, 강해의 많은 부분을 그의 시에 할애한 것으로 판단된다.

『퇴도선생언행통록』에는 모두 18항목이 수록되어 있는데 이 중 두보 시가 8편을 차지하고 있다. 『퇴계선생언행록』의 「범례」에는 유종원의 「전가田家」 중의 '소마방적력疎麻方寂歷' 구에 대한 퇴계의 수본手本 여부를 가리는 내용이 실려 있어 주목된다. 화산본에서 「전가」의 '소마방적력疎麻方寂歷' 구를 설명한 내용 가운데 이백의 「무산병풍巫山屛風」의 '역력행주범파수歷歷行舟泛巴水' 구는 권두경이 은연중에 첨보하여 선생의 수필에서 나온 것처럼 한 것으로, 『전집강해』는 이러한 것이 기록하기 어려울 정도로 많으며, 시가詩家의 주해는 퇴계의 언행에서 긴절하지 않다는 이유를 들어 모두 산거해 수록하지 않는다[23]고 하였다. 실제 『퇴도선생언행통록』에는 「범례」에서 지적한 데로 이백의 시구가 인용되어 있으나,[24] 『고문전집강록』[25]과 『고문전집질의』[26]에는 이백의 시구가 모두 빠

---

21) 편자미상, 『退溪先生言行錄』 권5, 「雜記」, 張5. "少嘗學杜詩, 晚喜晦菴詩, 往往調格如出一手."
22) 李滉, 「策問」, 『陶山全書Ⅳ』(한국학중앙연구원, 1980), 314쪽. "追踪乎風雅, 凌駕乎屈宋, 忠愛之誠, 出於天賦, 憂時感事, 觸目皆然."
23) 편자미상, 『退溪先生言行錄』, 「凡例」, 167쪽. "花山子本所載前集講解, 而出於先生手本. 釋子厚田家, 疎麻方寂歷之義曰, 寂歷與寂寞不同, 蓋寂而有疎影離離之象. 又引坡詩云, 寂歷疎松欹晚照之句, 以爲其意可黙會云云, 而權公以李白巫山屛風詩, 歷歷行舟泛巴水之句, 隱然添補, 有若出於先生手筆者. 然如此之類, 難以殫記, 且詩家註解, 於先生言行, 甚不緊切, 故盡爲刪去."
24) 權斗經 編, 『退陶先生言行通錄』 권5, 「類編」, 104쪽. "疎麻方寂歷. 寂歷, 寂歷與寂寞不同, 蓋寂而有疎離離之象. 坡詩云, 寂歷疎松欹晚照, 與此參看, 其意可黙會, 李白, 巫山屛風詩, 歷歷行舟泛巴水, 遠望指點而分明可數者, 謂之歷歷."
25) 金隆, 『勿巖集』 권4, 『古文前集講錄』, 536쪽. "寂歷, 寂歷與寂寞不同, 蓋寂而有疏影離離之

져있다. 이로 보아 『퇴도선생언행통록』에 수록된 것은 그 출처가 퇴계의 수본 『고문전집강해』에서 나온 것으로 원형에 가깝기는 하지만, 이곳에 수록된 18항목은 권두경이 퇴계의 수본 위에 일부 내용을 추가한 것으로 판단된다.

『고문전집강록』에는 모두 82편의 강해가 수록되어 있다. 이 책은 김융이 정밀하게 생각해 연구하여 퇴계의 지결旨訣을 이은 것으로, 후학들이 그의 주소와 훈고를 존신해 강습하여 퇴계 학문을 계승할 수 있도록 한 것이다.[27] 앞서 살폈듯이 퇴계의 『고문전집강해』는 김융의 질의에 응답한 것을 모은 것일 뿐만 아니라, 이 책은 끝에서 『소학강록小學講錄』, 『가례강록家禮講錄』, 『태극도강록太極圖講錄』, 『통서강록通書講錄』 등과 함께 친히 퇴계의 가르침을 받아 후학에게 내려준 것[28]임을 밝혔다. 이로 보아 이곳에 수록된 내용은 퇴계의 수본 『고문전집강해』와 밀접하게 관련되어 있을 것으로 추정된다.

특히 이 책의 편제에서 가장 눈에 띄는 것은 시 원문의 일부를 우리말로 언석言釋한 것으로, 두보의 「상위좌상이십운上韋左相二十韻」에서 시작해 원진의 「연창궁사」에 이르기까지 모두 17편의 작품 22항목에 달한다. 그 한 예로 「상위좌상이십운」 가운데 '사태강하탁沙汰江河濁' 구를 "사태沙汰. 석운釋云, 강하의 탁을 사태江河의 濁을 沙汰, 강본불탁이역언탁자江本不濁而亦言濁者, 인하탁이대언지이因河濁而帶

象. 坡詩, 寂歷疏松欹晚照."
[26] 李德弘, 『艮齋集』 권4, 『古文前集質疑』, 207쪽 "寂歷, 與寂寞不同, 蓋寂而有疏影離離之象."
[27] 金隆, 『勿巖集』 권4, 『古文前集講錄』, 536쪽. "夫以先生之精思窮硏, 而復承師門之旨訣, 則其一註疏一訓詁, 孰非後學之所尊信而講習者哉."
[28] 金隆, 『勿巖集』(『한국문집총간』 38책, 한국고전번역원, 1988) 권4, 『古文前集講錄』, 541쪽. "右小學·前集二書講錄, 與上家禮·太極圖·通書講錄, 皆先生之親受師敎, 以詔後學者也."

言之耳"라고 한 것을 들 수 있다. 위에서 '江河의 濁을 沙汰'는 시구를 우리말로 풀이한 언석諺釋에 해당하고, 이어진 "강본불탁이역언탁자江本不濁而亦言濁者, 인하탁이대언지이因河濁而帶言之耳"는 시구의 의미를 정밀하게 풀이한 평설評說에 해당한다. 이러한 석의의 방식은 전문에 대한 번역은 아니지만 오히려 문제가 되는 부분을 집중적으로 정밀한 해석을 가한 것이기 때문에 학자들에게 더 긴요할 수 있다.[29] 따라서 『고문전집강록』은 퇴계가 『시석의』를 편찬하면서 난해한 구절을 우리말로 풀이한 언석의 방식과, 이를 다시 한문으로 평설을 붙여 의미를 보다 정밀하게 풀이한 석의의 방식을 그대로 준용했다는 점에서 또 다른 의미를 찾을 수 있다.

『고문전집질의』에는 모두 75편의 강해 내용이 수록되어 있다. 이덕홍은 퇴계로부터 자주 시에 대한 논평을 들은 것으로 잘 알려져 있다. 그 한 예가 바로 퇴계가 신유년(1561) 3월 그믐에 이덕홍과 함께 출계재出溪齋 남쪽을 산책하면서 두보 시 「추수秋愁」 가운데 "반와로욕저심성盤渦鷺浴底心性, 독수화발자분명獨樹花發自分明" 두 구를 군자의 학문방법과 관련시켜 말한 것이다.[30] 『고문전집질의』는 이덕홍이 퇴계에게 대전본 『전집』에 수록된 시에 대해 질의하고 퇴계가 이를 답한 내용을 모아 놓은 것으로, 『사서질의四書質疑』, 『주역질의周易質疑』, 『심경질의心經質疑』 등과 함께 『간재집』에 수록되어 있다. 이 책은 『고문전집강록』에서 제시한 우리말 언석은 빠져 있고, 작품

---

29) 崔錫起, 「朝鮮 前期의 經書 解釋과 退溪의 『詩釋義』」(퇴계학연구소, 1996), 81쪽.
30) 편자미상, 『退溪先生言行錄』 권2, 「樂山水」, 張6. "辛酉三月晦, 先生步出溪南齋, 率李福弘德弘等, 往陶山, 憩冢頂松下, 時山花盛開, 煙林明媚. 先生詠杜詩, 盤渦鷺浴底心性, 獨樹花發自分明之句. 德弘問此意如何, 曰爲己君子, 無所爲而然者, 暗合於此意思, 學者須當體驗, 正其誼, 不謀其利, 明其道, 不計其功, 若小有一毫爲之之心則非學也."

명을 제시하고 나서 해당 구절을 강해하는 방식으로 구성되어 있다.

그런데 『고문전집질의』에 수록된 이백의 「대주억하감對酒憶賀監」을 포함한 18편의 작품에 대한 강해는 『고문전집강록』에 빠져 있고, 『고문전집강록』과 중복되는 57편 또한 강해의 내용에 있어서 두 책이 서로 증감을 보여 주고 있다. 그 한 예로 무명씨의 「고시古詩」에 대해 『고문전집강록』에는 "영영盈盈, 상수지허명요양狀水之虛明搖漾"[31)]이라고 하여 '영영'에 대한 풀이만 있는데, 『고문전집질의』에는 "탁소수擢素手, 중하탁자최호中下擢字最好, 약작탁수섬소칙사의若作擢手纖素則死矣, 비활법非活法. 영영盈盈, 상수지허명요양狀水之虛明搖漾"[32)]이라고 하여 이 시의 '섬섬탁소수纖纖擢素手' 구에서 '탁擢'자의 사용에 대한 작법상의 특징을 설명한 부분이 추가되어 있다. 따라서 이 책은 『퇴도선생언행총록』과 『고문전집질의』에 빠져 있는 퇴계의 수본 『고문전집강해』의 내용을 보완할 수 있는 자료라는 점에서 그 의미를 찾을 수 있다.

3) 『고문전집강해』의 내용

(1) 작자와 작품의 평가

퇴계는 문학을 배우는 것을 정심正心의 한 방법으로 인식하였다. 그는 문인 조목趙穆이 '마음과 행실이 바르지 못하면 비록 문학이 있은들 무엇에 쓰겠습니까?'라는 물음에, '문학을 어찌 소홀히 할 수 있겠는가? 문학을 배우는 것은 마음을 바르게 하는 것'이라고 답하

---

31) 金隆, 『勿巖集』 권4, 『古文前集講錄』, 535쪽.
32) 李德弘, 『艮齋集』 권4, 『古文前集質疑』, 206쪽.

였다.³³⁾ 따라서 퇴계는 대전본 『전집』을 문인들에게 교수하면서 시를 통해 마음을 바로 잡는 것에 초점을 맞추었다. 그 대표적인 예로 수편首篇에 수록된 진종의 「권학문」은 이욕의 설을 취하여 사람을 권면했다는 이유로 제외시키고, 옛사람들이 학문을 권고한 규범은 본래 이와 같지 않았으며 수편의 내용을 모두 지우고 단지 "남아욕수평생지男兒欲遂平生志, 육경근향창전독六經勤向窓前讀"구만을 남겨 놓은 것³⁴⁾을 들 수 있다. 실제 진종의 「권학문」은 이 두 구절을 제외하면 '서중자유천종속書中自有千鍾粟', '서중자유황금옥書中自有黃金屋', '서중거마다여족書中車馬多如簇', '서중유여안여옥書中有女顏如玉' 등 모두 독서를 통해 이욕을 구하는 내용으로 구성되어 있다. 따라서 우리는 이를 통해 퇴계의 대전본 『전집』에 대한 관심의 소재를 명확히 알 수 있다.

> 원문 : 已能舒卷任浮雲, 不惜光輝讓流月. 明河可望不可親, 願得乘槎一問津(宋之問, 「明河篇」).

> 강해 : '대개 구름은 혹 은하를 가리지만 은하는 구름을 거슬리지 않고, 달은 은하로부터 빛을 더하지만 은하는 달에게 양보한다'는 것을 말한다. 은하의 미덕이 이와 같으므로 마땅히 관계를 끊고 친하게 지내지 못할 뜻

---

33) 權斗經 編, 『退陶先生言行通錄』 권2, 「類編」, 34쪽. "余因率爾而對曰, 心行不得正, 雖有文學, 何用焉. 先生曰, 學文豈可忽哉. 學文所以正心也."
34) 李德弘, 『艮齋集』 권5, 「溪山記善錄上」, 80쪽. "先生敎古文前集, 必遺勸學文曰, 此書出於陳新安之撰, 何以首此眞宗勸學文耶. 古人勸學之規, 本不如是. 何必取利欲之說以勉人乎. 吾則不爲也. 攵首篇, 只存男兒欲遂平生志, 六經勤向窓前讀一句云."

이 없는 듯하다. 오직 나는 하토下土에 있어 단지 우러러 볼 뿐 서로 친할 수 없으니, 탄식하며 뗏목을 타고 나루를 묻는 소원이 있게 된 것이다. 그 문사가 더욱 청려淸麗·기위奇偉하나 그 사람의 악함의 실제는 더욱 가릴 수 없다. 『당서唐書』「본전本傳」에 말하길 "천하가 그 행실을 추하게 여겼다."라고 했으니, 사씨史氏는 참으로 오악惡惡의 뜻을 얻었다.[35]

송지문宋之問의 「명하편明河篇」을 강해한 내용이다. 대전본『전집』에서는 이 시를 평하여 "광명光明·준위俊偉하여 완연히 성하星河가 현저顯著하고 운한雲漢이 소회昭回하다."라고 하고, 이어 당나라의 무후가 문재를 갖춘 소장학자들을 북문학사北門學士로 보충하였는데, 송지문이 이를 구했으나 무후가 '송지문은 구과口過가 있다'는 이유를 들어 불허하자, 자신을 명하明河에 비겨 무후를 깨닫게 하면서 총애를 받지 못한 것을 스스로 상심하였다[36]고 하였다.

그러나 퇴계는 이 시는 송지문이 은하를 무후에 비유하여 무후의 미덕을 칭양하면서 아유한 것으로 단정하였다. 곧 그는 송지문이 무후의 미덕을 언제나 구름을 거슬리지 않고 언제나 달에게 빛을 양보하는 은하에 비유하여, 무후의 측근에서 자신을 모함하는 무리

---

35) 權斗經 編,『退陶先生言行通錄』권5,「類編」, 104쪽. "蓋言雲或掩於河, 而河不忤於雲, 月增光於河, 以河能讓於月, 河之美德如此, 宜若無絶物不可親之義. 惟我在下土, 但可仰望而不可親而相親, 所以發歎而有乘槎問津之願. 其辭愈淸麗奇偉, 而其人之惡之實, 愈不可掩. 唐書本傳曰, 天下醜其行, 史氏眞得惡惡之義矣."
36) 일본 내각문고 소장, 『詳說古文眞寶大全前集』(갑인자번각본) 권5, 「明河篇」註, 張11~12. "此篇光明俊偉, 宛然星河之顯著, 雲漢之昭回. ○武后時, 少俊有文才者, 多補北門學士, 之問求之, 后不許日, 宋之問有口過, 遂作明河篇, 自況明河喻后, 而自傷不見親寵也."

들에 의해 무후의 눈이 가려졌음을 말하고, 자신은 단지 하토에서 무후를 높이 우러러 보며 뗏목을 타고 나루를 물을 뿐이라고 탄식한 것으로 이해하였다.

더욱이 퇴계는 이에서 한 걸음 더 나아가 『당서唐書』의 「본전本傳」에서 '천하가 그의 행실을 추하게 여겼다'는 말을 예로 들어, 이 시는 청려清麗・기위奇偉한 문사 속에 그의 악한 인품이 더욱 드러났다고 비판하였다. 이와 같이 퇴계는 작품에 내면에 자리한 시인의 성정과 작품에 드러난 문사가 서로 일치하는 것을 중시하고, 시인의 행실이 도리에 어긋나면 작품 또한 일말의 가치도 없는 것으로 생각하였다.

  원문 : 夫壻輕薄兒, 新人美如玉. 合昏尚知時, 鴛鴦不獨宿.
     但見新人笑, 那聞舊人哭. 在山泉水清, 出山泉水濁.
     (杜甫, 「佳人」).

  강해 : 위에서 이르길 '부서경박아夫壻輕薄兒, 신인미여옥新人美如玉'이라 하고, 또 이르길 '단견신인소但見新人笑, 나문구인곡那聞舊人哭'이라 하여, '천청泉清'과 '천탁泉濁'의 구에 연결하였으니, 이것은 부서夫壻의 정이 만난 것을 인하여 변화해 일정함이 없음을 비유한 것으로, 구인舊人을 만나면 그의 덕이 선량하지만 신인新人을 만날 때는 그의 마음이 음벽淫僻했음을 탄식한 것임을 알 수 있다. 중간에 합혼合昏과 원앙鴛鴦을 일컬어 이에 외물도 또한 저와 같은데 사람이 부부에 있어서 경솔히 할 수 있는가라는 뜻을 두루 말했을 뿐이다.[37]

두보 시 「가인佳人」을 강해한 내용이다. 대전본 『전집』에서는 이 시의 "부서경박아夫壻輕薄兒, 신인미여옥新人美如玉. 합혼상지시合昏尙知時, 원앙불독숙鴛鴦不獨宿" 아래에 "이는 가인佳人이 스스로 원망한 일로 사물은 합치기도 하고 짝도 있지만, 사람은 이와 같지 못함을 말한 것이라고 하였다."[38]라는 주가 달려있고, "단견신인소但見新人笑, 나문구인곡那聞舊人哭. 재산천수청在山泉水淸, 출산천수탁出山泉水濁" 아래에 "정情이 익숙한 것을 따라 옮겨가는 것은 물이 만난 것을 인하여 맑거나 흐린 것과 같으니, 이는 또한 가인이 지아비를 생각하는 말이다"[39]라는 주가 달려 있다.

이에 대해 퇴계는 '부서경박아夫壻輕薄兒, 신인미여옥新人美如玉'과 '단견신인소但見新人笑, 나문구인곡那聞舊人哭'을 '천청泉淸'과 '천탁泉濁'에 연결시켜 부서夫壻의 정이 수시로 변화하여 일정함이 없음을 비유한 것이라고 하였다. 곧 그는 부서가 구인舊人을 만날 때는 덕德이 선량했지만 신인新人을 만날 때는 마음이 음벽했던 것이, 마치 물이 때에 따라 맑기도 하고 흐리기도 하는 것과 같다고 본 것이다. 퇴계는 이어 이백이 이 시의 중간에 합혼合昏과 원앙鴛鴦의 예를 든 것 또한 인간의 성정의 문제와 관련시켜 부부의 도를 경솔히 할 수 없음을 강조한 것으로 이해하였다.

위와 같이 퇴계는 이 시를 문인들에게 강해하면서 인간의 정은

---

37) 權斗經 編, 『退陶先生言行通錄』 권5, 「類編」, 104쪽. "上云, 夫壻輕薄兒, 新人美如玉, 又云, 但見新人笑, 那聞舊人哭, 而係之以泉淸泉濁之句, 可知是比夫壻之情, 因所遇而變化無常, 當舊人之時, 其德良善, 及新人之時, 其心淫僻, 所以傷歎也. 中間合昏鴛鴦之云, 乃泛言物亦如彼, 人贝夫婦, 其可輕乎之意耳."
38) 일본 내각문고 소장, 『詳說古文眞寶大全前集』(갑인자번각본) 권3, 張11. "此佳人自怨之事, 言物之有合有偶, 而人之不若也."
39) 일본 내각문고 소장, 『詳說古文眞寶大全前集』(갑인자번각본) 권3, 張11. "情因所習而遷移, 猶水因所遇而淸濁, 此亦佳人念夫之辭也."

선인을 만나면 선한 감정으로 흘러 선량하게 되고 악인을 접하면 악한 감정으로 흘러 음벽하게 된다는 사실을 밝힘으로써, 문인들로 하여금 악인을 멀리하고 선인을 가까이하여 성정의 바름을 회복하도록 하였다.

퇴계는 시는 성정에서 근본하여 언사로 드러난 것으로 돈후敦厚한 성정性情을 지닌 자는 그 문사가 화정和正하고, 경조輕躁한 성정을 지닌 사람은 그 문사가 부화浮華하다[40]고 하여, 시인의 성정에 따라 시의 문사가 결정되는 것으로 보았다. 퇴계의 사유에 있어서 성性은 사단四端이고 정情은 칠정七情이다. 사단이 발하는 것은 순리純理이기 때문에 선하지 않은 것이 없다. 그러나 칠정이 발하는 것은 기氣를 겸하고 있어 선악善惡이 뒤섞여 있다.[41] 사람의 마음이 사물에 느끼어 움직이게 되면 여러 가지 감정이 일어난다. 마음에서 발한 희로애락의 감정이 자연스럽게 이치에 맞는 사람은 성정이 돈후하여 시의 문사가 화정하지만, 희로애락의 감정이 이치에 맞지 않은 사람은 성정이 경조하여 시의 문사가 부화하게 된다. 따라서 사람들이 문사가 화정한 시를 읽으면 마음에서 저절로 선한 감정이 일어나 성정이 돈후하게 되지만, 문사가 부화한 시를 읽으면 마음속에서 악한 감정이 일어나 성정이 경조하게 된다.

앞서 살폈듯이 퇴계는 문인들에게 대전본 『전집』을 교수하면서 작품의 내면에 자리한 작자의 성정을 논하거나 시구의 내용을 인심의 선악 문제와 관련시켜 해석하였으며, 이를 통해 문인들로 하여금

---

40) 李滉, 『陶山全書Ⅳ』, 「策問」, 314쪽. "窃謂詩之爲道, 本於性情, 而發於言詞者也. 故有敦厚之實者, 其辭和正, 有輕躁之心者, 其辭浮華."
41) 李滉, 『退溪集Ⅰ』 권16, 「與奇明彦(己未)」, 404쪽. "四端之發, 純理, 故無不善, 七情之發, 兼氣, 故有善惡."

선을 좋아하고 악을 미워하는 자각을 불러 일으켜 성정지정을 회복
할 수 있도록 하였다.

(2) 시의와 시법의 분석

퇴계는 문장의 표현 기법이나 수사 양식에 대한 공부 없이 문자
나 거칠게 알고 있는 것으로는 학문에 대한 자신의 의사를 명확하게
전달할 수 없다[42]고 하여, 문사 속에 내포된 시인의 성정 못지않게
시의 체제體制와 격조格調를 중시하였다. 그 한 예로 퇴계는 주희가
지은 것으로 알려진 「훈몽시訓蒙詩」가 후대인의 위작임을 논증하여,
이 시는 '의리가 성글 뿐만 아니라 의미 또한 얕고, 의미가 얕을 뿐만
아니라 문사 또한 휴헐休歇하다'[43]고 말한 것을 들 수 있다. 그가
'의리가 성글다'고 말한 것은 작품 속에 인간이 마땅히 행해야할 도
리를 분명하게 드러내지 못했음을 말하고, '의미가 얕다'고 말한 것
은 시의 내용이 주희의 학문에 크게 미흡한 것을 뜻하며, '문사가
휴헐하다'고 말한 것은 작품의 체제와 격조가 주희의 시에 미치지
못함을 의미한다.

퇴계는 이와 같이 대전본 『전집』을 강해하면서 작자의 성정을
발명하여 문인들에게 성정지정性情之正을 회복시키는 것과 함께, 작
품의 의미와 문사를 치밀하게 고증하여 본주本註의 오류를 바로잡
았다.

---

[42] 權斗經 編,, 『退陶先生言行通錄』 권5, 「類編」, 102쪽. "先生嘗曰, 辭達意而已, 然學者不可不 解文章. 若不解文章, 雖粗知文字, 未能達意於言辭."
[43] 李滉, 『退溪集Ⅱ』 권22, 「答李剛而」, 34쪽. "示喩訓蒙詩, 胡敬齋亦以爲朱先生作, 滉亦曾見 之. 然滉嘗反覆參詳, 非但義理之疎, 意味亦淺, 非但意味之淺, 文詞又休歇."

원문 : 總爲浮雲能蔽日, 長安不見使人愁(李白, 「登金陵鳳凰臺」).

강해 : ① 오나라와 진나라의 망함을 이른 것도 아니고, 또한 자신의 부유浮游를 말한 것도 아니다. 소인들이 그를 속이고 가린 것으로 말미암아 높은 곳에 올라 멀리 바라볼 때 궁궐을 향한 정을 잊을 수 없었지만, 부운이 해를 가렸기 때문에 침침하여 장안을 볼 수 없어 마음으로 하여금 근심케 했음을 두루 말한 것일 뿐이다. 그러나 풍유하고 읊조리며 차탄하고 민측悶惻하는 사이에 소인이 속이고 가려 자기로 하여금 서울을 떠나 유락하게 했음으로 볼 수 없는 임금을 바라보는 생각을 스스로 함축한 것이다. 이와 같이 읽어야 이에 시의 바른 의미를 얻을 수 있다. 본주本註가 진나라가 강좌江左에서 투안偸安하는 것을 불만으로 여겼다고 한 것은 시의와는 거리가 매우 멀다.

② '총總'자를 쓴 것이 매우 좋다. 대개 형승에 올라 보는 것은 본래 즐길만한 일이지만, 다만 장안을 볼 수 없기 때문에 바라본 모든 형승들이 사람으로 하여금 수사愁思하지 않을 수 없게 했을 뿐이다. 대저 근체시의 마지막 두 구는 별의別意를 만들어 끝을 맺어 위의 구와 연결되지 않는 것으로 뜻을 삼는다. 아래 구의 사람으로 하여금 근심하게 하지 않는 것이 없다는 생각을 말하기 위해, 먼저 상구의 위에 '총위總爲' 두 자를 놓아 묶었으니 이것이 가장 시법의 묘처이다.[44]

이백 시 「등금릉봉황대登金陵鳳凰臺」를 강해한 내용이다. 퇴계는 이 시의 "총위부운능폐일總爲浮雲能蔽日, 장안불견사인수長安不見使人愁"를 강해하면서 시의와 시법으로 나누어 시의 의미와 함께 작법상의 묘처를 설명하였다. ①은 시의 의미를 논한 것이다. 대전본『전집』에서는 이 두 구에 주를 달아 "진나라가 강좌江左에서 투안偸安하고 중원을 회복할 뜻이 없는 것을 불만으로 여긴 것이다."[45]라고 하였다.

그러나 퇴계는 이 시가 오나라나 진나라가 망한 것을 슬퍼한 것도 아니고, 떠도는 자신의 신세를 탄식한 것도 아니라고 하였다. 사실 이 두 구는 이백이 봉황대에 올라 궁궐을 바라보았으나 구름이 해를 가려 장안을 볼 수 없는 것을 탄식한 것에 지나지 않는다. 퇴계는 이에 더하여 이백이 봉황대에 올라 장안을 바라보며 풍유하고 읊조리며 탄식하고 슬퍼하는 가운데, 소인배의 모함으로 인하여 서울을 떠나 금릉 땅을 유락하며 임금을 그리워하는 충정을 간절히 담았다고 하였다. 시에 함축된 의미를 살펴 본주의 오류를 바로잡은 것이다.

②는 시법 부분으로 작시상의 묘함을 논한 것이다. 퇴계는 '총總'자가 두 구를 연결시켜 앞의 시구들과는 의미가 단절된 별의別意를

---

[44] 權斗經 編, 『退陶先生言行通錄』 권5, 「類編」, 105쪽. "非謂吳晉之亡, 亦不言己之浮游. 由小人欺蔽之, 故泛言登高望遠之際, 不能忘情於魏闕, 而爲浮雲蔽日之故, 洧漠而不見長安, 使人心憂耳. 而其諷喩謳吟, 嗟歎悶惻之餘, 自含蓄小人欺蔽, 使己去國流落, 望君不可見之意. 如此讀之, 乃能得詩之正意. 本註不滿於晉之偸安江左者, 去詩意遠甚. 總字下得甚好. 蓋登覽形勝, 本爲可樂之事, 秖爲不見長安之故, 凡所見形勝, 無非使人愁思云耳. 大抵近體末二句, 多設出別意以結之, 不以粘着上句爲義, 欲說下句無非使人愁之意, 而先於上句之上下總, 爲兩字以括之, 此最詩法妙處."
[45] 일본 내각문고 소장, 『詳說古文眞寶大全前集』(갑인자번각본) 권4, 「登金陵鳳凰臺」註, 張5. "末句, 不滿於晉之偸安江左, 無志於復中原."

만들어 내는 핵심 역할을 하고 있다고 하였다. 사람들은 보통 봉황대와 같은 형승지에 올라 주변을 바라보는 것은 즐거운 일이겠지만, 이백은 임금이 있는 장안을 볼 수 없었기에 주변을 바라보며 근심에 잠기지 않을 수 없었다. 따라서 이백은 아래 구에서 근심하게 하지 않을 수 없다는 생각을 말하기 위해, 먼저 위의 구의 시작을 '총위總爲'라는 두 자로 설정하여 아래 구와 의미가 서로 통하게 하였다. 퇴계는 이에 대해 이백이 '총위總爲'로써 상하구를 의미상으로 연결시켜 마지막 두 구를 별의別意로 설정하는 근체시의 묘처를 얻었다고 하였다. 시의 체제를 면밀히 고찰하여 시법의 묘처를 논증한 것이다.

원문 : 歸來却怪丹靑手, 入眼平生未曾有(王安石, 「明妃曲」).

강해 : 이 구는 종전에 '괴怪' 자와 '안眼' 자를 모두 모연수毛延壽가 본 것에 연결시켜, '돌아옴에 도리어 화가의 손에서 괴이하게 그려졌으니, 그가 평생 눈에 들어온 것이 왕소군의 의태意態와 같은 것이 있지 않았기 때문에 그리고자 해도 할 수 없었다'고 운운하였다. 지금 다시 상세히 살피니 이 설은 미안未安하다. '대개 군왕이 이미 왕소군을 본 이래로 도리어 화가가 연姸과 추醜를 변란變亂한 것을 괴이해하며 성내어, 이에 임금의 마음이 경탄하여 평생 눈에 들어온 것이 많지만 일찍이 이와 같은 사람은 없었다'고 운운한 것이다. 이 뜻이 자못 전설前說보다 낫다. '귀래歸來'는 실제로 이곳에 온 것을 말하는 것이 아니니, '자시이래自是以來'라고 말하는 뜻과 같다. '괴怪'는 성내며 놀라는 것이다.[46]

왕안석 시 「명비곡明妃曲」을 풀이한 내용으로 김융의 『고문전집강록』에 실려 있다.[47] 이 시는 "귀래각괴단청수歸來却怪丹青手, 입안평생미증유入眼平生未曾有"의 의미를 바로 알려면 먼저 '괴怪'자와 '안眼'자의 주체가 누구인가를 파악하는 것이 중요하다. 종전에는 이 '괴怪'자와 '안眼'자를 모두 모연수毛延壽가 본 것으로 이해하고, 이 구를 왕소군이 처음 궁중에 들어왔을 때 화가인 모연수는 그녀와 같이 아름다운 여인을 보지 못했기 때문에 그녀의 초상을 괴이한 형상으로 그린 것으로 생각하였다.

그러나 퇴계는 이 두 구는 임금이 이미 왕소군을 본 이후에 도리어 모연수가 연연과 추추醜를 어지럽힌 것을 괴이해하며 성낸 것으로, 임금이 평생 아름다운 여인들을 보아왔지만 이와 같은 사람이 없었음을 경탄한 것이라고 하였다. 따라서 그는 이 두 구에서 '귀래歸來'는 실제로 왕소군이 궁궐에 온 것을 말하는 것이 아니라 '자시이래自是以來'의 의미를 지닌 것이고, '괴怪'자는 성내며 놀라는 뜻으로 보아야만 시의 의미를 바로 이해할 수 있다고 하였다. 곧 그는 시의 앞뒤 문맥을 통해 '괴怪'자와 '안眼'자의 주체를 파악하고, '귀래歸來'와 '괴怪'자가 시구에서 활용된 양상을 살펴 시의 의미를 새롭게 밝혔던 것이다.

---

46) 金隆, 『勿巖集』 권4, 『古文前集講錄』, 536쪽. "此句從前以怪字眼字, 皆屬毛延壽看, 謂歸來却見怪於丹青之手, 彼平生入眼者, 未曾有如昭君之意態, 故欲畫而不得云云. 今更詳之, 此說未安. 蓋言君王旣見昭君以來, 却怪怒丹青手之變亂姸醜, 於是君心驚歎, 以爲平生入眼者多, 而未曾有如此人云云, 此義頗優於前說, 歸來非實來此之謂, 猶言自是以來之意. 怪, 嗔怪也."

47) 『退陶先生言行通錄』(105쪽)에는 인용 글 가운데 "蓋言君王旣見昭君以來, 却怪怒丹青手之變亂姸醜, 於是君心驚歎, 以爲平生入眼者多, 而未曾有如此人云云. 此義頗優於前說, 歸來非實來此之謂, 猶言自是以來之意. 怪, 嗔怪也."만이 수록되어 있고, 이덕홍의 『고문전집질의』에는 인용 글이 빠져 있다.

퇴계는 정탁鄭琢에게 보낸 글에서 시는 비록 말기末技이지만 성
정에 근본하여 체體가 있고 격격格이 있어 실로 쉽게 지을 수 있는
것이 아니므로, 고금의 명가를 취해 착실하게 공부하여 본받아 타락
에 이르지 말아야 한다[48]고 하였다. 또한 이강이李剛而에게 보낸 글
에서 시가 상격常格에서 벗어나 저절로 기축을 만들어 내는 것이 마
치 병법에서 기奇함이 무궁하게 나오는 것과 같은데, 시에서 기奇한
묘처가 나오는 것은 절도節度와 방략方略이 있고 본받을 만한 내력이
있어야 귀하게 되며, 이러한 방법을 도외시하고 지나치게 기奇만을
추구하게 되면 결국 패하지 않는 것이 없다[49]고 하였다.
　　퇴계는 위와 같이 시의 내용과 작법에 대한 지속적인 학습 과정
을 통해 문학에 대한 안목을 키웠고, 스스로 체계화한 도학적 사유
를 토대로 형성된 심미의식에 의거해 시의 의미를 재해석하였다.
이 때문에 그는 대전본『전집』을 강해하면서 구차한 것에 안주해
천착에 빠지거나 본주에 이끌려 이를 고집하지 않았으며, 마음을 비
우고 조용히 생각하며 시의 문맥을 파악하고 시의 법칙에 맞추어
그 의미를 바르게 평가할 수 있었던 것이다.

---

[48] 李滉,『退溪集Ⅱ』권35,「與鄭子精琢(丙寅)」, 290쪽. "夫詩雖末技, 本於性情, 有體有格, 誠不可易而爲之. … 仍取古今名家, 著實加工而師效之, 庶幾不至於墜墮也."
[49] 李滉,『退溪集Ⅱ』권21,「答李剛而」, 16쪽. "大抵文字, 常格之外, 自出機軸, 如兵法之出奇無窮, 固是妙處. 然其出奇處, 亦須有節度方略, 有來歷可師法, 故可貴而不敗. 若無是數者, 而過於好奇, 則不敗者鮮矣."

2. 이덕홍의 『고문후집질의』 연구

1) 『고문후집질의』의 구성

앞서 살폈듯이 대전본 『후집』에 실린 130편은 원의 진력이 편찬한 『비점고문』 100편에다 임정이 교정한 괴본 『후집』에 실린 30편이 시대 순으로 사이사이에 뒤섞여 들어가 성립된 것이다. 진력은 주희의 고향인 신안에서 주희 사후 53년에 태어나 주희의 학문을 계승하였다. 그는 주희가 "문장은 단지 이理를 밝히는 것으로 이理가 정밀하면 문자는 저절로 전실典實하게 된다."[50]고 말한 도학적 문학관에 기초해 『비점고문』을 편찬하였다. 이러한 사실은 이 책의 첫 작품을 굴원의 「이소」로 압권하여 충신으로 만세에 권면하고, 이사의 「상진황축객서」를 다음에 두어 간신으로 만세에 경계로 삼거나,[51] 권말에 주돈이의 「태극도설」과 장재의 「서명」 2편을 둔 것[52]을 통해 확인할 수 있다.

간재 이덕홍은 위와 같이 도학적 문학관이 잘 반영되어 있는 대전본 『후집』의 원문과 주석을 면밀히 분석하였는데, 그가 편찬한 『고문후집질의』에는 다음과 같이 모두 74편에 대한 질의 내용이 수록되어 있다.

---

[50] 黎靖德 編, 『朱子語類』(『문연각사고전서』 140책) 권139, 「論文下」, 張40. "文章但須明理, 理精後, 文字自典實."
[51] 국립중앙도서관 소장, 『詳說古文眞寶大全後集』(정유자본) 권1, 「上秦皇逐客書」註, 張13. "且以離騷壓卷, 以忠臣為萬世勸也. 以此書次之, 以姦臣為萬世戒也. 勸戒昭然."
[52] 국립중앙도서관 소장, 『詳說古文眞寶大全後集』(정유자본) 권10, 「太極圖說」註, 張23. "今選古文, 而終之以太極西銘二篇, 豈無意者."

〈표 25〉 『고문후집질의』의 수록 작품 및 작자

차례	작품	작자	질의
1	離騷經	屈原	○
2	漁父辭	屈原	
3	上秦皇逐客書	李斯	○
4	秋風辭	武帝	
5	過秦論	賈誼	○
6	弔屈原賦	賈誼	○
7	聖主得賢臣頌	王襃	○
8	樂志論	仲長統	○
9	出師表	諸葛亮	
10	後出師表	諸葛亮	○
11	酒德頌	劉伶	
12	蘭亭記	王羲之	○
13	陳情表	李密	
14	歸去來辭	陶潛	○
15	五柳先生傳	陶潛	○
16	北山移文	孔稚圭	○
17	滕王閣序	王勃	○
18	春夜宴桃李園序	李白	○
19	與韓荊州書	李白	○
20	大寶箴	張蘊古	○
21	大唐中興頌	元結	○
22	原人	韓愈	○
23	原道	韓愈	○
24	重答張籍書	韓愈	
25	上張僕射書	韓愈	
26	爲人求薦書	韓愈	
27	答陳商書	韓愈	
28	與孟簡尙書書	韓愈	○
29	送浮屠文暢師序	韓愈	
30	平淮西碑	韓愈	○
31	南海神廟碑	韓愈	○
32	爭臣論	韓愈	

33	送窮文	韓愈	○
34	進學解	韓愈	○
35	鱷魚文	韓愈	
36	柳州羅池廟碑	韓愈	○
37	送孟東野序	韓愈	○
38	送楊巨源少尹序	韓愈	
39	送石洪處士序	韓愈	
40	送溫造處士序	韓愈	
41	送李愿歸盤谷序	韓愈	○
42	送陸歙州儆詩序	韓愈	
43	師說	韓愈	
44	雜說	韓愈	
45	獲麟解	韓愈	○
46	諱辨	韓愈	
47	藍田縣丞廳壁記	韓愈	○
48	上宰相第三書	韓愈	
49	殿中少監馬君墓銘	韓愈	○
50	毛穎傳	韓愈	○
51	伯夷頌	韓愈	○
52	昌黎文集序	李漢	○
53	梓人傳	柳宗元	○
54	與韓愈論史書	柳宗元	○
55	答韋中立書	柳宗元	○
56	捕蛇者說	柳宗元	
57	種樹郭橐駝傳	柳宗元	○
58	愚溪詩序	柳宗元	○
59	桐葉封弟辯	柳宗元	○
60	晉文公問守原議	柳宗元	○
61	連州郡復乳穴記	柳宗元	○
62	送薛存義序	柳宗元	○
63	養竹記	白居易	
64	阿房宮賦	杜牧	○
65	弔古戰場文	李華	○
66	待漏院記	王禹偁	○

67	黃州竹樓記	王禹偁	
68	嚴先生祠堂記	范仲淹	
69	岳陽樓記	范仲淹	
70	擊蛇笏銘	石介	○
71	諫院題名記	司馬光	
72	獨樂園記	司馬光	○
73	讀孟嘗君傳	王安石	
74	上范司諫書	歐陽脩	
75	相州晝錦堂記	歐陽脩	
76	醉翁亭記	歐陽脩	
77	秋聲賦	歐陽脩	○
78	憎蒼蠅賦	歐陽脩	○
79	鳴蟬賦	歐陽脩	
80	送徐無黨南歸序	歐陽脩	○
81	縱囚論	歐陽脩	○
82	朋黨論	歐陽脩	○
83	族譜序	蘇洵	
84	張益州畫像記	蘇洵	○
85	管仲論	蘇洵	○
86	木假山記	蘇洵	
87	高祖論	蘇洵	○
88	上歐陽內翰脩序	蘇洵	○
89	上田樞密書	蘇洵	○
90	名二子說	蘇洵	○
91	潮州韓文公廟碑	蘇軾	○
92	前赤壁賦	蘇軾	
93	後赤壁賦	蘇軾	○
94	祭歐陽公文	蘇軾	○
95	六一居士集序	蘇軾	
96	三槐堂銘	蘇軾	
97	表忠觀碑	蘇軾	○
98	凌虛臺記	蘇軾	
99	李君山房記	蘇軾	○
100	喜雨亭記	蘇軾	

101	四菩薩閣記	蘇軾	
102	田表聖奏議序	蘇軾	
103	錢塘勤上人詩集序	蘇軾	
104	稼說送同年張琥	蘇軾	
105	王者不治夷狄論	蘇軾	○
106	范增論	蘇軾	
107	上樞密韓太尉書	蘇轍	○
108	袁州學記	李覯	○
109	藥戒	張耒	○
110	送秦少章序	張耒	○
111	書五代郭崇韜傳後	張耒	○
112	答李推官書	張耒	○
113	與秦少游書	陳師道	
114	上林秀州書	陳師道	○
115	王平甫文集後序	陳師道	○
116	思亭記	陳師道	
117	秦少游字書	陳師道	○
118	子張游贈蓋邦式	馬存	○
119	家藏古硯銘	唐庚	
120	上席侍郞書	唐庚	○
121	書洛陽名園記後	李格非	
122	愛蓮說	周惇頤	
123	太極圖說	周惇頤	
124	視箴	程頤	
125	聽箴	程頤	
126	言箴	程頤	
127	動箴	程頤	
128	西銘	張載	
129	東銘	張載	
130	克己銘	呂大臨	
계			74

대전본 『후집』에는 한유韓愈의 작품 30편, 소식蘇軾의 작품 16편, 유종원柳宗元의 작품 10편, 구양수歐陽脩의 작품 9편, 소순蘇洵의 작품 8편, 진사도陳師道의 작품 5편 등 모두 130편이 수록되어 있다. 이 중 『고문전집질의』에는 한유의 작품 14편, 소식의 작품 6편, 유종원의 작품 9편, 구양수의 작품 5편, 소순의 작품 5편, 진사도의 작품 3편 등 모두 74편에 대한 질의 내용이 수록되어 있다.

또한, 간재가 『고문전집질의』를 편찬하면서 인용한 책은 『장자莊子』・『문선文選』・『이소경離騷經』・『예기禮記』・『일통지一統志』・『주역周易』・『노자老子』・『논어論語』・『당서唐書』・『운회운회韻會』・『한서漢書』・『의례儀禮』・『좌전左傳』・『열자列子』・『시경詩經』・『곡례曲禮』・『고공기考工記』・『문장궤범文章軌範』・『주례周禮』 등 모두 19종에 이른다. 특히 간재는 글자의 뜻을 풀이할 때에 모두 6차에 걸쳐 『운회』를 참고하였는데, 그 한 예로 한유가 「송궁문送窮文」에서 말한 '조재朝齏'를 풀이하여 "운회韻會. 저菹. 채육지통칭菜肉之通稱"이라고 한 것을 들 수 있다.

한편, 대전본 『후집』의 주석에 인용된 글은 누방樓昉의 글이 56편으로 가장 많고, 주희朱熹의 글 13편, 진정관陳靜觀의 글 10편, 홍매洪邁의 글 7편, 사방득謝枋得의 글 7편, 여조겸呂祖謙의 글 5편, 섭채葉采의 글 3편 등의 순으로 되어 있다.

『고문후집질의』에는 이들 주석의 오류를 밝히거나 이를 바로잡은 곳은 보이지 않는다. 다만 한유의 「획린해獲麟解」에 달려 있는 '원효지정元枵之精'에 대해 "송인휘현위원宋人諱玄爲元. 북방녀허위삼성지전北方女虛危三星之躔, 위지현효謂之玄枵. 효음효枵音囂, 허야虛也"[53)]라고 하여 송대의 휘자諱字였던 '원元'자를 '현玄'자로 바로 잡거나, 한유의 「모영전毛穎傳」에 달려 있는 '이문골계以文滑稽'에 대해 "환전무궁지상

圖轉無窮之狀, 위차전차사탁사謂此傳借事托辭, 이허위실以虛爲實, 이가위진以假爲眞, 종사막측縱肆莫測, 변화무궁變化無窮, 시이문장위활계지희是以文章爲滑稽之戲"[54]라고 하여 '골계滑稽'의 의미를 상세히 풀이한 정도이다.

위와 같은 사실로 보아『고문후집질의』는 그 내용의 구성에 있어서 퇴계가 대전본『전집』에 수록된 작품과 주석이 적지 않은 문제가 있다고 보고, 이들 시의 원문과 주석을 재해석하여『고문전집강해』를 편찬한 것과는 사뭇 다르다. 곧 간재는 대전본『후집』이 대전본『전집』에 수록된 시와는 달리 주희의 학문을 계승한 진력이 도학적 문학관에 기초해 고문의 전형을 모아 놓은『비점고문』을 저본으로 하여 편찬된 책이라는 점에 유의하고, 진력이 책을 편찬하면서 간과하거나 적절하지 못한 주석을 보완하는 방식으로『고문후집질의』를 편찬했던 것이다.

간재는 모두 10개항에 걸쳐 대전본『후집』의 원문이나 주석에서 의문이 가는 내용을 퇴계에게 질정하였는데, 그 내용을 퇴계가 답한 것과 함께 표로 제시하면 다음과 같다.

---

53) 李德弘,『艮齋集·續集』권4,『古文前集質疑』, 215~216쪽.
54) 李德弘,『艮齋集·續集』권4,『古文前集質疑』, 216쪽.

〈표 26〉『고문후집질의』의 질의 및 답변 내용

차례	작품	작자	원문	질의	답변 내용
1	伯夷頌	韓愈	萬世之標準	此句, 似不連上下句.	上文言武王周公聖也. 於此乃斷之曰, 聖人乃萬世之標準也. 夫武王周公, 實萬世之標準, 而伯夷獨非其所爲而不顧, 以見伯夷微有過中處. 賴此一句, 而上下文義始貫穿昭揭, 何云不連耶. 其下又以雖然二字, 爲幹轉微抑之意, 而贊之曰, 微二子, 亂臣賊子接跡於後世, 以見其功在萬世, 則與萬世標準之聖人, 角立而爭雄. 其文勢起伏抑揚頓挫最奇妙.
2	送薛存義序	柳宗元	於其往也	上旣言假令零陵二年矣, 則此往何處乎.	零陵, 是永州屬縣, 意存義自零陵來永州, 稟事柳公而反任所, 公送之以序云.
3	擊蛇笏銘	石介	董史	旣曰在晉在齊, 而其下獨言晉之董史, 何也.	非也, 謂晉之狐, 齊之氏, 蓋齊史失姓名. 只云太史與南史, 故此只稱史字.
4	縱囚論	歐陽脩	君子之難能	所謂難能者, 以人情言乎.	非謂人情之難能, 但謂寧義死不苟生, 而視死如歸, 在君子, 亦非易事云.
5	高祖論	蘇洵	作品全體	高祖之得失, 不止一二, 而獨擧呂后事論之, 何也.	古人立論多如此, 不必如今程文遇一人, 則盡其人之事.
6	上田樞密書	蘇洵	董生	但擧董晁賈三子, 而不言其他諸子, 何也.	上於三子者, 不敢論, 下於三子者, 不足論, 故就三子, 欲以賈生自處, 此老泉之志也. 老泉未免權謀術數縱橫氣習.
7	名二子說	蘇洵	欲請諸朝	作廟, 皆請於朝而後爲之乎.	古人作先賢廟, 或請或否, 無定法也.
8	李君山房記	蘇軾	易象	何不曰周易, 而曰易象.	此因左傳本文, 蓋韓宣子見象故也.
9	秦少游字書	陳師道	此疑之	何以疑之	知之者寄其俊偉, 不知者疑其迂越, 寄偉之士, 多所不知, 故疑之.
10	秦少游字書	陳師道	字以太虛	字以太虛, 合於流聲無窮, 爲不朽之意, 何也.	以其期許遠大故云. 願還四方, 還推以與人之意, 如釋致仕之致曰, 致還其職事於君也.

간재는 글을 읽으면서 반드시 은밀하고 미세한 곳을 찾아 구하였고, 비록 소주小註들이 어지럽게 흩어져 있어도 반드시 자세히 풀고 분석하였다. 그리고 그는 조금이라도 의심이 가는 곳이 있으면 반드시 퇴계에게 질정을 구하여 마음에서 자득한 이후에 그쳤다.[55] 그가 편찬한 『고문후집질의』는 『사서질의四書質疑』・『심경질의心經質疑』 등과 함께 퇴계와의 진지한 학문적 토론 과정을 거쳐 완성된 것이다.

표에서 보듯이 간재가 퇴계와 문답한 10개항은 문장 속에 내재된 작자의 성정을 발명하거나, 문장의 의미와 기세를 통해 문체적 특징을 규명하는 등 도학적 고문인식의 핵심이 담긴 내용으로 구성되어 있다. 이러한 사실로 미루어 간재가 편찬한 『고문후집질의』는 그가 퇴계의 문하에서 학문을 연찬하며 체계화한 도학적 문학관에 따라 대전본 『후집』에 수록된 작품의 원문과 주석을 보완한 것으로, 이곳에는 퇴계와 그의 문인을 중심으로 형성된 도학과 고문인식의 특징을 규명할 수 있는 내용들이 산재해 있음을 알 수 있다.

2) 『고문후집질의』의 내용

(1) 도학적 의리의 발명

앞서 살폈듯이 퇴계는 돈후敦厚한 속내를 지닌 사람은 그 문사가 화정和正하고, 경조輕躁한 마음을 지닌 사람은 문사가 부화浮華

---

[55] 宋時烈, 『宋子大全』(『한국문집총간』 115책, 한국고전번역원, 1988) 권210, 「永春縣監贈參判李公行狀」, 94쪽. "公讀書, 必深求密微, 雖小註紛挐, 亦必紬繹分析, 少有疑晦, 必就正於先生, 要以心會自得而後已."

하다⁵⁶⁾고 하여, 작자의 성정과 작품의 문사는 서로 밀접하게 관련되어 있는 것으로 생각하였다. 그 한 예로 퇴계는 「도산십이곡발陶山十二曲跋」에서 우리나라의 가곡은 음왜淫哇한 것이 많아 말할 것이 못된다고 하고, 「한림별곡翰林別曲」과 같은 종류는 문인의 입에서 나와 '긍호방탕矜豪放蕩'하고 '설만희압褻慢戱狎'하므로 군자가 숭상할 것이 못되고, 이별李鼈의 「육가六歌」는 '완세불공玩世不恭'한 생각이 있고 '온유돈후溫柔敦厚'한 실상이 적은 것이 애석하다⁵⁷⁾고 하였다.

    퇴계가 우리나라의 가곡을 '음왜'하다고 말한 '음淫'자는 공자가 「관저關雎」를 평하여 '낙이불음樂而不淫'이라고 말한 '음淫'자와 같은 의미로 사용된 것이다. 주희는 이 '음淫'자에 대해 "음일하다는[淫] 것은 즐거움[樂]이 지나쳐 바름을 잃은 것"⁵⁸⁾이라고 주를 달았다. 이로 보면 퇴계가 「한림별곡」을 평하여 '긍호방탕', '설만희압'이라고 말한 것은, 사물에 느끼어 일어난 즐거움[樂]의 감정이 중도를 지나쳐 음일한[淫] 지경에까지 이르렀음을 의미한다. 또한, 퇴계가 이별의 「육가」를 평하여 '완세불공'한 생각이 있고 '온유돈후'한 속내가 없다고 평한 것은, 세상을 대하는 이별의 마음이 불공不恭하여 온유돈후한 성정에서 벗어났음을 의미한다.

    간재가 대전본『후집』을 읽으면서 특히 주목한 것은 위와 같이 문사 속에 내표된 작자의 성정을 면밀히 살펴 그 바름[正]과 삿됨[邪]

---

56) 李滉,『陶山全書Ⅳ』,「策問」, 314쪽. "竊謂詩之爲道, 本於性情, 而發於言詞者也. 故有敦厚之實者, 其辭和正, 有輕躁之心者, 其辭浮華."
57) 李滉,『退溪集Ⅰ』 권43,「陶山十二曲跋」, 468쪽. "如翰林別曲之類, 出於文人之口, 而矜豪放蕩, 兼以褻慢戱狎, 尤非君子所宜尙. 惟近世有李鼈六歌者, 世所盛傳, 猶爲彼善於此, 亦惜乎其有玩世不恭之意, 而少溫柔敦厚之實也."
58) 朱熹,「八佾」,『論語集注』(二以會, 1983) 권3, 99쪽. "淫者, 樂之過, 而失其正者也."

을 발명하는 것이다.

> 원문 : 方唐太宗六年, 錄大辟囚三百餘人, 縱使還家, 約其自歸, 以就死. 是以君子之難能, 期小人之尤者以必能也.[59]

> 질의 : 君子之難能. 묻기를, "'하기 어렵대[難能]'라고 이른 것은 인정으로 말한 것입니까?"라고 하였다. 말하기를, "인정으로 능히 하기 어려움을 이른 것이 아니다. 다만 차라리 의롭게 죽을지언정 구차히 살지는 않지만, 죽을 것을 알면서도 돌아온다면 군자에 있어서도 또한 쉬운 일이 아님을 이른 것이다."라고 말하였다.[60]

구양수가 「종수론縱囚論」에서 당 태종이 사형수 300여명을 방면하고 약정한 날에 자진해 돌아와 사형을 받도록 한 일에 대해 간재와 퇴계가 문답한 내용이다. 구양수는 태종이 사형수를 방면한 일을 논하여 '군자도 능히 하기 어려운 것인데, 소인 가운데서도 심한 자에게 반드시 능히 하기를 기약한 것'이라고 하였다. 이에 대해 간재는 구양수가 '군자도 능히 하기 어렵대[君子之難能]'라고 한 것은 인정에 따른 것이라고 의심하였다.

앞서 살폈듯이 퇴계의 사유에 따르면 성은 사단을 말하고 정은 칠정을 가리킨다. 사단이 발하는 것은 순리이기 때문에 선하지 않은

---

59) 국립중앙도서관 소장, 『詳說古文眞寶大全後集』(정유자본) 권7, 「縱囚論」, 張3.
60) 李德弘, 『艮齋集·續集』 권4, 『古文後集質疑』, 218쪽. "所謂難能者, 以人情言乎. 曰, 非謂人情之難能. 但謂寧義死不苟生, 而視死如歸, 在君子, 亦非易事云."

것이 없지만, 칠정이 발하는 것은 기를 겸하고 있어 선악이 뒤섞여 있다. 주희는 『논어』의 "인부지이불온人不知而不慍, 불역군자호不亦君子乎"의 주에서 "군자는 덕을 이룬 사람을 이름한 것"[61]이라고 하였고, "위정이덕爲政以德, 비여북신거기소譬如北辰居其所, 이중성공지而衆星共之"의 주에서 "덕은 도를 행하여 마음에서 얻음이 있는 것"[62]이라고 하였다. 이로 보면 군자는 도를 행하여 마음에서 얻음이 있는 사람이다. 따라서 간재는 구양수가 '군자지난능君子之難能'이라고 말한 것은 '군자가 인정에 얽매여 도를 실천하지 못했다'는 의미가 되므로, 이러한 표현은 도학적 의리에 맞지 않는다고 생각했던 것이다.

이에 대해 퇴계는 구양수가 '군자지난능君子之難能'이라고 말한 것은 군자가 선심을 잃고 인정에 얽매여 '하기 어렵다'고 한 것이 아니고, 군자는 비록 의를 위해 죽을지언정 구차히 살지 않으나, 사형수가 죽을 것을 알면서도 다시 돌아오는 행위는 덕을 이룬 군자 역시 쉬운 일이 아니라는 뜻이라고 하였다. 이와 같이 간재와 퇴계는 '군자지난능君子之難能'이라는 표현에서 제기된 군자의 성정과 인정의 문제에 대해 도학적 사유로 질의하고 답변하였다.

원문 : 嘗試以爲董生, 得聖人之經, 其失也, 流而爲迂. 鼂錯, 得聖人之權, 其失也, 流而爲詐. 有二子之才, 而不流者, 其惟賈生乎. 惜乎. 今之世, 愚未見其人也.[63]

---

[61] 朱熹, 『論語集注』 권1, 「學而」, 11쪽. "君子, 成德之名."
[62] 朱熹, 『論語集注』 권2, 「爲政」, 41쪽. "德之爲言, 得也. 行道而有得於心也."
[63] 국립중앙도서관 소장, 『詳說古文眞寶大全後集』(정유자본) 권7, 「上田樞密書」, 張25.

질의 : 董生. 묻기를, "단지 동중서董仲舒·조조鼂錯·가의賈誼 세 사람만을 거론하고 다른 사람들을 말하지 않은 것은 어째서 입니까?"라고 하였다. 말하길, "세 사람보다 뛰어난 자는 감히 논하지 못하고, 세 사람보다 못한 자는 족히 논할 것이 못되기 때문에 세 사람을 들어 가의로써 자처하고자 하였으니, 이것이 소순의 뜻이다. 소순은 권모와 술수로 종횡縱橫의 기습氣習을 면하지 못하였다."고 하였다.[64]

소순蘇洵이 「상전추밀서上田樞密書」에서 자신의 문장을 동중서董仲舒, 조조鼂錯, 가의賈誼의 그것과 비교해 논한 일에 대해 간재와 퇴계가 문답한 것이다. 「상전추밀서」는 소순이 가우嘉祐 3년(1058)에 추밀사樞密使가 된 전황田況에게 「책이도責二道」와 「권서십편權書十篇」을 올리면서 쓴 글이다. 소순은 이 글에서 가장 이상적인 문장은 『시경』의 우유憂游함, 굴원의 청심淸深함, 맹자와 한비자의 온순溫醇함, 사마천과 반고의 웅강雄剛함, 손자와 오기의 간절簡切함을 자유롭게 구사하는 것이라고 하였다.[65] 이어 동중서는 성인의 상도常道를 얻었지만 너무 지나쳐 우활하였고, 조조는 성인의 권도를 얻었지만 너무 지나쳐 사계詐計에 빠졌으며, 가의만이 두 사람의 재능을 겸하고도 너무 지나치지 않았다고 하였다.

---

64) 李德弘, 『艮齋集·續集』 권4, 「古文後集質疑」, 219쪽. "問, 但擧董鼂賈三子, 而不言其他諸子, 何也. 曰, 上於三子者, 不敢論, 下於三子者, 不足論, 故就三子, 欲以賈生自處, 此老泉之志也. 老泉未免權謀術數縱橫氣習."
65) 국립중앙도서관 소장, 『詳說古文眞寶大全後集』(정유자본) 권7, 「上田樞密書」, 張25. "詩人之憂游, 騷人之淸深, 孟韓之溫醇, 遷固之雄剛, 孫吳之簡切, 投之所向, 無不如意."

간재는 퇴계에게 소순이 자신의 문장을 동중서·조조·가의 세 사람에 빗대어 말한 이유가 무엇인지 물었다. 이에 대해 퇴계는 소순이 세 사람만 거론하고 이들보다 뛰어나거나 못한 사람을 제외시킨 것은 자신의 문장을 가의로써 자처하기 위한 것으로, 소순의 이러한 마음은 성인의 도를 버리고 권모와 술수로 천하를 주유했던 종횡가의 기습에서 벗어나지 못한 것이라고 하였다. 이와 같이 퇴계는 소순이 자신의 문장을 가의로 자처한 것에서 그가 인욕에 사로잡혀 정도를 멀리한 종횡가의 기습에서 벗어나지 못했음을 간파하고, 간재에게 이를 통하여 인욕을 멀리하고 의리를 실천하여 성정의 바름을 회복하도록 권면하였다.

> 원문 : 愿之言曰, 人之稱大丈夫者, 我知之矣. 利澤施於人, 名聲昭于時, 坐于廟朝, 進退百官, 而佐天子出令, 其在外則樹旗旄羅弓矢, 武夫前呵, 從者塞途, 供給之人, 各執其物, 夾道而疾馳, 喜有賞怒有刑, 才畯滿前, 道古今而譽盛, 德入耳而不煩, 曲眉豐頰, 清聲而便體, 秀外而惠中, 飄輕裾, 翳長袖, 粉白黛綠者, 列屋而閑居, 妬寵而負恃, 爭姸而取憐, 大丈夫之遇知於天子, 用力於當世者之爲也. 吾非惡此而逃之, 是有命焉, 不可幸而致也. … (中略).[66]

---

66) 국립중앙도서관 소장, 『詳說古文眞寶大全後集』(정유자본) 권4, 「送李愿歸盤谷序」, 張1~3.

질의 : 愿之言. 한유가 비록 이원李愿이 스스로 말한 것을 썼
으나, 이원이 성색聲色·황치荒侈한 마음이 있음을 알
았기 때문에 편중에 그것을 많이 언급하였다.[67]

한유가 「송이원귀반곡서送李愿歸盤谷序」에서 이원李愿이 반곡盤谷
에 은거한 것에 대해 논한 글이다. 이원은 당 서평왕西平王 이성李晟
의 아들인 이소李愬의 형으로 태자빈객太子賓客에서 시작해 절도사節
度使를 3차례 역임하였다. 이 글의 두주에는 이원이 성색을 가까이
하고 치미侈靡함을 좋아하였으며, 결국에는 황치荒侈한 행위로 패배
하여 한유의 말을 실천하지 못하였다[68]고 하였다.

간재는 이 글을 논하여 한유가 이원이 스스로 한 말을 그대로
옮기는 방식으로 이원의 성색·황치한 마음을 드러냈다고 하였다.
그가 이원의 득의한 삶의 모습을 "곡미풍협曲眉豐頰, 청성이편체淸
聲而便體, 수외이혜중秀外而惠中"라고 묘사하거나, 여인이 곁에서 총
애를 다투는 모습을 "투총이부시妬寵而負恃, 쟁연이취련爭妍而取憐"
라고 표현한 것이 대표적인 예이다. 곧, 한유는 이원이 은둔의 삶
을 찾아 반곡으로 돌아가면서도 세속적 권세와 물욕에 사로 잡혀
황음한 성정에서 벗어나지 못한 것으로 보고, 이원의 말을 빌려 그
의 황망荒亡하고 사치했던 성정을 가감 없이 구사하였던 것이다.
이와 같이 간재는 이 글에 대한 질의에서 이원이 반곡으로 돌아가
자연과 한 몸을 이룬 물아일체의 삶을 체현하지 못했음을 밝혀, 독

---

67) 李德弘, 『艮齋集·續集』 권4, 『古文後集質疑』, 215쪽. "愿之言. 韓公雖述愿所自言, 然知愿有
聲色荒侈之心, 故篇中多及之."
68) 국립중앙도서관 소장, 『詳說古文眞寶大全後集』(정유자본) 권4, 「送李愿歸盤谷序」 頭註, 張1.
"三爲節度使, 邇聲色, 尙侈靡. … 卒以荒侈敗, 未嘗能踐韓公之言也."

자로 하여금 성색을 멀리하고 황망하거나 사치한 마음에서 벗어나 성정의 바름을 얻도록 하였다.

간재는 인용 글 이외에도 원결이 「대당중흥송大唐中興頌」에서 조정의 명으로 지은 것이 아니라 자찬한 글임에도 자신의 문장을 '노어문사老於文詞'라고 표현한 것은 과장된 글[誇辭][69]라고 하였고, 한유가 「여맹간상서서與孟簡尙書書」에서 불승 태전太顚의 학문을 '식도리識道理'라고 표현한 것은 과허過許한 것[70]이라고 하였다. 또한, 그는 한유가 「송맹동야서」에서 '초대국楚大國'이라고 말한 것은 문세가 잉출剩出한 것으로 한유의 호기豪氣가 발동된 것[71]이라고 하였고, 한유가 「승청기丞廳記」에서 '방유공사方有公事, 무사이탁언유사無事而托言有事'라고 한 것은 속인俗人들이 와서 간섭하는 것을 피하고자 한 말이긴 하지만 완세불공玩世不恭한 뜻이 있다[72]고 하였다.

일찍이 퇴계는 소식의 「적벽부」두 편을 음영하면서 "소식은 비록 병통이 없지는 않으나 마음에 욕심이 적었음을 '어구비오지소유於苟非吾之所有, 수일호이막취雖一毫而莫取' 등의 구에서 볼 수 있다."[73]고 하여, 「적벽부」를 노래한 소식의 삶에서 자연과 함께하는 물아일체의 모습을 발견하였다. 간재는 이와 같은 도학적 성정론性情論에 기초해『고문진보후집』에 실린 문장에 내재한 작자의 성정을 발명

---

69) 李德弘,『艮齋集・續集』권4,『古文後集質疑』, 214쪽. "老於文詞, 非奉朝命, 元結自撰耳. 自撰而自爲誇辭, 是結之病處."
70) 李德弘,『艮齋集・續集』권4,『古文後集質疑』, 214쪽. "識道理, 韓公於太顚, 不覺有過許處, 韓公疏處."
71) 李德弘,『艮齋集・續集』권4,『古文後集質疑』, 215쪽. "楚大國, 文勢剩出也, 此韓公豪氣也."
72) 李德弘,『艮齋集・續集』권4,『古文後集質疑』, 216쪽. "方有公事, 無事而托言有事. 所以避俗人之來干, 亦玩世不公之意耳."
73) 李德弘,『艮齋集』권5,『溪山記善錄下』, 91쪽. "詠前後赤壁賦曰, 蘇公雖不無病痛, 其心之寡欲處, 於苟非吾之所有, 雖一毫而莫取等句, 見之矣."

함으로써, 독자들로 하여금 선을 좋아하며 악을 미워하는 자각을 불러일으켜 성정을 존양存養·성찰省察하는데 도움이 되도록 하였다.

(2) 문의와 문세의 변석

퇴계는 "글은 뜻을 잘 전달하면 그만이다. 그러나 학자는 문장을 이해하지 않을 수 없으니, 비록 거칠게 문자를 알고 있더라도 언사로 생각을 잘 전달할 수 있는 것은 아니다."[74]라고 하여, 생각을 바르게 전하기 위해서는 문장의 학습이 매우 중요하다고 보았다. 그 한 예로 퇴계가 남명南冥 조식曺植(1501-1572)의 문장에 대해 평한 것을 들 수 있다. 퇴계는 남명이 남쪽 지방의 유일한 고사高士로 그와 신교神交한 것이 오래되었지만, 그의 문장은 상궤常軌를 따르지 않고 기奇를 좋아하여 세속 말단의 진부한 법法을 사용했으므로 채용할 것이 못된다고 하였다. 이어 문자가 상격常格을 벗어나 저절로 기축을 만들어 내는 것이 마치 병법이 기奇가 나오는 것이 무궁한 것과 같으면 묘처라고 할 수 있다고 하였다. 그러나 기奇가 나오는 것은 절도와 방략이 있고 본받을 만한 내력이 있어야 귀하게 되어 패敗하지 않으며, 지나치게 기奇를 좋아하면 반드시 패하게 된다고 하였다.[75] 퇴계는 남명의 문장이 지나치게 기奇를 추구해 문자가 어긋나거나 거슬리는 것이 많아 그 폐해가 적지 않다고 보고, 그에게 상격

---

[74] 權斗經 編, 『退陶先生言行通錄』 권5, 「類編」, 102쪽. "先生嘗曰, 辭達意而已, 然學者不可不解文章. 雖粗知文字, 未能達意於言辭."
[75] 李滉, 『退溪集 Ⅱ』 권21, 「答李剛而」, 16쪽. "南冥吾與之神交久矣. 當今南川高士, 獨數此一人. 但念自古高尙之士, 例多好奇, 自用好奇, 則不遵常軌, 自用則不聽人言, 其見鄙說, 得無誚嗤之以爲俗末陳腐之法, 不足以采用也. 大抵文字, 常格之外, 自出機軸, 如兵法之出奇無窮, 固是妙處. 然其出奇處, 亦須有節度方略, 有來歷可師法, 故可貴而不敗, 若無是數者, 而過於好奇, 則不敗者鮮矣."

과 내력에서 벗어나지 않는 가운데 자연스럽게 기奇가 드러나는 문장을 구사하도록 권유했던 것이다.

퇴계와 간재는 위와 같이 대전본 『후집』에 실린 문장 속에 내포된 작자의 성정을 발명하는 것 못지않게, 글의 격조와 형세를 면밀하게 살펴 문장 속에 담긴 작자의 의도를 통찰하였다.

> 원문 : 彼獨非聖人, 而自是如此. 聖人乃萬世之標準也. 余故曰, 若伯夷者 特立獨行, 窮天地亘萬世而不顧者也. 雖然, 微二子, 亂臣賊子, 接跡於後世矣.[76)]

> 질의 : 聖人乃萬世之標準也. 묻기를, "이 구는 상·하구와 이어지지 않는 듯합니다."라고 하였다. 답하여 말하길, "위의 문장에서 무왕과 주공은 성인이라고 말하고, 이곳에서 곧 단정해 말하기를 '성인은 곧 만세의 표준이다'라고 한 것이다. 무왕과 주공은 실제 만세의 표준인데 백이만이 홀로 그들이 한 것을 그르다고 여겨 돌아보지 않은 것으로, 백이가 조금 중도에서 지나친 곳이 있는 것을 드러낸 것이다. 이 한 구에 힘입어 상하의 문의文義가 비로소 관천貫穿하여 소개昭揭하게 되었거늘 어찌 이어지지 않는다고 이르는가? 그 아래 또한 '수연雖然' 두 자로 은미하게 억제한 뜻을 돌려놓아 그를 찬미해 말하기를, '두 사람이 아니었다면 난신亂臣

---

76) 국립중앙도서관 소장, 『詳說古文眞寶大全後集』(정유자본) 권4, 「伯夷頌」, 張19~20.

과 적자賊子가 후세에 이어졌을 것이다'라고 하여, 그의 공이 만세에 있으니 만세 표준의 성인과 각립角立하여 쟁응爭雄한 것을 보인 것이다. 그 문세의 기복起伏과 억약抑揚과 돈좌頓挫가 매우 기묘하다."라고 하였다.[77]

한유가 「백이송伯夷頌」에서 무왕武王·주공周公과 백이伯夷를 평한 부분에 대해 간재와 퇴계가 문답한 것이다. 한유는 이 글에서 무왕이나 주공과 같은 성인은 만세의 표준으로 삼아야 하고, 이와 별도로 백이의 행동은 '궁천지궁만세이불고자窮天地亘萬世而不顧者'로 세상 사람들이 한때의 훼예毁譽로 기뻐하거나 성낸 것과는 다르다고 하였다.

간재는 이 글에서 "피독비성인彼獨非聖人, 이자시여차而自是如此"라고 하여 백이의 행동을 말하고, 이어 "성인내만세지표준야聖人乃萬世之標準也"라고 하여 무왕·주공에 대해 평한 것은, 문맥상으로 상·하구가 서로 통하지 않는다고 생각하였다. 이에 대해 퇴계는 한유가 "성인내만세지표준야聖人乃萬世之標準也"라고 한 것은 글의 문의文義나 문세文勢로 보아 문제가 없다고 하였다.

퇴계는 한유가 "성인내만세지표준야聖人乃萬世之標準也"라고 말한 것은 "피독비성인彼獨非聖人, 이자시여차而自是如此"와 연결되는 것이 아니라, 이 문장의 시작에서 "무왕주공성야武王周公聖也"라고 말한 것

---

77) 李德弘,『艮齋集·續集』권4,『古文後集質疑』, 216쪽. "問, 此句似不連上丁句. 答曰, 上文言武王周公聖也, 於此乃斷之曰, 聖人乃萬世之標準也. 夫武王周公, 實萬世之標準, 而伯夷獨非其所爲而不顧, 以見伯夷微有過中處, 賴此一句而上下文義始貫穿昭揭, 何云不連耶. 其下又以雖然二字, 爲幹轉微抑之意, 而贊之曰, 微二子, 亂臣賊子接跡於後世, 以見其功在萬世, 則與萬世標準之聖人, 角立而爭雄, 其文勢起伏抑揚頓挫最奇妙."

과 연결된 것으로 보았다. 따라서 이 구는 무왕과 주공은 실제 만세의 표준이 되는데도 백이만이 이들의 행동을 비난하여 돌아보지 않은 것은 중도에서 지나쳤음을 밝힌 것으로, 이 한 구에 의해 상하의 문의文義가 관천貫穿하여 밝게 드러났다고 하였다.

퇴계는 이어 위의 문장 아래에 '수연雖然' 두 자로 앞에서 백이의 행동을 은미하게 억제한 뜻을 돌려놓고, 다시 '두 사람이 아니었다면 난신과 적자가 후세에 이어졌을 것이다'라는 표현으로 백이를 찬미하였다고 하였다. 곧 한유가 '수연雖然'이라고 한 것은 백이의 공이 만세에 이어져 만세의 표준인 무왕·주공과 각립하여 쟁웅할 것임을 드러내기 위한 장치이며, 이 두자로 인해 문세의 기복과 억양과 돈좌가 매우 기묘하게 되었다는 것이다. 이와 같이 퇴계는 "성인내만세지표준야聖人乃萬世之標準也"와 '수연雖然'의 문의와 문세를 면밀히 살펴, 한유가 이 두 구를 적절하게 운용하여 백이의 공이 무왕·주공과 각립한다는 명제를 효과적으로 드러냈음을 밝혔다.

> 원문 : 五步一樓, 十步一閣, 廊腰縵廻, 簷牙高啄, 各抱地勢, 鉤心鬪角, 盤盤焉囷囷焉, 蜂房水渦, 矗不知其幾千萬落. 長橋臥波, 未霱何龍, 複道行空, 不霽何虹, 高低冥迷, 不知西東.[78]

> 질의 : 幾千萬落. 운회韻會. 낙落은 거居이다. 사람이 모여 거처하는 곳을 촌락이라고 말한다. 이곳의 '낙落'자는

---

[78] 국립중앙도서관 소장, 『詳說古文眞寶大全後集』(정유자본) 권5, 「阿房宮賦」, 張25.

당연히 원락院落의 '낙落'이다. 위의 문장에서 '반반균균盤盤囷囷', '봉방수와蜂房水渦'이라고 형언했지만 그래도 부족하다고 여겨, 또 하나의 '촉矗'자를 더하여 '기천만락幾千萬落'이라고 말하였다. 대개 천간千間·만가萬架가 겹겹이 쌓여 결구結構한 것이 많고 넓어, 그것이 얼마쯤 되는지 모른다는 것이다.[79]

두목杜牧이 「아방궁부阿房宮賦」에서 아방궁의 장관을 형용하면서 '기천만락幾千萬落'이라고 표현한 것에 대해 '낙落'자의 의미를 풀이한 것이다. 간재는 먼저 『운회韻會』에서 '낙은 거居의 뜻으로 사람이 모여 거처하는 곳을 촌락이라고 한다'라고 한 것을 예로 들어, '기천만락幾千萬落'에서의 '낙落'자는 '원락院落'에서의 '낙落'자의 뜻과 같다고 하였다. 이어 두목이 위의 문장에서 아방궁의 장관을 '반반언균균언盤盤焉囷囷焉, 봉방수와蜂房水渦'라고 형용한 것만으로는 부족하다고 생각하고, 다시 아방궁을 이루는 수많은 원락院落들을 형상하여 '솟았다'는 뜻을 지닌 '촉矗' 자를 사용하여 '기천만락幾千萬落'이라고 묘사했다고 하였다. 곧, 아방궁은 '반반균균盤盤囷囷'하고 '봉방수와蜂房水渦'한 형세로 천간千間·만가萬架가 겹겹이 쌓여 이루어졌는데, 이 아방궁을 이루는 원락院落들이 수를 헤아릴 수 없을 정도로 많고 넓게 펼쳐져있음을 강조하기 위하여 '기천만락幾千萬落'이라고 했다는 것이다. 사실 '반반언균균언盤盤焉囷囷焉, 봉방수와蜂

---

[79] 李德弘,『艮齋集·續集』권4,『古文後集質疑』, 217쪽. "幾千萬落. 韻會. 落, 居也. 人所聚居, 謂之村落. 此落字, 當是院落之落也. 其上文以盤盤囷囷蜂房水渦形言之, 猶不足, 又加一矗字而曰, 幾千萬落. 蓋所以狀出千間萬架層累結構之多且廣, 不知其幾許也."

房水渦'와 '촉불지기기천만락蠲不知其幾千萬落'은 모두 아방궁의 모습을 형용했다는 점에서 중복된 표현이라고 생각할 수 있다.

그러나 간재는 '촉蠲'자와 '낙落'자의 의미를 면밀히 고찰하여 '촉불지기기천만락蠲不知其幾千萬落'은 '반반균균盤盤囷囷', '봉방수와蜂房水渦'로 묘사된 원락院落들이 수없이 늘어서 있어 그 수를 헤아릴 수 없음을 말한 것이므로, 문의가 중복되지 않을 뿐만 아니라 문세 또한 자연스럽게 이어지고 있음을 밝혔다.

> 원문 : 凡吏于士者, 若知其職乎. 蓋民之役, 非以役民而已也. 凡民之食于士者, 出其十一, 傭乎吏, 使司平於我也. 今受其直怠其事者, 天下皆然, 豈惟怠之. 又從而盜之.[80]

> 질의 : 民之役. 수령守令을 말하는 것으로 곧 民이 부리는 사람이 되니 다만 민民을 부릴 뿐만이 아니다. 傭乎吏. 사람을 부려 그 대가를 주는 것을 용傭이라고 말한다. 민民은 관官에 대해서 본디 용傭 자를 사용하는 것은 맞지 않으나, 이곳은 단지 위의 문장 '민지역民之役' 3자를 이어 말한 것이다. 대개 리吏가 민民을 부리면 민民이 물자를 내어 리吏를 받드니, 어찌 역役의 대가를 주는 것이 아니겠는가?[81]

---

[80] 국립중앙도서관 소장, 『詳說古文眞寶大全後集』(정유자본) 권5, 「送薛存義序」, 張22~23.
[81] 李德弘, 『艮齋集·續集』권4, 『古文後集質疑』, 217쪽. "民之役. 言守令, 乃爲民所役之人, 非徒使役民而已. 傭乎吏. 役人而酬其直, 謂之傭. 民之於官, 本不當下傭字, 此但承上文民之役三字而云云. 蓋旣曰吏役乎民, 則民之出物而奉吏, 豈非酬役直乎."

유종원이 「송설존의서送薛存義序」에서 설존의薛存義가 영릉零陵에서 영주永州를 거쳐 임소로 부임할 때 한 말에 대해 논한 것이다. 유종원은 이 글에서 이吏의 직책은 '민의 일꾼[民之役]'으로 '민을 부리는[役民]' 사람만 뜻하는 것이 아니라고 하였다. 그 이유는 민이 땅에서 수확한 것에서 십일조를 내어 '이吏를 고용해[傭乎吏]' 민을 편안하게 보호하도록 하기 때문이다.

간재는 유종원이 '용호리傭乎吏'라고 말한 것에서 '용傭'자의 의미는 '사람을 부려 그 대가를 주는 것'이라고 하였다. 간재는 '용傭'자가 그 뜻으로 보아 관직을 가진 자에게 사용하는 것은 맞지 않은데, 유종원이 이 글자를 쓴 것은 앞에서 말한 '민지역民之役'에 조응할 수 있도록 '용호리傭乎吏'라고 묘사한 것으로 생각하였다. 그리고 이吏가 민民을 부리면 민民이 물자를 내어 이吏를 받드는 것은 역役의 대가를 받는 것을 의미하므로, 관리에게 '용傭'자를 쓰는 것이 문의를 해치는 것은 아니라고 하였다. 이와 같이 간재는 자의字義로 보면 '용傭'자를 관리에게 사용하는 것은 적절하지 않지만, 한유가 문의상文義上으로 관리의 직무를 고려하고 문세상으로 '민지역民之役'과 조응이 될 수 있도록 하기 위해 '용호리傭乎吏'라고 표현했음을 밝혔다.

간재는 인용 글 이외에도 소순이 「상구양내한수서上歐陽內翰脩序」에서 이고李翱의 문을 평하여 "부앙읍손俯仰揖遜, 유집사지태有執事之態"라고 표현한 것에 대해, 『예기』의 글을 인용해 '읍손揖遜'은 빈주례賓主禮의 사이에서 절문節文이 가장 위곡委曲·화비華美한 곳임을 말하고, 이고의 문체가 이와 같이 이름다웠으므로 아래에 '태態'자를 썼다[82]고 하였다.

또한, 간재는 소식이 「후적벽부」에서 "강산불가부식江山不可復識"

이라고 말한 것에 대해, 이 말은 본래 7월부터 10월까지 시물時物이 이변하여 강은 소리가 있어 '수락석출水洛石出'하고 언덕[岸]은 '산고월소山高月小'했기 때문에 다시 알 수 없다고 한 것이지만, 실제로는 소식이 '변화등선變化登仙'의 뜻을 말하기 위해 먼저 강산이 이경異境이 되어 선흥仙興을 일으킨다는 의미를 담고 있다[83]고 하였다. 이와 같이 그는 "강산불가부식江山不可復識"의 문의를 면밀히 살펴 문면에 드러나지 않은 소식의 의사를 간파하였다.

퇴계는 『대학』을 읽는 방법을 말하면서 반복해 온역溫繹하여 먼저 문의의 머리와 끝을 관통해 두루 미치고, 하나하나 마음속에서 분명하고 또렷하게 된 이후에야 비로소 도리에 대해 깨달음이 있게 된다[84]고 하였다. 간재는 퇴계와 같이 대전본 『후집』을 읽으면서 기존의 학설에 빠지거나 본주에 얽매이지 않고, 자의와 문의를 면밀히 고찰하고 문장의 격조와 내력을 밝혀 그 의미를 명확히 변석하여, 독자들로 하여금 문의와 문세를 명확히 알아 문장 속에 담긴 작자의 성정을 꿰뚫어 보도록 하였다.

---

82) 李德弘, 『艮齋集・續集』 권4, 『古文後集質疑』, 219쪽. "俯仰揖遜. 揖遜, 賓主禮際, 節文之最委曲華美處, 文體似之, 美可知矣, 故其下以態字言之."
83) 李德弘, 『艮齋集・續集』 권4, 『古文後集質疑』, 219~230쪽. "江山不可復識. 此本言自七月至十月, 日月幾何, 而時移物變, 江有聲而水洛石出, 岸千尺而山高月小, 曩時所見者頓異, 故謂不可復識云耳. 然其實, 只爲其下將言變化登仙之意, 故以此先言江山之變爲異境, 所以能使我發仙興, 而有履巉巖攀鶻巢等事也."
84) 李滉, 『退溪集Ⅰ』 권28, 「答金而精」, 160쪽. "好把大學一部書, 反覆溫繹, 令其文義首尾, 貫通浹洽, 一一分明, 歷落於胸中, 然後方始於其道理有悟解處."

3. 문학사적 의의

조선시대에 괴본『고문진보』와는 수록된 작품의 내용이나 배열 방식이 크게 다른 대전본『고문진보』가 조선에서 유행한 데에는 주자학이 토착 개화한 것과 깊은 관련이 깊다. 고려 말에 중국에서 들어온 주자학은 사림파 대두를 고비로 도道가 보다 내재화되었고, 문학관에 있어서도 주자학적 도문일치관道文一致觀이 한층 강화된 형태로 표방되었다.[85] 이 과정에서 대전본은 당시 문이재도文以載道를 중심으로 한 도문일치를 지향했던 조선시대의 문인 학자들이 문장을 익히는 전형 모델로 자리하였다. 퇴계가『퇴계선생언행통록』에서 "『고문후집』은 기가 있는 문이다. 반드시 오륙백 번을 읽은 후에 비로소 효험을 볼 수 있다. 나는 장년에 단지 수백여 번을 읽고서 붓을 잡고 글을 썼는데, 마치 자연스럽게 일어나듯이 마음속의 생각이 흘러나왔다."[86]라고 한 것이 그 한 예이다.

위와 같이 조선시대에 대전본이 널리 유통되면서 문인 학자 사이에서 이 책의 문제점이나 조선 문단에 끼친 폐해에 대한 비판이 이어졌다. 앞서 살폈듯이 허균이 조위한의 말을 빌려 중국 사람이 조선의 문장이 중국보다 뛰어남을 꺼려해『사략史略』과『고문진보』를 보내온 이후로, 문장의 규모가 좁고 막혀 예전에 미치지 못하다고 말한 것이 대표적인 예이다. 위와 같이 조선의 문장가들에 의해 대전본『후집』의 선문 방향과 편찬 목적에 대한 비판이 고조되면서,

---

[85] 李東歡,「조선후기 문학사상과 문체의 변이」,『韓國文學研究入門』(지식산업사, 1982), 292쪽.
[86] 權斗經 編,『退陶先生言行通錄』권5(『增補退溪全書四』),「類編」, 102쪽. "古文後集, 有氣之文也. 須讀取五六百遍, 然後始見功. 吾壯年, 只讀得數百餘遍, 而操筆臨紙, 則若或起之自然, 胸中流出矣."

퇴계와 그의 문인들을 중심으로 한 도학자들은 이 책의 작품 선정과 주석 내용을 심도 있게 검토하였다.

퇴계의 『고문전집강해』와 간재의 『고문후집질의』는 위와 같은 도학자들의 연구 결과물로 제출된 것이다. 퇴계는 대전본 『고문진보』를 문인들에게 강해하면서 시의 작자와 역사적 배경 등을 살펴 원문에 담긴 섬세한 의미를 재해석하였고, 다양한 자료들에 대한 면밀한 검토를 통해 주석의 오류를 바로 잡았다. 이 때문에 그의 대전본 『전집』의 강해는 문인들에 의해 도학적 사유에 기초해 문학을 이해하는 방법에 대한 모범 답안으로 인식되어졌고, 그로 인하여 이 책은 문인들 사이에서 널리 회간回看되고 전사되는 과정을 거치며 일부 내용이 새롭게 추가되었다.

퇴계는 대전본 『전집』을 강해하면서 자명한 진리로 여겨져 왔던 원문을 바르게 이해하기 위해 철저히 재해석하는 과정을 거쳤다. 그는 마음에서 발한 희노애락의 정이 이치에 맞는 사람은 성정이 돈후하여 시의 문사가 화정和正하지만, 이치에 맞지 않은 사람은 성정이 경조輕躁하여 시의 문사 또한 부화浮華하게 된다는 사실에 주목하였다. 따라서 그는 문인들에게 성정의 바름이 표출된 화정和正한 시를 읽어 온유돈후한 성정을 회복시키는데 중점을 두었다. 또한, 그는 시의와 시법을 치밀하게 고증하여 본주의 오류를 바로잡았다. 그 방법으로 시의 체제와 격조에 대한 지속적인 탐구를 통해 사소한 것처럼 보였던 원문의 구절이 중요한 내용과 역할을 지니고 있음을 논증하였다. 퇴계가 남긴 『고문전집강해』는 그와 그의 문인들을 중심으로 하여 형성된 도학적 심미의식이 그 질적 성취수준에 있어서 중국의 그것보다 한층 더 심화되어 있음을 보여준다는 점에서 문학사적 의미가 적지 않다.

한편 간재는 퇴계의 강학과 권려에 힘입어 그동안 문장 학습서로만 알았던 대전본 『후집』에 실린 작품들의 작자와 역사적 배경 등을 살펴 원문에 담긴 섬세한 의미를 파악하였고, 다양한 자료에 대한 면밀한 검토를 통해 주석의 내용을 보완하였다. 그 결과 간재는 이 책에 수록된 문장의 내면에 자리한 작자의 성정을 파헤쳐 마음의 바름과 삿됨을 발명하였고, 문의와 문세를 살펴 원문의 내용과 역할을 변석하였다. 이와 같이 간재가 도학적 사유과정을 통하여 체계화한 문학관에 기초해 기골이 왕성하고 이학의 연원을 갖춘 『상설고문진보대전』의 원문과 주석을 깊이 연찬한 것은, 중국과 일본에서 작품성이 뛰어나면서도 교훈적인 내용을 수록한 괴본이 널리 유통된 사실과는 상반된 것이다. 우리는 이를 통하여 동아시아 3국이 공유했던 보편 문학적 성격과 함께 중국이나 일본과는 다른 학문적 풍토 아래 자생해온 한국한문학의 존재 방식을 파악할 수 있다는 점에서 문학사적 의미를 찾을 수 있다.

04
동아시아 『고문진보』의 유통

앞서 살폈듯이 한·중·일 동아시아 3국에서 유통된 『제유전해고문진보』와 『상설고문진보대전』은 두 책의 편자와 작품의 수록 방식, 그리고 수록된 작품의 양이 크게 다르다. 먼저 중국과 일본에서 유행한 『제유전해고문진보』는 황견이 편찬한 것이고, 조선에서 유행한 대전본 『후집』의 원형은 원의 진력이 편찬한 『비점고문』이다. 작품의 배열 방식에 있어서 대전본 『후집』은 시대순으로 배열되어 있으나, 대전본 『전집』을 포함해 괴본과 만력본은 모두 문체별로 배열되어 있다.

위의 두 책의 각 판본에 수록된 작품의 수에 있어서도 대전본은 『전집』에 운문류 241편과 『후집』에 산문류 130편이 실려 있으나, 만력본은 『전집』에 운문류 256편과 『후집』에 산문류 89편이 실려 있고, 괴본은 『전집』에 운문류 217편과 『후집』에 산문류 67편이 실려 있다. 또한, 3종의 『고문진보』에 달려 있는 주석은 그 내용이나 분량에서 큰 차이가 있다.

『고문진보』는 한・중・일 동아시아 3국에서 한시문의 학습 교재로 사용되었다. 이의현李宜顯(1669-1754)은 중국에서는 모두 사라진 『고문진보』가 유독 조선에서만 집집마다 송독하는 까닭을 원나라 서예가 조맹부趙孟頫의 예로 들어 설명하였다. 그는 조선에서『고문진보』가 유행한 것은 원대에 충선왕이 조맹부의 필적을 고려에 전파하여, 조선에서 그의 글씨가 왕희지王羲之와 병칭될 정도로 유행하게 된 것과 같다[1]고 하였다. 그러나 작품과 주석의 내용이 크게 다른 3종의『고문진보』가 동아시아 3국에서 널리 유통된 것은 다지 우연만은 아니다. 이는 근본적으로 한자를 표기수단으로 삼아 형성된 3국 한문학의 존재 방식이 서로 달랐던 것에 원인이 있다.

본 연구에서는 동아시아 3국에서 구현된 한문학의 실체를 규명하기 위한 일환으로, 동시기 3국에서 한문 교재로 널리 활용된『고문진보』의 작품을 비교하고, 3종의 판본이 각각 3국에서 간행되어 유통한 양상과 그 의의에 대해 고찰해 보기로 한다.

---

1) 李宜顯,『陶谷集』(『한국문집총간』181책, 한국고전번역원, 1988) 권28,「陶峽叢說」, 456쪽. "江贄通鑑, 曾先之十九史略, 陳櫟古文眞寶, 中原則絶稀, 而我東幾乎家誦戶讀. 又如趙孟頫固工書, 而元時文士, 無不工書, 與孟頫比者, 並世亦多有之. 故中原則別無特以趙書爲稱者, 而我東以高麗忠宣王入元, 與趙相親, 多受筆蹟, 大播東國之故, 無人不習其書, 至與王羲之並稱曰王趙, 中原則不如此矣."

1. 『고문진보』의 유통 양상

1) 중국 : 문학과 의리로 양분화

중국에서 간행된 선집류는 크게 두 계통으로 구분된다. 하나는 최초의 시문선집으로 불리는 『문선』을 중심으로 한 '담문일파談文一派'의 선집류이고, 다른 하나는 송대에 진덕수眞德秀가 『문장정종』을 편찬한 것을 계기로 출현한 '담리일파談理一派'의 선집류이다.[2] '담문일파'의 선집류는 작품의 선정 기준을 문학성에 초점을 맞추었고, '담리일파'의 선집류는 작품의 선정 기준을 내용 속에 내재해 있는 의리에 중점을 두고 있다.

『문선』은 아려雅麗한 문장을 실었으나 모두 바른 내용을 지닌 것은 아니다. 『문선』에 실린 반욱潘勖의 「책위공구석문冊魏公九錫文」과 완적阮籍의 「위정충권진왕전爲鄭沖勸晉王箋」과 같은 문장은 명교에 어긋나는 내용으로 사람들의 조롱거리가 되었다. 이와 달리 『문장정종』은 바른 내용을 담고 있으나 모두 아려한 문장이 수록된 것은 아니다. 『문장정종』에 실린 작품은 지론이 하나같이 의리를 준칙으로 삼고 있어, 집집마다 서가를 채웠지만 누구도 이를 공격하거나 즐겨 익히는 사람이 없었다.[3] 이로 보아 가장 이상적인 선집은 『문선』의 아려한 문장과 『문장정종』의 바른 내용을 하나로 묶어 작품의

---

2) 永瑢, 『四庫全書總目』(『문연각사고전서』 1책) 권1, 「總集類一」, 張1, "文選以下, 互有得失, 至宋眞德秀文章正宗, 始別出談理一派."
3) 永瑢, 『四庫全書總目』 권190, 「總集類五」, 張40. "潘勖九錫之文, 阮籍勸進之箋, 名敎有乖, 而簡牘並列, 君子恒譏焉, 是雅而不正也. 至眞德秀文章正宗, 金履祥濂洛風雅, 其持論, 一準於理, 而藏棄之家, 但充挿架, 固無人起而攻之, 亦無人嗜而習之, 豈非正而未雅歟."

문학성과 의리정신이 함께 조화를 이루고 있는 것이라 하겠다.

앞서 살폈듯이 『제유전해고문진보』를 편찬한 사람은 황견으로 알려져 있다. 괴본은 원나라 지정 26년(1366)에 임정이 구본 『제유전해고문진보』에서 작품이 산략되거나 주석이 명확하지 않은 것을 바로 잡아 간행한 것이다. 임정은 시를 잘해 모직방毛直方이 편찬한 『시학대성詩學大成』을 증산增刪하여 『연신사비시학대성聯新事備詩學大成』을 편찬하였다.[4] 이어 명나라 홍치弘治 15년(1502)에 운중雲中의 청려재青藜齋가 괴본을 구해 점교를 조금 더하여 중간하였고,[5] 홍치년간(1488-1504)에 효종이 칙명을 내려 이 책을 다시 간행하였다. 그리고 만력萬曆 11년(1583)에 신종이 칙명을 내려 구본 312편에 35편을 더하여 다시 간행하였다.

위와 같이 황견이 편찬한 『제유전해고문진보』는 원대에 임정에 의해 적어도 1366년 이전에 간행되었고, 명대에 이르러 내판본內版本 두 번을 포함에 최소 네 차례 이상 중간되었다. 원나라 우강旴江의 정본鄭本은 「고문진보서」에서 괴본이 권학문에서 시작해 제갈량諸葛亮의 「출사표出師表」와 이밀李密의 「진정표陳情表」로 끝을 맺고 있는 것은, 학문에 힘쓰도록 권면하고 충효로 인도하려는 편찬자의 은미한 의사가 반영된 것[6]이라고 하였다. 이로 보아 『제유전해고문진보』는 작품성이 뛰어나면서도 명교에 도움이 되는 내용을 정선해 수록한 문학성 높은 선집류라고 할 수 있다.

---

[4] 金嵩壽, 「『詳說古文眞寶大全』과 『批點古文』」, 『중국어문학』 제15집, 191쪽.
[5] 青藜齋, 「重刊古文眞寶跋」, 『諸儒箋解古文眞寶』 卷頭. "予偶得善本, 撫巡之暇, 略加點校, 因命工重刊以便後學."
[6] 青藜齋, 「重刊古文眞寶跋」, 『諸儒箋解古文眞寶』 卷頭. "眞寶之編, 首有勸學之作, 終有出師陳情之表, 豈不欲勉之以勤, 而誘之以忠孝乎. 此編者之微意也."

앞서 살폈듯이 대전본 『후집』에 실린 130편은 명대 유염이 진력의 『비점고문』 100편 속에 고문 30편을 추가해 시대순으로 배열하여 편찬한 것이다. 조선의 유희춘柳希春은 대전본 『후집』에 실린 작품은 남송의 누방이 북송 이상의 문장을 선록한 『숭고문결』을 저본으로 하고, 송대 도학자인 주돈이·정이·장재·주희의 문장을 추가한 것7)이라고 하였다. 실제 대전본 『후집』에 수록된 130편의 작품은 누방의 『숭고문결』에 62편, 진덕수의 『문장정종』에 43편, 사방득의 『문장궤범』에 42편, 여조겸의 『고문관건』에 27편이 실려 있다.

또한, 대전본에 실린 주돈이의 「태극도설」과 정이의 「사잠四箴」, 장재의 「서명西銘」과 「동명東銘」은 모두 『근사록』에 실려 있다. 진력은 「태극도설」의 주석에서 한유·유종원·구양수·소식의 사장의 문을 익혀 기골을 왕성하게 하고, 주돈이·정이·장재·주희의 이학의 문을 읽어 연원을 깊게 체득해야 한다8)고 하여, 선문 기준을 기골이 왕성하고 이학의 연원을 갖춘 문장에 두었다. 이로 보아 대전본 『후집』에 수록된 고문 130편은 『숭고문결』과 『근사록』을 저본으로 삼아 도문일치의 도학적 문학관을 구현할 수 있는 문장을 정선해 수록한 의리 중심의 선집류라고 할 수 있다.

위와 같이 다양한 판본으로 간행된 『고문집보』는 명대에 시문의 학습 교재로 비교적 널리 유통된 것으로 보인다. 이러한 사실은 원의 임정이 제자를 교수하는 여가에 구본을 서점에서 구해 괴본

---

7) 柳希春, 『眉巖集』(『한국문집총간』 34책, 한국고전번역원, 1988) 권18, 「經筵日記·丙子」, 503쪽. "上曰, 占义眞實所運, 何如. 對曰 南宋樓鑰號汪齋者, 滹北宋以上文章, 甚有可觀. 厥後新安陳櫟, 又收周程張朱之文."

8) 국립중앙도서관 소장, 『詳說古文眞寶大全後集』(정유자본) 권10, 「太極圖說」註, 張23. "盖文章道理, 實非二致. 欲學者, 由韓柳歐蘇詞章之文進, 而粹之以周程張朱理學之文也. 以道理深其淵源, 以詞章壯其氣骨, 文於是乎無弊矣."

을 간행한 것이나, 청려재가 서사에서 유통되는 구본이 인식漫蝕된 것이 많음을 우려해 중간한 것을 통해 확인할 수 있다. 또한, 명의 손서孫緖는 어렸을 때에 부친에게서 『고문진보』의 소시小詩와 여러 소사小詞를 전수받기도 하였고,[9] 장면蔣冕은 가정 7년(1528)이 쓴「조사부집서曹祠部集序」에 유년 시에 서방에서 간행한 『고문진보』속에서 조업曹鄴의 「독이사전시讀李斯傳詩」를 읽었다[10]고 하였다.

이로 보아 효종과 신종에 의해 칙명으로 간행된 홍치본과 만력본은 작품성과 교훈성을 두루 갖추고 있어, 황제의 명교 사업에 적지 않게 기여했을 것으로 생각된다. 또한, 대전본을 조선에 전한 예겸은 「간암문집서艮菴文集序」에서 도는 말에 의탁하지 않으면 이理가 스스로를 밝히지 못하고, 말은 도를 싣지 않으면 문이 멀리 가지 못한다[11]고 말한 것으로 보아, 대전본은 주로 명대에 도문일치에 기초한 도학적 문학관을 지향했던 문인·학자들 사이에서 유통되었을 것으로 판단된다.

그러나 위와 같이 명대에 문인 학자들 사이에서 널리 유통된 3종의 『고문진보』는 청으로 왕조가 바뀌면서 서점가에서 급격히 자취를 감추었다. 이러한 사실은 유몽인柳夢寅(1559-1623)이 3번 중국에 갔으나 『고문진보』는 거의 볼 수 없었다[12]고 하거나, 이의현李宜顯(1669-1754)이 「도곡총설陶谷叢說」에서 진력의 『고문진보』는 중국에

---

9) 孫緖, 『沙溪集』(『문연각사고전서』 1246책) 권13, 「無用閒談」, 張18. "緖, 幼時, 先吏部, 口授古文眞寶內小詩及諸小詞."
10) 蔣冕, 『曹祠部集』(『문연각사고전서』 1038책), 「曹祠部集序」, 張1. "冕自髫齓時, 見鄴之公讀李斯傳詩於書坊所刻古文眞寶中."
11) 倪謙, 『倪文僖集』(『문연각사고전서』 1245책) 권16, 「艮菴文集序」, 張17. "言之成章者也, 道理之無形者也. 道非託于言, 其理不能自明, 言非載夫道, 其文不能行遠."
12) 柳夢寅, 『於于野譚』(경문사) 권3, 「文藝」, 張36. "吾嘗三入中原, 所謂眞寶·史略中原所極罕."

서는 매우 드물지만 조선에서는 집집마다 송독하고 있다'[13]고 말한 것을 통해 확인할 수 있다.

위와 같이 『고문진보』가 청대에 들어와 갑자기 사라진 이유는 한족에서 만주족으로 지배 세력이 바뀌고, 의리학에서 고증학으로 학문 풍토가 변한 데에 원인이 있다. 곧, 명대에 괴본과 만력본이 추구했던 문학성 높은 작품을 통해 통치이념의 공고화와 대전본이 지향했던 의리중심의 도학적 문학관의 구현이라는 시대적 소임은 이미 구시대의 유물이 되었던 것이다. 청 건륭乾隆 43년(1782)에서부터 명 만력萬曆 년간까지 간행된 시문선집 164부 9,720권을 모아 놓은 『사고전서』에서 『고문진보』가 빠져 있는데, 이는 중국에서 『고문진보』가 수행했던 정치적·사상적 역할이 무엇이었는가를 보여주는 단적인 예이다.

2) 한국 : 재도문학의 전형 모델

앞서 살폈듯이 『제유전해고문진보』를 한국에서 처음 간행한 사람은 전록생이다. 그는 사신으로 중국에 들어가 『고문진보』를 구입해 돌아왔고, 공민왕 16년(1367) 경상도도순문사로 재임하던 합포에서 이 책을 간행하였다. 이어 강회중이 세종 2년(1420)에 충청도 관찰사로 재임할 때, 옥천군수 이호에게 공주교수 전예출이 가져온 『제유전해고문진보』를 중간하도록 명하였다. 전록생과 이호가 중간한 판본은 간행 년대로 보아 모두 괴본 계통의 판본으로 추정된다. 강회중

---

[13] 李宜顯, 『陶谷集』(『한국문집총간』 18책, 한국고전번역원, 1988) 권28, 「陶峽叢說」, 456쪽. "陳力古文眞寶, 中原則絶希, 我東國幾乎家誦戶讀."

은 괴본은 고아한 작품을 정선하여 수록한 책으로 학문하는 선비들이 모범으로 삼아야 한다'[4]고 하여, 『고문진보』에 실린 시문들의 작품성과 교훈성을 중시하였다. 그러나 합포와 옥천에서 간행된 괴본 계열의 판본들은 우리나라에서 널리 유통되지 못하였다.

우리나라에서 널리 읽힌 『상설고문진보대전』은 세종 32년(1450)에 명의 예겸이 사신으로 오면서 전한 것이다. 앞서 살폈듯이 조선 조정에서는 이 책에 수록된 시문들이야말로 조선의 문인·학자들이 지향했던 도학적 문학관을 구현할 수 있는 전형적 모델이라고 생각하고, 예겸에게서 이 책을 받은 지 2년도 못되어 막 주조가 끝난 경오자로 간행한 것을 시작으로 초주갑인자본, 계유자본, 무신자본, 임진자본, 정유자본 등 모두 6차례 간행하였다. 또한, 조선시대에 대전본은 중앙과 지방관청에서 1567년과 1569년에 2차에 걸쳐 갑인자본을 번각하였고, 1472년과 1612년, 1796년에 진주, 남원, 정읍 등에서 3차에 걸쳐 갑인자본을 중간하였다. 따라서 대전본이 당시 조선의 문단에 끼친 영향은 앞서 1419년에 옥천군수 이호에 의해 지방관청에서 간행된 괴본과는 비교하기 어려울 정도로 컸다.

허균許筠은 "국초에 제공諸公이 모두 『고문진보』를 읽어 문장을 지었다. 그러므로 지금의 인사들도 초학에는 반드시 이 책을 중시한다."[15]고 하였다. 대전본이 조선시대의 문인 학자들 간에 시문을 익히는 기본 교재로 널리 활용된 사실을 말한 것이다. 유희춘柳希春은 『고문진보』에 실린 제갈량諸葛亮의 「출사표出師表」나 장문잠張文潛의

---

14) 姜淮仲, 「善本大字諸儒箋解古文眞寶誌」, 『勉隱逸稿』 권4, 407쪽. "此編所載詩文, 先儒精選古雅, 表而出之, 承學之士, 所當矜式也."
15) 許筠, 「惺所覆瓿稿」(『한국문집총간』 32책, 한국고전번역원, 1988) 권24, 「惺翁識小錄下」, 347쪽. "國初, 諸公皆讀古文眞寶前後集, 以爲文章, 故至今人士初學, 必以此爲重."

「약계藥戒」 등을 매번 풍송하며 음미하였고,[16] 이이李珥는 『고문진보』와 『서경』 등을 읽어 문리를 이루었다.[17] 성문준成文濬은 어려서부터 『전집』과 『당음唐音』을 읽어 시 짓는 법을 배웠으며,[18] 신흠申欽은 11세에 사서四書와 『고문진보』를 강기强記하였다.[19] 특히 기대승奇大升은 12세에 『전집』 외우기를 그치지 않았고, 12세인 무술년(1536) 7월부터 13세인 기해년(1537) 10월까지 『후집』 수백 번 읽었다.[20]

『고문진보』는 조선시대에 과거 준비를 위해서도 반드시 필요한 교재였다. 이식李植은 자손들에게 과거 공부를 위해 『고문진보』와 『문장궤범』 등을 베껴 백 번까지 읽도록 권하였고,[21] 권시權諰는 『고문진보』와 『문장궤범』 등에 수록된 수십 수를 수십 번 읽어야 과거 문장에 여력이 있게 된다[22]고 하였다.

또한, 『고문진보』는 시문 학습이나 과거 준비를 넘어 일상에서 수시로 펼쳐 읽는 수신서이기도 하였다. 김시습金時習은 『고문진보』의 주옥같은 글로 텅 빈 마음속을 채우면, 공허한 마음이 온통 옥 소리로

---

16) 柳希春, 『眉巖集』(『한국문집총간』 34책, 한국고전번역원, 1988) 권4, 「庭訓·文學第十」, 207쪽. "文章軌範, 古文眞寶, 東萊博議, 剪燈神話, 莫不洞究脈絡, 諸葛武侯出師二表, 胡澹庵上高宗封事, 張文潛藥戒, 灌纓子中興對策, 每諷誦耳玩味之."
17) 『宣祖實錄』(『조선왕조실록』 21책, 국사편찬위원회) 권9, 「八年六月條」, 26쪽. "今爲文詞, 粗成文理者, 亦別無用工之由, 但嘗讀韓文古文眞寶及詩書大文而已."
18) 成文濬, 『滄浪集』(『한국문집총간』 64책, 한국고전번역원, 1988) 권1, 「詩·序」, 4쪽. "余生始齓, 讀古文眞寶前集, 兼看唐音學作詩, 先輩徃徃稱之."
19) 申欽, 『象村稿』(『한국문집총간』 71책, 한국고전번역원, 1988), 「年譜」, 267쪽. "公年十一歲. ○讀中庸, 大學, 論語, 孟子, 古文眞寶等書, 能强記."
20) 奇大升, 『高峯集·續集』(『한국문집총간』 40책, 한국고전번역원, 1988) 권2, 「自警說」, 266쪽. "讀眞寶前集, 又讀古賦, 連誦不已, 時則戊戌年也. … 讀後集數百遍, 時則七月也, 直至明月十月旹畢, 己亥年也."
21) 李植, 『澤堂集別集』(『한국문집총간』 71책, 한국고전번역원, 1988) 권14, 「示兒孫等」, 514쪽. "科文工夫. 韓柳蘇文, 文選, 八大家文, 古文眞寶, 文章軌範等中, 從所好鈔讀一卷, 限百番."
22) 權諰, 『炭翁集』(『한국문집총간』 104책, 한국고전번역원, 1988), 「答崔主一書」, 401쪽. "更讀大家文如古文眞寶, 文章軌範數十首數十遍, … 俗行科程之文, 自有餘力矣."

가득하게 된다[23]고 하였고, 민유중閔維重은 극심한 가뭄으로 우민憂悶이 심한 차에 『남화경』과 『고문진보』을 읽고자 했지만 끝내 찾지 못해 안타까워하였다.[24] 이어 김창업金昌業은 숙종 13년(1713)에 연경에서 예부좌시랑禮部左侍郎 이격二格에게 조선에 있는 서적을 묻자, 『사서』・『사경四經』・『당시』・『고문진보』를 써 보이기도 하였다.[25]

조선시대에 대전본이 널리 유통되면서 문인 학자 사이에서 이 책의 문제점이나 조선 문단에 끼친 폐해에 대한 비판이 이어졌다. 먼저 허균許筠은 중국 사람이 조선의 문장이 중국보다 뛰어남을 꺼려해 『십구사략十九史略』과 『고문진보』를 보내온 이후로, 문장의 규모가 좁고 막혀 예전에 미치지 못한다고 비판하고, 권필權韠과 이안눌李安訥은 『고문진보』를 읽지 않았으나 시가 절로 좋다[26]고 하였다. 유몽인柳夢寅은 조선의 어린아이는 모두 『십구사략』과 『고문진보』로 입학의 문을 삼는데, 중국에서는 극히 보기 드물 정도로 천기賤棄한 것을 조선에서만 중시한다[27]고 하였다. 유수훤柳壽垣 또한 조선의 사장이 경사를 본원으로 하여 전칙典則한 글을 짓지 않고, 겨우 『고문

---

[23] 金時習, 『梅月堂集』(『한국문집총간』 13책, 한국고전번역원, 1988) 권9, 「得古文眞寶」, 235쪽. "世間珠璧謾相爭, 用盡終無一个贏. 此寶若能藏空洞, 滿腔渾是玉瑽琤."

[24] 閔維重, 『文貞公遺稿』(『한국문집총간』 137책, 한국고전번역원, 1988) 권9, 「寄兒鎭遠」, 274쪽. "但旱災此酷, 憂悶極極, 南華二冊, 果在於所藏之房, 而古文眞寶, 終不得搜得, 可訝訝, 出去已久, 能做幾篇耶."

[25] 金昌業, 『老稼齋燕行日記』(한국고전번역원, 1988) 권5, 「癸巳二月初三日」. "禮部左侍郎二格, 坐暢春苑門外. 招渠輩問日, 你國有何書籍, 卽書四書四經而對之. 又問日, 此外更無他書. 又書唐詩, 古文眞寶而對之."

[26] 許筠, 『惺所覆瓿稿』(『한국문집총간』 32책, 한국고전번역원, 1988) 권24, 「惺翁識小錄下」, 347쪽. "趙斯文緯韓嘗言, 中國人忌我東人文軼於中華, 故撰史略・眞寶二書, 送之于東. 此書來後文章陋陋, 不及於古, 可恨也. 權汝章李子敏, 俱不讀眞寶, 其詩自好, 持世之言, 亦自有理."

[27] 柳夢寅, 『於于野譚』(경문사) 권3, 「文藝」, 36쪽. "且我國童穉之學, 皆以十九史略・古文眞寶爲入學之門, 吾嘗三入中原, 所謂眞寶・史略中原所極罕, 如孟頫書. 盖是三者豈非中原之賤棄, 而唯我國學者攻之也."

진보』・『동래박의東萊博議』를 익혀 성취한 것이 촌학일 뿐[28]이라고 하였다.

　대전본의 선문 방향과 주석의 오류에 대한 시비 또한 적지 않게 이어졌다. 허균은 『고문진보』는 한 사람이 시문을 우연히 뽑아 모은 것으로, 거취의 기준을 알 수 없어 읽지 않아도 된다[29]고 하였다. 유희춘柳希春은 『전집』에 실린 「장한가長恨歌」가 양귀비의 일을 과대 포장한 것을 예로 들며, 이곳에 실린 작품들은 옥석이 섞여 있음을 지적하였다.[30] 고상안高尙顏은 『전집』에 실린 도잠의 「칠월야행강릉도중작七月夜行江陵途中作」의 주에서 '상가商歌'의 풀이는 오류라고 하였다.[31] 또한, 차천로車天輅는 『후집』에 실린 이백의 「한형주서韓荊州書」의 주에서 '청평青萍'과 '결록結綠'을 모두 검명劍名으로 풀이한 오류를 바로 잡았다.[32] 특히 앞서 살폈듯이 퇴계는 『고문진보전집』을 문인들에게 교수하면서 수편首篇에 수록된 진종의 「권학문」이 이욕의 설을 취하여 사람을 권면한 것을 비판하고, 옛사람들이 학문을 권고한 규범은 본래 이와 같지 않았다는 이유를 들어 수편의 내용을 모두 지우고 단지 "남아욕수평생지男兒欲遂平生志, 육경근향창전독六經勤向窓前讀" 두 구만 남겨 놓았다.[33]

---

28) 柳壽垣, 『迂書』(한국고전번역원) 卷10, 「論變通規制利害」. "所謂詞章, 又不曾本源經史, 以成典則之文. … 僅習古文眞寶東萊博議, 究其所成就, 大抵村學究矣."
29) 許筠, 『惺所覆瓿稿』권24, 「惺翁識小錄下」, 347쪽. "眞寶則一人偶然稡會者, 其去就殊不可曉, 雖不讀可也."
30) 柳希春, 『眉巖集』권18, 「經筵日記・丙子」, 503쪽. "但恨選詩之中, 有玉石相雜者, 如長恨歌是也."
31) 高尙顏, 『泰村集』(『한국문집총간』 59책, 한국고전번역원, 1988) 권3, 「雜著・警話」, 235~236쪽. "古文眞寶前集註多舛誤, 如商歌非吾事, 註引莊子所謂歌商之言, 是則遯世無憫之意, 而淵明以爲非吾事, 何也."
32) 車天輅, 『五山說林草藁』(한국고전번역원). "李白上韓荊州書, 青萍結綠, 長價於薛下之門, 古文眞寶後集注, 青萍結綠皆劍名, 此注誤甚."

위와 같이 그 공과와 득실에 대한 시비가 끊이지 않았던 대전본이 조선에 널리 유통된 이유는 무엇일까? 앞서 살폈듯이 김종직은 「고문진보발」에서 『고문진보』는 한·진·당·송의 한가롭고 준월儁越한 작품을 수록하고, 변려 사륙문이나 성률을 중시한 글은 비록 아름답거나 호장豪壯하더라도 취하지 않았으며, 주돈이周敦頤·장재張載·이정二程의 성명지설性命之說을 붙여 문장을 배우는 자들이 근저로 삼도록 하였다고 하였다. 이어 그는 시는 삼 백편으로 조祖를 삼고 양한으로 종宗을 삼는데 성률과 우려偶儷가 일어나면서 문장이 병들었고, 양나라 소통蕭統의 『문선』이래 역대 시문을 선록한 책들은 옥석을 가리지 못했으나, 오직 『고문진보』만이 채집한 것이 자못 진덕수眞德秀의 『문장정종』의 유법을 얻었다고 하였다. 또한, 홍섬洪暹은 『고문진보』를 내용을 읊은 장편의 시에서, 신안 출신으로 주희의 학문을 계승한 진력이 후생들이 말단을 좇고 근저를 멀리하는 것을 우려해, 용벽冗僻하거나 거짓된 시문을 산삭하고, 법도를 정하고 범례를 갖추어 『고문진보』를 편찬했다[34]고 하였다.

조선의 문인 학자들은 『고문진보』에 대한 맹목적인 수용태도에서 벗어나, 작품을 선정한 기준이나 주석한 내용에 대해 심도 있게 검토하였다. 그 대표적인 것이 퇴계가 편찬한 『고문전집강해』와 간재가 편찬한 『고문후집질의』이다. 앞서 살폈듯이 퇴계는 대

---

33) 李德弘, 『艮齋集』(『한국문집총간』 51책, 한국고전번역원, 1988) 권5, 「溪山記善錄上」, 80쪽. "先生敎古文前集, 必遣勸學文曰, 此書出於陳新安之撰, 何以首此眞宗勸學文耶. 古人勸學之規, 本不如是. 何必取利欲之說以勉人乎. 吾則不爲也. 文首篇, 只存男兒欲遂平生志, 六經勤向窗前讀一句云."

34) 洪暹, 『忍齋集』(『한국문집총간』 32책, 한국고전번역원, 1988) 권1, 「以古文眞寶後集贈明仲弟」, 310쪽. "新安賴有定宇陳, 生不及朱道具體. 却恐文章隨世變, 後生逐末失根柢. 刪其冗僻剔其僞, 手把規矩出凡例."

전본 『전집』에 실린 시의 작자와 역사적 배경 등을 살펴 원문에 담긴 섬세한 의미를 재해석하였고, 다양한 자료들에 대한 면밀한 검토를 통해 주석의 오류를 바로 잡았으며, 성리설性理說에 기초해 시를 재해석하여 문인들로 하여금 성정지정을 회복하도록 하였다. 또한, 간재는 퇴계의 강학과 권려에 힘입어 그동안 문장 학습서로만 알았던 대전본 『후집』에 실린 작품들의 작자와 역사적 배경 등을 살펴 원문에 담긴 섬세한 의미를 파악하였고, 다양한 자료에 대한 면밀한 검토를 통해 주석의 내용을 보완하였다.

위와 같이 퇴계와 그의 제자를 중심으로 한 조선의 문인 학자들은 도학적 사색 과정을 통해 체득한 심미의식에 기초해 『고문진보』의 작품과 주석을 심도 있게 검토하였고, 이러한 과정을 거치며 대전본은 자연스럽게 도덕과 문장이 합일된 도문일치를 구현한 재도문학의 전형 모델로 자리하게 되었다.

3) 일본 : 중국시문의 기초 교양

괴본 『고문진보』가 일본에 전해진 것은 무로마치室町 시대에 활동한 오산五山의 선승에 의해서이다. 일본의 선종은 가마쿠라鎌倉 시대와 무로마치 시대에 가마쿠라와 교토에 오산사찰五山十刹이 건립되면서 융성하였다. 당시 선승들은 자유롭게 중국을 오가며 중국 서적을 들여왔고, 한시와 문장을 폭넓게 익혀 이전 시대에 대각臺閣이 담당했던 문단을 장악하였다. 오산 문학은 중국 문화와 직접 접하여 송원宋元의 시문을 흡수하고, 정주의 성리서性理書를 지작했다는 점에서 중요한 의미가 있다.[35]

한편 『만제준후일기滿濟准后日記』에는 응영應永 20년(1423)에 상국사相國寺의 선승인 청윤淸胤이 교토의 법신원法身院에서 『고문진보』를 강담하는 것을 들었다는 기록이 보인다.36) 또한, 가장 이른 시기의 책으로 알려진 『고문진보초古文眞寶抄』는 무로마치 시대에 가마쿠라의 건장사建長寺에서 소운청삼笑雲淸三이라고 하는 선승이 강의한 주석을 기초로 하여 간략하게 구어口語로 주석을 단 것이다.37) 이와 같이 무로마치 시대에 오산판五山版과 필사본이 세상에 나온 이후, 에도江戸 시대에 들어와 괴본은 일반인의 초학 입문서로 교토나 오오사카에 있는 서사書肆에서 속속 간행되어 전국에서 유통하였다.

에도 시대에 최초로 간행된 『고문진보』는 경장慶長 14년(1609)에 서점 싱시치本屋新七에서 나온 것이다. 그러나 『화각본한적분류목록和刻本漢籍分類目錄』에 의하면 정판본整版本의 상한은 관영寬永 원년(1624)에 신칸淸韓에서 간행된 것으로 알려져 있다. 괴본은 관영 4년(1627)에 나카노中野의 도우반道伴에서 간행되고, 관영 21년(1643)에 풍흥당豊興堂에서 간행되는 등 에도 시대 말까지 지속적으로 출간되었다.38)

일본의 서지학자 임망林望 선생이 개인적으로 모아놓은 『고문진보』만 180여종에 이르며, 아직 정리되지 않은 근대의 주석서까지 합치면 거의 200여종에 달한다. 선생의 추정에 의하면 『고문진보』는 에도 시대부터 지금까지 매년 1권 이상의 신판 또는 복간본이 세상에 나왔을 정도이다. 서지학적으로 보면 이것에 필적할 만한 것은 일본 문학에서는 『이세물어伊勢物語』, 한문 서적으로는 『대

---

35) 이노구치 아츠시 저, 심경호・한예원 역, 『일본한문학사』(소명출판, 2000), 281쪽.
36) 鄭惠京, 「『古文眞寶』在東亞的傳播研究」, 40쪽.
37) 林望, 「古文眞宝なる顔つき―西學と芭蕉の基礎敎養」, 『現代 27호』, 334쪽.
38) 山口謠司, 「寬永二十一年刊 『古文眞寶』とその覆刻本について」, 『東洋文化』(無窮會, 1998.3) 復刊 81, 31쪽.

학』·『중용』·『효경』 정도 밖에 없다. 시선집인 『삼체시三體詩』가 『고문진보』에 버금가는 베스트셀러였지만 수적으로는 이에 미치지 못한다. 더욱이 일본의 대표적인 문학서인 『원씨물어源氏物語』나 『평가물어平家物語』, 또는 『논어』나 『맹자』 등이 출판된 횟수가 이보다 훨씬 적다.[39]

에도 시대와 메이지明治 시대에 유통된 『고문진보』는 다양한 형태로 주석이 달려 있다. 먼저 천화天和 3년(1683)에 간행된 『고문진보전집언해대성古文眞寶前集諺解大成』은 신원황주榊原篁洲가 언해諺解하였고, 관문寬文 3년(1663)에 간행된 『고문진보후집언해대성古文眞寶後集諺解大成』은 임라산林羅山이 주를 달고 제사석재鵜飼石齋가 보주補注를 달았다. 관문 13년(1673)에 간행된 『오두평주고문진보鼇頭評註古文眞寶』, 연보延寶 7년(1679)에 간행된 『고문진보합해평림古文眞寶合解評林』, 정덕正德 5년(1715)에 간행된 『고문진보언해대전古文眞寶諺解大全』 등은 주석자가 자세하지 않은 주석이 달려 있다.

에도 시대의 주석가로 널리 알려진 우도궁유적宇都宮由的은 원록元祿 10년(1677)에 『오두신증고문진보鼇頭新增古文眞寶』를 지었고, 모리정재毛利貞齋는 원록 17년(1684)에 『고문진보언해초古文眞寶諺解鈔』를 지었다. 후에 증전춘경增田春耕은 천보天保 4년(1833)에 통속적 구어로 주석한 『고문진보후집여사古文眞寶後集余師』를 지었고, 삼백용森伯容은 천보 7년(1836)에 『고문진보전집여사古文眞寶前集余師』를 지었다.[40] UC Berkeley도서관에 소장된 판본으로 산본헌山本憲이 명치 17년(1884)에 지은 『문법해석고문진보주석대전文法解釋古文眞寶註釋大

---

39) 林望, 「古文眞宝なる顔つき―西學と芭蕉の基礎敎養」, 『現代 27호』, 332쪽.
40) 林望, 「古文眞宝なる顔つき―西學と芭蕉の基礎敎養」, 『現代 27호』, 334쪽.

全』은 각 장마다 윗부분에 '문법시해文法示解'란을 두어 문법 내용을 상세하게 설명하였다.[41]

『고문진보』 가운데 일부 판본은 주석이 전혀 달려 있지 않은 것도 종종 발견된다. UC Berkeley도서관에 소장된 판본으로 청목항삼랑青木恒三朗이 명치 15년(1882)에 대학 교재용으로 발행한 『교정고문진보독습校正古文眞寶獨習』은 주석 없이 큰 글자로 원문을 인쇄하고 옆에 일본어 음을 달아 놓아,[42] 학생들이 책을 반복해 읽으면서 암기하기에 편하도록 하였다.

원문元文 5년(1740)에 오사카의 오노키大野木 이치에市兵衛에 있는 서점本屋에서 간행한 소형본小型本은 오늘날의 문고본과 거의 같은 크기로 만들어졌다. 특히 명치 3년(1870)에 교토의 카츠무라 지우에몽勝村治右衛門에서 출간된 두본豆本은 박양薄樣이라고 불리는 극히 얇은 종이로 세로 13cm, 가로 9cm, 두께 9mm 정도의 손바닥 크기로 제작되었다.

또한, 에도 시대 전기 명력明暦 년간(1655-1657)에 간행된 것으로 보이는 『도화고문진보圖畵古文眞寶』는 각 작품의 내용에 상응하는 그림을 붙여 시화일체詩畵一體로 감상할 수 있게 하였다.[43] 메이지 시대에 『고문진보』가 독자들에게 얼마나 애독되었는지를 잘 보여주는 예이다.

『고문진보』는 에도시대 이래 문인은 물론 일반 사민士民의 사이에서도 널리 읽혔다.[44] 에도 시대의 문인인 서학西鶴의 소설 『호색이

---

[41] 山本憲 著, 「文法解釋古文眞寶註釋大全」(UC Berkeley 도서관 소장, 日本 : 嵩山堂, 1884).
[42] 青木恒三朗 印刷, 「校正古文眞寶獨習」(UC Berkeley 도서관 소장, 日本 : 和漢洋書籍, 1882).
[43] 林望, 「古文真宝なる顔つき―西學と芭蕉の基礎敎養」, 『現代 27호』, 335쪽.
[44] 星川淸孝, 「中國古文の 興趣―『古文眞宝後集』お譯注して―」, 『新釋漢文大系』(東京 : 明治書

대남好色二代男』에는 일본 난바難波의 유곽色町의 밤 풍경에 창녀들이 줄서서 손님을 부르는 모습을 묘사한 내용 중에, "『고문진보』가 이루어진 모습을 보면, (창녀) 천 삼백여명의 모습을 알 수 있다."[45]는 구절이 나온다. 소설에 묘사된 '(창녀) 천 삼백여명의 모습'은 바로 괴본『고문진보』에 실린 「아방궁부阿房宮賦」에서 "명성형형明星熒熒, 개장경야開粧鏡也. 록운요요綠雲擾擾, 소효환야梳曉鬟也. 위류창니渭流漲膩, 기지수야棄脂水也. 연사무횡煙斜霧橫, 분초란야焚椒蘭也."[46]라는 내용을 패러디한 것이다.

또한, 같은 에도 시대의 문인인 파초芭蕉의「연구집聯句集」인『강호양음집江戶兩吟集』의 92구에, "『고문진보』 기운에 꽉 막힌 가을"[47]이라는 내용이 나온다. 이곳에서 말한 '『고문진보』 기운에 꽉 막힌 가을'은 괴본『고문진보』에 실린 「추풍사秋風辭」에서 "추풍기혜백운비秋風起兮白雲飛, 초목황락혜안남귀草木黃落兮雁南歸"[48]라는 내용을 패러디 한 것이다. 물론 이와 같은 패러디는 에도 시대에 일반 사민들이『고문진보』의 내용을 익숙히 알고 있었기에 가능한 것이다.

일본의 한문학은 에도 시대로 들어와 주자학을 익힌 유자들에 의해 주도되었고, 자연히 이 시기의 문학관은 유학사상의 규제를 받게 되었다.[49] 에도 시대 초기를 대표하는 학자였던 등원성와藤原惺窩 (1561-1619)가 '도외무문道外無文, 문외무도文外無道'라고 말한 것에서

院, 1796) No1~No44, 34쪽.
45) 林望,「古文眞宝なる顔つき—西學と芭蕉の基礎敎養」,『現代 27호』, 326쪽. 재인용. "古文眞寶なる兒つきせずとも, 千三百余人の姿を見るべし."
46) 국립중앙도서관 소장,『魁本大字諸儒箋解古文眞寶』권상,「阿房宮賦」, 25쪽.
47) 林望,「古文眞宝なる顔つき—西學と芭蕉の基礎敎養」,『現代 27호』, 328쪽. 재인용. "古文眞宝氣のつまゐ秋."
48) 국립중앙도서관 소장,『魁本大字諸儒箋解古文眞寶』권상,「秋風辭」, 7쪽.
49) 市古貞次 主編,『日本文學全史 - 近世』(學燈寺, 1984), 278쪽.

보듯이, 당시의 문학관은 재도문학을 충실히 실천하는 것이었다.[50]

그러나 이와 같은 초기의 문학관은 적생조래荻生徂徠(1666-1728)에 의해 큰 변화를 겪게 된다. 그는 유학의 전통에서 도라고 말하는 관념으로부터 도덕적 요소를 배제시켜 유학을 정치학으로 순화하였으며, 문학관에 있어서도 '불구제도이구제사不求諸道而求諸辭'라는 명제를 제출하였다. 그는 비록『고문진보』는 상업적 이익 때문에 만든 것으로 귀중하게 여길만하지 못하다고 폄하했지만, 고문사를 통하여 성인의 도를 발명할 것을 주장하며 송유宋儒의 잘못을 공언함으로써 문학을 유학에서 독립시키는 전기를 마련하였다.[51] 에도 시대에 대중사이에서『고문진보』가 널리 읽힌 것은 위와 같은 문학을 중시하는 학문 풍토에 힘입은 바가 크다.

일반적으로 메이지 시대는 양학洋學이 들어와서 한학漢學은 쇠퇴했다고 생각하겠지만 사실은 정반대여서, 한시문은 이 시대에 이르러 최고조에 달했다.[52] 괴본『고문진보』는 에도 시대를 통해서 일관되게 유행하였으며, 메이지 시대에도 그 여세가 이어졌다. 당시에는 『고문진보』에 수록된 문장들이 시대적 요구에 맞추어 해석되기도 하였다. 그 한 예로 매애청사梅崖淸士가 메이지明治 17년(1884)에 쓴 「서고문진보주석대전후序古文眞寶註釋大全後」를 들 수 있다. 그는 괴본『후집』에 실린 「증창승부憎蒼蠅賦」 등의 작품을 주로 세교와 관련해 풀이하였는데, 특히 「원인原人」・「곽탁타전郭橐駝傳」・「송설존의서送薛存義序」는 평등의 뜻과 부합하고 간섭干涉의 해를 분변하

---

50) 이노구치 아츠시 저, 심경호・한예원 역, 『일본한문학사』, 282~284쪽.
51) 이노구치 아츠시 저, 심경호・한예원 역, 『일본한문학사』, 329~330쪽.
52) 이노구치 아츠시 저, 심경호・한예원 역, 『일본한문학사』, 629쪽.

여 나라가 민중에서 이루어지는 이치를 푼 것이라고 하였다.[53]

위와 같이 『고문진보』의 내용을 유학적 사유의 틀에서 벗어나 시대의 요구에 따라 다양한 의미로 해석했던 일본의 학문 풍토로 인하여, 일본에서는 작품성이 뛰어나면서도 교훈적인 내용으로 구성된 문학성 중심의 괴본이 널리 유통하였다.

2. 문학사적 의의

시문선집은 곳곳에 흩어진 문집을 뒤져 남아 있는 시문을 모으고, 번잡하거나 화려한 문집의 내용을 깎고 다듬어 문학성이 뛰어난 작품을 묶은 것이다. 청 건륭乾隆 43년(1782)에 나온 『사고전서』에 명 만력 이전에 나온 선집류 164부 9,720권이 수록되어 있으나, 이곳에 『고문진보』는 빠져 있다. 이와 같이 『사고전서』에도 실려 있지 않은 『고문진보』가 한국과 일본으로 전해져 양국에서 시문학습의 필수 교재로 자리했던 사실로 보아, 3국에서 간행된 3종의 『고문진보』는 동아시아 3국에서 성립된 한문학의 실체를 파악하는데 매우 긴요한 자료임이 분명하다.

중국에서 간행된 『제유전해고문진보』와 『상설고문진보대전』은 수록된 작품의 내용이나 배열 방식이 크게 다르다. 원대에 간행된 괴본 『후집』에 수록된 67편은 작품성이 뛰어나면서도 교훈적인 내

---

53) 梅崖淸士, 『文法解釋古文眞寶註釋大全』(日本:崇山堂, 1884), 권말, 「序古文眞寶註釋大全後」, "憎蒼蠅賦疾奸人. … 皆有關於世敎, 而原人·郭橐駝傳·送薛存義序 合平等之義 辨干涉之害, 繹國成於民之理, 爲說之尤醇者, 學者特致意而可矣."

용을 정선한 것이다. 또한, 명대에는 효종과 신종의 칙명에 따라 홍치본과 만력본 『제유전해고문진보』가 간행되었는데, 이들 책은 당시 황제의 명교 사업에 중요한 몫을 담당하기도 하였다. 이와 달리 대전본 『후집』은 사장詞章의 문을 익혀 기골을 왕성하게 하고 이학의 문을 읽어 연원을 깊게 체득할 수 있는 작품을 모아 놓았다. 따라서 이 책은 주로 명대에 도문일치에 기초한 도학적 문학관을 지향했던 문인 학자들 사이에서 유통되었다. 그러나 청대에 들어서면서 명나라에서 간행한 대전본, 홍치본, 만력본 등 3종의 『고문진보』는 모두 종적을 감추고 말았다. 명대에 시대적 요구에 부응해 담문談文 위주로 통치이념을 공고화하거나, 담리談理 중심으로 도학적 문학관을 구현하는데 기여했던 두 책은 이미 그 존재 이유를 상실했던 것이다.

조선에서 대전본 『고문진보』가 유행한 데에는 주자학이 토착 개화한 것과 깊은 관련이 있다. 고려 말에 중국에서 들어온 주자학은 사림파 대두를 고비로 도道가 보다 내재화되었고, 문학관에 있어서도 주자학적 도문일치관이 한층 강화된 형태로 표방되었다.[54] 명나라 예겸이 조선에 전한 대전본은 고도의 철학적 사유에 기초한 도학적 문학관이 주도면밀하게 적용되어 있어, 문이재도를 중심으로 한 도문일치를 지향했던 조선시대의 문인 학자들이 문장을 익히는 교재로 삼기에 적합하였다. 조선의 문인 학자들은 원의 진력이 기골이 왕성하고 이학의 연원을 갖춘 문장을 정선해 수록한 대전본에 대하여, 도학적 사유를 토대로 형성된 심미의식에 기초해 작품과 주석을

---

54) 李東歡, 「조선후기 문학사상과 문체의 변이」, 『韓國文學硏究入門』 (지식산업사, 1982), 292쪽.

면밀하게 검토하였고, 『고문진보』는 이 과정에서 자연스럽게 도문일치를 구현한 재도문학의 전형 모델로 자리하게 되었다.

일본에서 괴본 『고문진보』가 유통된 것은 주자학이 수입 변용된 것과 깊이 관련되어 있다. 오산의 선승들에 의해 수입된 주자학은 에도 시대 중기에 이르러 적생조래荻生徂徠에 의해 유학에서 말하는 도의 관념에서 도덕적 요소가 배제되었다. 이로 인해 문학 또한 초기의 경색된 주자학적 문학관에서 벗어나 문학이 유학에서 독립되는 전기가 마련되었다. 이로부터 괴본은 에도 시대의 저명한 문인들의 작품 속에 종종 패러디되거나, 근대에 이르기까지 작품에 대한 해석이 시대의 요구에 맞추어 다양하게 변용되기도 하였다. 이로 인해 괴본은 현대까지 매년 1권 이상의 신간본이 세상에 나올 정도로 인기를 구가하고 있다. 이와 같은 일본의 문학 풍토에서 중국시문의 기초 교양서로 작품성이 뛰어나면서도 교훈적인 내용을 정선해 수록한 담문談文 위주의 괴본이 널리 읽힌 것은 당연한 결과이다.

동아시아 3국이 모두 한자를 표기 수단으로 삼아 성립된 한문학은 그 전개 양상이 서로 다르다. 문학을 담당한 계층이 서로 다르고, 문학 작품에 내재한 철학적 사유가 서로 다르다. 따라서 3국에서 산출된 작품의 내용이나 수준 또한 서로 다르다. 본 연구에서는 중국에서 간행된 수많은 시문선집 가운데 서로 다른 내용으로 구성된 『고문진보』가 3국에서 다양하게 유통된 것을 통하여, 동시대 동아시아 3국에서 구현된 한문학의 존재 방식을 확인하였다. 이와 같은 연구는 궁극적으로 동아시아 3국이 공유했던 한문학의 보편 문학적 성격과 함께, 서로 다른 학문적 풍토 아래 지생해온 3국 한문학의 민족 문학적 성격을 파악할 수 있다는 점에서 그 의의가 적지 않을 것으로 판단된다.

참고문헌

1. 원전 자료

1) 諸儒箋解古文眞寶

『諸儒箋解古文眞寶後集』, 明 弘治 15년, 木版本, 국립중앙도서관.
『諸儒箋解古文眞寶』, 明 萬曆 11년, 木版本, Princeton대서관.
『諸儒箋解古文眞寶』, 明 萬曆 11년, 木版本, 중국 산동도서관.
『諸儒箋解古文眞寶』, 明 萬曆 11년, 木版本, 중국 북경대학도서관.
『善本大字諸儒箋解古文眞寶』, 世宗 1년, 木版本, 서울대규장각.
『魁本大字諸儒箋解古文眞寶』, 日本 寬永 1년, 木版本, 국립중앙도서관.
『魁本諸儒箋解古文眞寶前集』, 日本 寶曆 3년, 木版本, UC Berkeley도서관.
『魁本諸儒箋解古文眞寶後集』, 日本 明治 13년, 木版本, UC Berkeley도서관.
『古文眞寶諺解大成』, 日本 天和 3년, 木版本, 국립중앙도서관.
『古文眞寶後集合解評林』, 日本 延寶 7년, 木版本, 국립중앙도서관.

2) 詳說古文眞寶大全

『詳說古文眞寶大全前集』, 庚午字本, 연세대도서관, 고서(귀)8160.
『詳說古文眞寶大全後集』, 庚午字本, 서울대규장각, 가람古貴895·108G586j.
『詳說古文眞寶大全後集』, 庚午字本, 고려대도서관, 만송貴655.
『詳說古文眞寶大全後集』, 庚午字本, 연세대도서관, 고서(귀)8220.
『詳說古文眞寶大全後集』, 庚午字本, 고려대도서관, 화산貴6510.
『詳說古文眞寶大全前集』, 甲寅字本, 서울대규장각, 古貴895.108H991g.
『詳說古文眞寶大全後集』, 甲寅字本, 연세대도서관, 고서(귀)818.0.
『詳說古文眞寶大全後集』, 甲寅字本, 연세대도서관, 고서(귀)819.0.
『詳說古文眞寶大全前集』, 癸酉字本, 서울대규장각, 古895.18H991S.
『詳說古文眞寶大全前集』, 戊申字本, 국립중앙도서관, 한古朝43-나15.
『詳說古文眞寶大全後集』, 戊申字本, 국립중앙도서관, 古3745-185.
『詳說古文眞寶大全後集』, 戊申字本, 서울대규장각, 古895·18H991S.

『詳說古文眞寶大全』, 壬辰字本, 서울대규장각, 一簑古895.108G586jd.
『詳說古文眞寶大全』, 丁酉字本, 국립중앙도서관, 일산古3745-61.
『詳說古文眞寶大全前集』, 木活字(訓鍊都監字)本, 국립중앙도서관, 古3745-132.
『詳說古文眞寶大全後集』, 木活字(訓鍊都監字)本, 국립중앙도서관, 古貴3745-129.
『詳說古文眞寶大全後集』, 庚午字復刻本, 고려대도서관, 화산貴65A.
『詳說古文眞寶大全後集』, 庚午字復刻本, 국립중앙도서관, 일산貴3745-35.
『詳說古文眞寶大全前集』, 甲寅字復刻本, 일본 국공립서관 내각문고, 別 27-1.
『詳說古文眞寶大全後集』, 甲寅字復刻本, 일본 국공립서관 내각문고, 362-12.
『詳說古文眞寶大全後集』, 甲寅字復刻本, 일본 국공립서관 내각문고, 362-26.
『詳說古文眞寶大全』, 甲寅字重刊本, 국립중앙도서관, 古3747-74.
『詳說古文眞寶大全』, 甲寅字重刊本, UC Berkeley 도서관.

3) 한국 자료

高尙顔, 『泰村集』, 『한국문집총간』 59책, 한국고전번역원.
金隆, 『勿巖集』, 『한국문집총간』 38책, 한국고전번역원.
權韠, 『炭翁集』, 『한국문집총간』 104책, 한국고전번역원.
奇大升, 『高峯集』, 『한국문집총간』 40책, 한국고전번역원.
金時習, 『梅月堂集』, 『한국문집총간』 13책, 한국고전번역원.
金昌業, 『老稼齋燕行日記』, 한국고전번역원.
閔維重, 『文貞公遺稿』, 『한국문집총간』 137책, 한국고전번역원.
成文濬, 『滄浪集』, 『한국문집총간』 64책, 한국고전번역원.
蘇斗山, 『月州集』, 『한국문집총간』 16책, 한국고전번역원.
宋時烈, 『宋子大全』, 『한국문집총간』 108책, 한국고전번역원.
申欽, 『象村稿』, 『한국문집총간』 71책, 한국고전번역원.
柳夢寅, 『於于野譚』, 경문사.
柳壽垣, 『迂書』, 한국고전번역원.
柳希春, 『眉巖集』, 『한국문집총간』 34책, 한국고전번역원.
李德弘, 『艮齋集』, 『한국문집총간』 51책, 한국고전번역원.
李植, 『澤堂集』, 『한국문집총간』 71책, 한국고전번역원.
李宜顯, 『陶谷集』, 『한국문집총간』 181책, 한국고전번역원.
李滉, 『退溪先生言行錄』, UC Berkeley도서관.
____, 『退溪集』, 『한국문집총간』 29책, 한국고전번역원.
____, 『陶山全書』, 한국정신문화원.
____, 『退溪全書』, 성균관대학교 대동문화연구원.
____, 『退溪先生文集』, 계명한문학연구회 연구자료총서.
____, 『詩釋義』, 성균관대학교 대동문화연구원.
田禒生, 『𤛪隱先生逸稿』, 『한국문집총간』 3책, 한국고전번역원.
鄭士龍, 『湖陰雜稿』, 『한국문집총간』 25책, 한국고전번역원.

車天輅, 『五山說林草藁』, 한국고전번역원.
許筠, 『惺所覆瓿稿』, 『한국문집총간』 74책, 한국고전번역원.
洪遲, 『忍齋集』, 『한국문집총간』 32책, 한국고전번역원.

4) 중국 자료

樓昉, 『崇古文訣』, 『문연각사고전서』 1354책.
邁柱, 『湖廣通志』, 『문연각사고전서』 531책.
呂祖謙, 『古文關鍵』, 『문연각사고전서』 1351책.
謝坊得, 『文章軌範』, 『문연각사고전서』 1359책.
謝枋得, 『叠山集』, 『문연각사고전서』 1184책.
孫緒, 『沙溪集』, 『문연각사고전서』 1264책.
蕭統, 『文選』, 『문연각사고전서』 1329책.
楊士弘, 『唐音』, 『문연각사고전서』 1368책.
黎靖德, 『朱子語類』, 『문연각사고전서』 700-702책.
呂祖謙, 『古文關鍵』, 『문연각사고전서』 1351책.
永瑢, 『四庫全書總目』, 『문연각사고전서』 1책.
倪謙, 『倪文僖集』, 『문연각사고전서』 1245책.
王禹偁, 『小畜集』, 『문연각사고전서』 1086책.
姚鉉, 『唐文粹』, 『문연각사고전서』 1343책.
于敏中, 『欽定天祿琳琅書目』, 『문연각사고전서』 675책.
李光地·熊賜履, 『朱子全書』, 『문연각사고전서』 720-721책.
李昉, 『文苑英華』, 『문연각사고전서』 1333책.
李賢, 『明一統志』, 『문연각사고전서』 471책.
曹冕, 『曹祠部集』, 『문연각사고전서』 1084책.
曹鄴, 『曹祠部集』, 『문연각사고전서』 1083책.
周弼, 『三體唐詩』, 『문연각사고전서』 1538책.
朱熹, 『論語集注』, 二以會.
____, 『原本韓集考異』, 『문연각사고전서』 1073책.
____, 『楚辭辯證』, 『문연각사고전서』 1062책.
____, 『朱文公校昌黎先生集』(훈련도감자본), UC Berkeley도서관.
____, 『楚辭集注』, 『문연각사고전서』 1062책.
眞德秀, 『文章正宗』, 『문연각사고전서』 1355책.
陳櫟, 『定宇集』, 『문연각사고전서』 1205책.
陳振孫, 『直齋書錄解題』, 『문연각사고전서』 674책.
和珅, 『大淸一統志』, 『문연각사고전서』 474책.
洪邁, 『容齋隨筆』, 『문연각사고전서』 851책.
黃虞稷, 『千頃堂書目』, 『문연각사고전서』 676책.
黃鶴, 『補註杜詩』, 『문연각사고전서』 1969책.

5) 일본 자료

吉波彦作, 『古文眞寶後集詳解』, 東京 : 大同館, 1928.
山本憲, 『文法解釋古文眞寶註釋大全』, 日本 : 嵩山堂, 1884.
靑木恒三朗, 『校正古文眞寶獨習』, 日本 : 和漢洋書籍, 1882.
久保天隨, 『古文眞寶後集抄』, 日本 : 博文館, 1914.

2. 연구 논저

1) 한국 논저

강찬수, 「국내『古文眞寶』의 연구 개황과 문제점 : 간행, 수용, 전파와 그 연구」, 『중국어문논집』 제39집, 중국어문연구회, 2008.
金斗鍾, 『韓國古印刷技術史』, 서울 : 탐구당, 1974.
金崙壽, 「『詳說古文眞寶大全』과『批點古文』」, 『중국어문학』제15집, 영남어문학회, 1988.
_____, 「泰仁坊刻本『詳說古文眞寶大全』과『史要聚選』」, 『서지학연구』제5-6집, 서지학회, 1990.
김학주, 『조선시대 간행 중국문학 관계서 연구』, 서울대 출판부, 2000.
杜維明, 「李退溪의 知的 自我定義의 한 考察」, 『퇴계학보』제40집, 퇴계학연구소, 1983.
朴韓圭, 「溪門의『古文眞寶』前集 講錄 考釋」, 영남대학교 석사학위논문, 2005.
朴現圭, 「18世紀 後半 韓・中 校正刷本『詳說古文眞寶大全』과『國語』에 대한 調査 分析」, 『계간서지학보』제11집, 한국서지학회, 1993.
심경호, 「조선전기 註解本 간행과 문헌 가공에 대하여」, 『대동한문학』제22집, 대동한문학회, 2004.
_____ ・ 한예원 역, 이노구치 아츠시 저, 『일본한문학사』, 소명출판, 2000.
李東歡, 「조선후기 문학사상과 문체의 변이」, 『한국문학연구입문』, 지식산업사, 1982.
_____, 「退溪의 道德的 詩世界」, 『퇴계와 함께 미래를 향해』, 안동대학교 퇴계학연구소, 2001.
李章佑, 「明나라와 朝鮮의 古文眞寶」, 『中國과 中國學』제1집, 영남대 중국연구중심, 2003.
_____ 역, 王甦 저, 『退溪詩學』, 중문, 1997.
이종묵, 『한국한시의 전통과 문예미』, 태학사, 2002.
鄭載喆, 「『상설고문진보대전』연구 – 도학적 문학관의 적용 양상」, 『한국한문학연구』제32집, 한국한문학회, 2003.
_____, 「朱熹의『韓文考異』연구」, 『東洋學』제34집, 단국대학교 동양학연구소, 2003.
_____, 「退溪의『古文前集講解』硏究 – 도학적 문학관의 적용 양상」, 『퇴계학보』제117집, 퇴계학연구원, 2005.
_____, 「李德弘『古文後集質疑』研究」, 『동아시아고대학』제14호, 동아시아고대학회, 2006.

_____, 「韓・中・日 刊『고문진보』의 비교 연구 - 동아시아 한문 교재의 유통 양상에 대한 일고찰」, 『한문교육연구』제26호, 한국한문교육학회, 2006.

_____, 「『제유전해고문진보』연구」, 『동양학』제42집, 단국대학교 동양학연구소, 2007.

_____, 「금속활자본『상설고문진보대전』의 문헌학적 연구」, 『대동문화연구』제61집, 성균관대학교 대동문화연구원, 2008.

鄭惠京, 「『古文眞寶』在東亞的傳播硏究」, 중국 : 북경대학교 석사학위논문, 2000.

千惠鳳, 「詳說古文眞寶大全에 대하여 - 趙炳舜氏 所藏本을 中心으로 - 」, 『역사학보』제21집, 역사학회, 1974.

崔錫起, 「朝鮮 前期의 經書 解釋과 退溪의『詩釋義』」, 『퇴계학보』제92집, 퇴계학연구소, 1996.

_____, 「退溪의『詩釋義』에 대하여 - 釋義 內容을 중심으로 - 」, 『퇴계학보』제95집, 퇴계학연구소, 1997.

黃渭周, 「한국한문학 연구의 몇 가지 과제」, 『대동한문학』제22집, 대동한문학회, 2005.

2) 일본 논저

山口謠司, 「寬永二十一年刊『古文眞寶』とその覆刻本について」, 『東洋文化』復刊 81, 無窮會, 1998.

市古貞次 主編, 『日本文學全史 - 近世 - 』, 日本 : 學燈社, 1978.

星川淸孝, 「中國古文の興趣 - 『古文眞寶後集』お譯注して - 」, 『新釋漢文大系』No1~No44, 東京 : 明治書院, 1976.

林望, 「古文眞寶なる顔つき―西學と芭蕉の基礎敎養」, 『現代27호』11月, 日本 : 講談社, 1938.

찾아보기

ㄱ

가도賈道　35
가례강록家禮講錄　163
가의賈誼　44, 128, 189
간재집艮齋集　150
갈홍葛洪　47
감흥시통感興詩通　74
강호양음집江戶兩吟集　221
강회중姜淮中　12
경오자庚午字　84
경자자庚子字　85
계유자癸酉字　84
고공기考工記　182
고금역대십팔사략古今歷代十八史略　85, 86
고문관건古文關鍵　55, 143
고문구해古文句解　47
고문전집강록古文前集講錄　110, 150
고문전집강해古文前集講解　110, 150
고문전집질의古文前集質疑　110, 150
고문진보언해대전古文眞寶諺解大全　219
고문진보언해초古文眞寶諺解鈔　219
고문진보전집언해대성古文眞寶前集諺解大成　219
고문진보전집여사古文眞寶前集余師　219
고문진보초古文眞寶抄　218
고문진보합해편림古文眞寶合解評林　219
고문진보후집언해대성古文眞寶後集諺解大成　219
고문진보후집여사古文眞寶後集余師　219

고문후집질의古文後集質疑　151
고상안高尙顔　109, 215
곽림종郭林宗　139
곽육郭育　139
곽확첩목아廓擴帖木兒　18
괴본대자제유전해고문진보魁本大字諸儒箋解古文眞寶　12
교연皎然　53
교정고문진보독습校正古文眞寶獨習　220
구양수歐陽脩　35, 120, 161, 182
굴원屈原　120, 123
권두경權斗經　149
권량權良　97
권시權諰　213
권필權韠　214
근사록近思錄　58
기대승奇大升　213
길파언작吉波彦作　18
김시습金時習　213
김융金隆　110, 150
김종직金宗直　11
김창업金昌業　214
김현덕金玹德　79

ㄴ

내옹耐翁　97
노구盧求　47
노륜盧綸　37

노문초盧文弨　15
누방樓昉　46, 55, 143, 182

ㄷ

당경로唐庚瀘　161
당문수唐文粹　47, 51
당시습유唐史拾遺　47
당삼체시唐三體詩　51
당서唐書　168
당송팔대가문초唐宋八大家文抄　105
당음唐音　17, 213
대청일통지大淸一統志　16
도간陶侃　139
도은거진고陶隱居眞誥　47
도잠陶潛　35, 120, 161
도화고문진보圖畵古文眞寶　220
독역편讀易編　76
동래박의東萊博議　215
동중서董仲舒　189
동파시집주東坡詩集註　48
동파전집東坡全集　105
동파주두시東坡註杜詩　109
두목杜牧　197
두보杜甫　35, 120, 161
둔세유음遁世遺音　15
등원성와藤原惺窩　221

ㅁ

마존馬存　35, 39, 161
만병회춘萬病回春　93
만제준후일기滿濟准后日記　217
매애청사梅崖淸士　222
맹교孟郊　35
명일통지明一統志　16
모리정재毛利貞齋　219
모연수毛延壽　175

모직방毛直方　208
무신자戊申字　84
무제武帝　120
문법해석고문진보주석대전文法解釋古文眞寶註
釋大全　219
문선文選　146
문원영화文苑英華　67
문장궤범文章軌範　18, 55, 105, 143, 182
문장정종文章正宗　53, 55, 143
문천상文天祥　121
문편文編　105
물암집勿巖集　150
민유중閔維重　214

ㅂ

박원형朴元亨　145
반옥潘勖　207
백거이白居易　35, 121, 161
백곡명주百斛明珠　47
범중엄范仲淹　44
보요금원예문지補遼金元藝文志　15
보원사예문지補元史藝文志　15
보주두시補註杜詩　48
부소扶蘇　134
부유린傅維鱗　14
북몽쇄언北夢瑣言　47
비점고문批點古文　76
비점백편고문批點百篇古文　79

ㅅ

사공도司空圖　45
사략史略　201
사마광司馬光　44
사방득謝枋得　18, 47, 55, 143, 182
사서구의四書口義　79
사서발명四書發明　81

사서질의四書質疑　151, 164, 185
사조謝朓　35, 37
산본헌山本憲　219
삼백용森伯容　219
삼체시三體詩　219
상설고문진보대전詳說古文眞寶大全　73
서거정徐居正　85
서막徐邈　139
서전찬소書傳纂疏　81
서청시화西淸詩話　47
서학西鶴　220
서해절충書解折衷　76
석釋 관휴貫休　36, 120
석釋 자란子蘭　35, 119
선본대자제유전해고문진보善本大字諸儒箋解古文眞寶　12
선본서목善本書目　14
선본서지善本書志　14
선시보주選詩補註　74
설존의薛存義　199
섭몽득葉夢得　144
섭이중聶夷中　36, 121, 161
섭채葉采　182
성도기成都記　47
성문준成文濬　213
성현成俔　85
소대蘇大　78
소세현蘇世賢　96
소순蘇洵　182, 189
소식蘇軾　35, 47, 119, 161, 182
소옹邵雍　39, 120
소운청삼笑雲淸三　218
소통蕭統　146, 216
소학강록小學講錄　163
손광헌孫光憲　47
손명복孫明復　119
손서孫緖　210
손초孫樵　45
송백정宋伯貞　74
송지문宋之問　161, 167

수문랑修門郞　47
숭고문결崇古文訣　55, 105, 143
시구해詩句解　76
시석의詩釋義　153
시집전詩集傳　153
시학대성詩學大成　208
신원황주榊原篁洲　219
신흠申欽　213
심경心經　93
심경질의心經質疑　151, 164, 185
십구사략十九史略　99

□ 아

악의樂毅　44
안평대군安平大君　85
양몽설梁夢說　97
양사홍楊士弘　17
양숙梁肅　45
양웅揚雄　109
어우야담於于野談　99
엄유嚴儒　17
여대림呂大臨　123
여조겸呂祖謙　55, 143, 182
역대병요歷代兵要　86
연신사비시학대성聯新事備詩學大成　208
영규율수瀛奎律髓　53
예겸倪謙　73
예기집의禮記集義　81
오기吳起　109
오두신증고문진보鼇頭新增古文眞寶　219
오두평주고문진보鼇頭評註古文眞寶　219
오백창吳伯昌　97
오징吳澄　80
완긍阮兢　110
완적阮籍　207
왕십붕王十朋　48
왕안석王安石　35, 45, 120, 161
왕우칭王禹偁　17, 44

왕직방王直方 47
왕직방시화王直方詩話 47
왕포王襃 64
왕한王翰 109
왕희지王羲之 77, 206
요해록遼海錄 145
요현姚鉉 47
용재총화慵齋叢話 85
우도궁유적宇都宮由的 219
운회韻會 182, 197
원씨물어源氏物語 219
원진元稹 36, 121
원헌原憲 109
위魏 무제武帝 120
위선음즐爲善陰騭 89
위응물韋應物 146
위좌승韋左丞 109
유몽인柳夢寅 99, 210, 214
유수훤柳壽垣 214
유엄劉剡 50, 74, 79
유영柳永 51
유종원柳宗元 35, 120, 161, 182
유희춘柳希春 209, 212, 215
육구몽陸龜蒙 36, 53
육우陸羽 47
을해자乙亥字 85
의례儀禮 182
이가李哥 50, 109
이강이李剛而 176
이격二格 214
이고李翶 199
이광진李光軫 96
이교李嶠 36, 120, 121, 122
이덕홍李德弘 110, 150
이도길李道吉 97
이밀李密 208
이방李昉 47, 67
이백李白 35, 120, 161
이사李斯 45, 77, 109
이서장李恕長 97

이성李晟 191
이세물어伊勢物語 218
이소李愬 191
이식李植 213
이안눌李安訥 214
이업李鄴 47
이옹李邕 109
이원李愿 191
이유李瑈 89
이의현李宜顯 206, 210
이이李珥 213
이익李瀷 37
이진형李震亨 86
이충李冲 97
이형욱李馨郁 97
이호李護 11
이희원李希愿 86
일통지一統志 182
임라산林羅山 219
임망林望 19, 218
임신자壬申字 85
임정林楨 12, 18
임진자壬辰字 84

□ 자

장뢰張耒 123
장면蔣冕 210
장문잠張文潛 212
장설張說 36, 120
장재張載 44, 58, 83, 128
장화張華 47
장화주금경張華註禽經 47
적생조래荻生徂來 222, 225
전대흔錢大昕 15
전록생田祿生 11, 18
전이채田以采 98
전집강해前集講解 149
정본鄭本 18, 208

정우집定宇集 77
정유자丁酉字 84
정이程頤 44, 58, 83, 123
정탁鄭琢 154, 176
정혜경鄭惠京 26
정호程顥 83
제갈량諸葛亮 58, 77, 208, 212
제사석재鵜飼石齋 219
조경종曹景宗 120, 122
조고趙高 134
조맹부趙孟頫 206
조면曹冕 47
조목趙穆 165
조선기사朝鮮紀事 145
조식曹植 109, 193
조업曹鄴 210
조조量錯 189
주돈이周敦頤 77, 83
주역질의周易質疑 164
주희朱熹 45, 58, 182
중묘집衆妙集 53
중장통仲長統 44
증공류설曾公類說 47
증광통략增廣通畧 76
증전춘경增田春耕 219
진덕수眞德秀 55, 143, 207, 216
진력陳櫟 76
진사도陳師道 123, 182
진정관陳靜觀 182

□ 차

차천로車天輅 215
채조蔡條 47
천경당서목千頃堂書目 15, 74
천뢰일미川籟一馬 14
첨종예詹宗睿 74
첩산집疊山集 47
청려재靑藜齋 22, 208

청목항삼랑靑木恒三朗 220
청윤淸胤 218
초주갑인자初鑄甲寅字 84
최권崔瓘 97
최상崔祥 110, 157
최영崔榮 97
춘추삼전절주春秋三傳節註 76

□ 타

태극도강록太極圖講錄 163
태평광기太平廣記 47
통서강록通書講錄 163
퇴계선생언행록退溪先生言行錄 75, 149
퇴도선생언행통록退陶先生言行通錄 149

□ 파

파초芭蕉 221
평가물어平家物語 219
포박자抱朴子 47
풍아익부감흥시통風雅翼附感興詩通 74
피일휴皮日休 45
필원잡기筆苑雜記 85

□ 하

한문고이韓文考異 145
한유韓愈 35, 120, 161, 182
한적목록漢籍目錄 14
허균許筠 212
형거실邢居實 35, 121
호광통지湖廣通志 17
호색이대남好色二代男 220
호해胡亥 134
홍섬洪暹 216
화각본한적분류목록和刻本漢籍分類目錄 218

황견黃堅   14
황우직黃虞稷   15, 74
황정견黃庭堅   35, 161
황종재黃宗載   15
황학黃鶴   48
황희黃希   48
회소전懷素傳   47
효경대의孝經大義   86
효순사실孝順事實   89

고문진보 연구

초판1쇄 발행 2014년 11월 11일

지은이 정재철
펴낸이 홍종화
편집주간 박호원
편집·디자인 오경희·조정화·오성현·신나래
    정고은·김선아·이효진·박민정
관리 박정대·최기엽
펴낸곳 문예원   **출판등록** 제317-2007-55호.
주소 서울 마포구 대흥동 337-25   **전화** 02) 804-3320, 805-3320, 806-3320(代)   **팩스** 02) 802-3346
이메일 minsok1@chollian.net, minsokwon@naver.com
홈페이지 www.minsokwon.com

ISBN 978-89-97916-41-2 93810

ⓒ 정재철, 2014
ⓒ 문예원, 2014, Printed in Seoul, Korea

저작권법에 의해 한국 내에서 보호를 받는 저작물이므로 무단전재와 복제를 금합니다.
이 책 내용의 전부 또는 일부를 이용하려면 반드시 저작권자와 문예원의 서면동의를 받아야 합니다.
이 도서의 국립중앙도서관 출판시도서목록(CIP)은 서지정보유통지원시스템 홈페이지(http://seoji.nl.go.kr)와
국가자료공동목록시스템(http://www.nl.go.kr/kolisnet)에서 이용하실 수 있습니다. (CIP제어번호 : CIP2014030456)

책 값은 뒤표지에 있습니다.
잘못된 책은 바꾸어 드립니다.